JN029333

【増補改訂版】

ロジスティクス概論

基礎から学ぶシステムと経営

苦瀬博仁［編著］
岩尾詠一郎
味水佑毅
飴野仁子
李　志明
石川友保
長田哲平
渡部　幹
清水真人

Introduction to
Logistics

H. Kuse
E. Iwao
Y. Misui
H. Ameno
J. Lee
T. Ishikawa
T.Osada
M.Watanabe
M.Shimizu

東京 白桃書房 神田

増補改訂にあたって

初版の出た約６年半前から現在までの間，社会変化と技術進歩には目覚ましいものがあった。とりわけ，約10年前の東日本大震災からの度重なる自然災害の発生，少子高齢化の進展，インターネット通販の普及，最近の新型コロナ問題などは，人々の生活様式そのものを変えようとしている。

このような変化を踏まえて，ロジスティクスの原点を振り返りながら，その役割を見直したいと考えていた。また，古くなったデータの更新や，技術動向の追加も必要と考えていた。さらには，大学の授業回数に合わせて全体で14～15章の構成が望ましいという意見もあった。

そこで今回の増補改訂にあたって，第１章～第10章の記述内容やデータの一部を更新するとともに，ロジスティクスの実務と情報技術に着目して，ロジスティクスにおける受発注業務・請求支払業務（第11章），物流施設内業務（第12章），輸配送業務（第13章）と，情報技術の動向（第14章）を追加した。

本書「ロジスティクス概論」は，初学者のための本であり，2017年４月に出版した「サプライチェーン・マネジメント概論」とは姉妹書である。この２冊を比較すると，「ロジスティクス概論」は物流事業者（運送業者，倉庫業者など）の視点に近く，「サプライチェーン・マネジメント概論」は荷主（メーカー，卸・小売業など）の視点に近いかもしれない。

大学などで教科書として使用するときには，２冊で１年間の講義となるが，２冊の順序や１冊のみの選択は，カリキュラムに合わせれば良いと思う。また，文系理系を問わず理解できるように，工夫したつもりである。

学生に限らず一般の方々にも，この２冊を入門書として手に取っていただきたいと願っている。

今回の増補改訂においても，最も気を配った点は用語の使い方である。というのも，ロジスティクスの分野ではカタカナやアルファベットの用語も多く，見方や立場で意味や解釈が異なることも多い。そのため，曖昧で独りよがりの表現が多くなりがちであり，混乱することも多い。なにしろ「物流」という用語でさえ，「物的流通」もあれば「物資流動」もあり，さらには「貨物車交通」を想う人もいれば，「物の流れ（輸送）」と考える人もいる。

そこで，専門用語の解釈に戸惑った若い頃を思い出しながら，著者ともども専門用語については極めて慎重に議論し，かつ丁寧な記述を心掛けたつもりである。

しかし本書には，不勉強ゆえの誤解と錯覚，勘違いや誤りも多くあるかもしれない。このことは，編著者の責任でもある。賢明なる読者の皆様には，ご指摘やご指導をいただき，本書を育てていただければ幸いである。

なお，極めて私的なことであるが，本書の初版を出版した2014年３月は，編著者が最初に勤めた大学を定年退職するときであった。そして７年後の今回の増補改訂版は2021年４月発行であり，二つ目の大学の定年退職の時期となった。実は，より早く発行したかったが，編集作業に手間取り遅れてしまった。しかし，二度の発行が退職に重なった縁については，改めて多くの皆様方のご協力の賜物と感謝したい。

そして今回も，白桃書房㈱の大矢栄一郎社長に大変お世話いただいたからこそ，発行にこぎつけることができた。

ここに記して，関係の皆様に感謝の意を表します。

令和２年（2020）11月

編著者として

苦瀬　博仁

はじめに

ロジスティクス（兵站）とは，もともと戦略・戦術とならぶ軍事用語で，「戦場の後方にあって前線の兵士を支援するために，食糧・車馬・軍需品の供給・補充・輸送にあたること」である。このロジスティクスが，物流という用語に代わってビジネス用語としても定着した。すなわち，「原材料の調達から生産，流通を経て消費に至るまでのプロセスを複数の鎖」に見立てたサプライチェーンにおいて，「商品や物資を，顧客の要求に合わせて届けるとき，発生地点から到着地点までの商流（商取引流通）と物流（物的流通）を，効率的かつ効果的に，計画・実施・統制すること」をロジスティクスという。そしてロジスティクスには，商取引機能（受発注，金融，情報）と物流機能（輸送，保管，流通加工，包装，荷役，情報）がある。

ロジスティクスは，日常生活に密接に関連している。たとえば多くの人が立ち寄るコンビニエンスストアには１日３回おにぎりやサンドイッチが運ばれ，毎日家には新聞や郵便が届けられている。どのような商品や物資も，商取引にもとづいて最終的には顧客に届けられるのだから，ロジスティクスは運送事業者や倉庫業者だけでなく，メーカーや卸売業者，小売業者にとっても極めて重要である。

しかし残念なことに，日本は欧米諸国に比べてロジスティクスに対する認識は低かった。太平洋戦争のさなか「輜重輸卒が兵隊ならば，蝶々蜻蛉も鳥のうち」という戯れ歌があった。輜重とは軍隊に必要な糧食・被服・武器・弾薬などであり，輸卒とは輸送を担当する兵士である。「兵站を担う者が兵士ならば，昆虫も鳥だ。だから兵士とは認めない」という意味である。このようなロジスティクスの軽視が食糧や医薬品の不足を招き，戦わずして敗れていった。

現代においても，ロジスティクスを付加価値を創造する企業活動の１つとみなすよりも，単なる費用削減の対象としか考えない日本企業は多い。

一方で，変化の兆しも見られる。平成23年（2011）に起きた東日本大震災では，食料品や日用品が届かなければ生命の維持さえ危ういことを経験して，マスコミではロジスティクスという用語がしばしば使用された。そして，我が国からの重要部品の供給不足により世界各国での生産体制に影響を与えたことから，サプライチェーンという用語がマスコミに定着した。また，国際化の進展により，日本企業においても，ロジスティクスの重要性とサプライチェーン強化の必要性が認識されつつある。

このようなとき，約２年前に「ロジスティクスの教科書が欲しい」と仲間うちで話題になった。私を含め，すでにロジスティクスの教科書づくりに携わった者もいるし，他の著者による教科書のなかにも良書は多い。また実務者向けのテキストも発行されている。つまり先の話題は，「自分流に講義を進めるための教科書が欲しい」という，いささか身勝手で贅沢な話でもあった。話しているうちに「ならば，みんなで作れば良いではないか」ということになって，「身勝手で贅沢な話題」が「自分たちの宿題」に変貌したのである。

ロジスティクスは，文系と理系にまたがった学問分野であり，その基本は文系も理系も共通している。この共通しているロジスティクスの基本的な知識を身につければ，さらに高度なロジスティクスを学ぶことができる。そこで本書は，はじめてロジスティクスを学ぶ若い人を対象に，文系と理系に共通して知っておいてもらいたい基本的な事項に限ってまとめている。

この趣旨のもとで，本書は全10章で構成し，タイトルはすべて「ロジスティクスの（と）…」と表現している。実は，大学の授業回数（15回）に合わせて15に分割する案もあったが，「各章を１回で講義する10回分」を設定し，その上で学部や学科の特徴に合わせて柔軟性を加味し，「全10章のうちの半分を，より詳しく２回で講義すれば15回分になる」と考えたのである。

著者の多くは，すでにロジスティクスに関する講義を担当している若手研究者である。出身や専門分野がさまざまな分だけ，ロジスティクスへの想いや考え方にも個性があって調整には手間取ったが，文系と理系に共通した概論という趣旨は貫けたものと思っている。と同時に，本書のなかに明らかな齟齬や誤解があれば，その責任は編著者にあることを明記しておきたい。

学生の成績をつけることが多い著者たちであるが，著者たちの「宿題」の成績は読者につけていただくしかない。もしも本書を通じて，ロジスティクスに興味を持つ人が増えるならば，「自分たちの宿題」は合格点をいただけるのかも知れない。そして，点数をより高めるためにも，読者諸賢のご叱正とご教示を期待している。

なお，研究室の宮原ゆい秘書には，図表の作成と整理や原稿のチェックをしていただいた。また，㈱白桃書房の大矢栄一郎社長には，教科書という難しい課題に挑むことをお許しいただいた。この二人がいなければ，出版にはたどり着けなかったはずである。ここに記して感謝申し上げます。

平成25年９月

編著者として

苦瀬　博仁

目　次

第4章　ロジスティクスの物流機能　55

第5章　ロジスティクスと物流事業　81

第7章　ロジスティクスと経営　117

第8章　ロジスティクスの管理　135

第9章　ロジスティクスの施設・技術・制度　155

第10章　ロジスティクスの国際化と物流政策　175

第11章　受発注システムと請求・支払システムの業務内容　203

第12章　在庫管理システムと作業管理システムの業務内容　219

第13章　貨物管理システムと輸送管理システムの業務内容　229

第14章　ロジスティクスの情報システム　243

図・表・写真目次

第4章

第5章

第６章

第７章

第８章

第9章

第10章

第11章

第12章

第13章

第14章

【執筆分担】

第１章　ロジスティクスと生活（苦瀬・味水）

1-1～1-5　苦瀬，　1-6　味水

第２章　ロジスティクスの内容（苦瀬）

2-1～2-3　苦瀬

第３章　ロジスティクスと流通（苦瀬）

3-1～3-4　苦瀬

第４章　ロジスティクスの物流機能（長田・岩尾・苦瀬）

4-1,4-5　長田・岩尾，　4-2～4-4　岩尾，　4-6-1～4-6-3　苦瀬・岩尾，
4-6-4　苦瀬

第５章　ロジスティクスと物流事業（渡部）

5-1～5-7　渡部

第６章　ロジスティクスとマーケティング（味水・長田・苦瀬）

6-1-1～6-1-3　味水，　6-1-4～6-1-5　長田，　6-2-1　苦瀬，
6-2-2～6-2-3　味水

第７章　ロジスティクスと経営（李・石川・長田）

7-1　李，　7-2-1　石川・李，　7-2-2　石川，　7-2-3　石川・李，
7-2-4　長田・李

第８章　ロジスティクスの管理（長田・岩尾・苦瀬）

8-1　長田・苦瀬，　8-2～8-3　岩尾・長田・苦瀬

第９章　ロジスティクスの施設・技術・制度（李・長田・苦瀬）

9-1　李・苦瀬，　9-2　李・長田・苦瀬，　9-3　長田・李・苦瀬

第10章　ロジスティクスの国際化と物流政策（飴野・李・味水・苦瀬）

10-1-1　飴野，10-1-2　飴野・李・苦瀬，10-1-3　飴野，10-2　李，10-3　味水

第11章　受発注システムと請求・支払システムの業務内容（味水・苦瀬・渡部）

11-1～11-2　苦瀬・味水・渡部，　11-3～11-4　味水，　11-5　苦瀬・味水・渡部，
11-6～11-7　味水

第12章　在庫管理システムと作業管理システムの業務内容（岩尾・苦瀬・渡部）

12-1　苦瀬・岩尾・渡部，　12-2～12-5　岩尾

第13章　貨物管理システムと輸送管理システムの業務内容（石川・苦瀬・渡部）

13-1　苦瀬・石川・渡部，　13-2～13-5　石川

第14章　ロジスティクスの情報システム（清水・苦瀬・渡部・長田）

14-1　苦瀬・清水・渡部・長田，　14-2～14-5　清水・苦瀬・渡部

第1章

ロジスティクスと生活

第1章のねらい

第１章の目的は，私たちの生活を支えるロジスティクスについて，生活の様々な場面での役割を理解することである。

そこで本章では，現代の生活に欠かすことのできないコンビニと宅配便を取り上げ，商品の発注と配送や，宅配便の荷物の発送から到着までの流れと情報システムを紹介する。また同じように，身近な存在である自動販売機を取り上げ，好きなときに好きな商品を手に入れられるという便利さが，ロジスティクスに支えられていることを紹介する（1-1～1-3）。

次に，衣料では既製紳士服が注文から海外生産されて国内に届くまで，食生活では冷凍マグロの輸送と市場の役割，製造業の代表例として自動車の部品調達から完成までのロジスティクスについて説明する（1-4～1-6）。

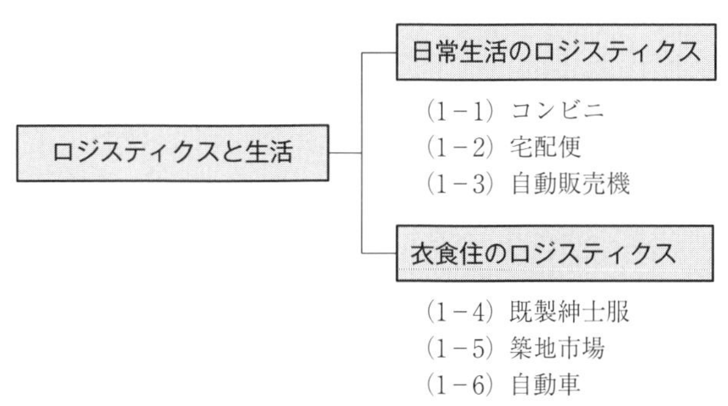

1-1　コンビニエンスストアのロジスティクス

1-1-1　正確な発注と確実な配送が必要なコンビニエンスストア

コンビニエンスストア（以下，コンビニ）は，昭和48年（1973）に開業したセブン－イレブンの豊洲店が最初といわれている。当初，取扱商品は加工食品や日用品に限られていたが，現在では，食品が約60％，タバコが約20％，非食品が約10％，酒が約５％である。これ以外には，コピーやFAX，銀行ATM，宅配便の発送なども取り扱っている。

一般的なコンビニの取扱品目数は，おにぎり，サンドイッチ，洗剤や文房具，ポテトチップスやカップラーメンなど約3000品目にのぼる。これらを注文するとき，品目や量を間違えると品切れや売れ残りが起きてしまう。このためコンビニでは，「商品の正確な発注」と「商品の確実な配送」が必要になる。

1-1-2　商品の正確な発注

「商品の正確な発注」を実現する方法として，POS（Point of Sales：販売時点情報管理）システムがある。POSシステムとは，コンビニのレジで商品の価格を打ち込んだ後で，最後に男女別年代別のキーを打ち，これによって「どの年代の男性ないし女性が，どのような商品を，いつ，いくらで，いくつ買ったか」が，瞬時にわかるシステムである。

POSシステムの情報を利用することで，店舗ごとに客層や客の好みが把握できれば「月曜日の朝の時間帯は，野菜サンドイッチが……」「雨の日の金曜日の午後は，……」などと，商品ごとの販売量の予測ができるようになる。さらには野球場やイベント会場に近いコンビニでは，イベントの開催スケジュールに合わせて商品を発注できる。こうして，ムダがなく，かつ品切れを起こさない発注を実現している。

1-1-3　商品の確実な配送

「商品の確実な配送」とは，発注した商品が時間通りに店舗に届けられる

表1-1-1　コンビニの配送システム[1)]

配送センターの種類	温度帯	納品回数	荷受け頻度	対象品目
米飯共同配送センター	20℃	1日3回	3回／日	弁当，おにぎり，焼きたてパンなど
チルド共同配送センター	5℃	1日3回	3回／日	調理パン，サラダ，惣菜，牛乳など
加工食品共同センター	常温	週3回	0.5回／日	加工食品，菓子，インスタントラーメン，など
雑貨共同配送センター	常温	週3回	0.5回／日	雑貨類
フローズン共同配送センター	−20℃	週3～7回	1回／日	アイスクリーム，冷凍食品など
雑誌配送センター	常温	週6回	1回／日	本，雑誌など
合　計			9回／日	

ことである。店舗にやってくる配送車は1日当たり約9台で，商品の品質を維持するための温度帯は，常温（加工食品，菓子，雑誌・書籍など），定温（20℃：弁当，おにぎりなど），チルド（5℃：調理麺，惣菜，サンドイッチなど），冷凍（−20℃：アイスクリーム，冷凍食品など）の4つに分かれている（表1-1-1）。

たとえば，定温で運ばれてくる弁当やおにぎりと，チルドで運ばれてくるサンドイッチは，朝昼晩の食事どきに合わせて，1日3回運ばれてくる。朝食用の弁当やサンドイッチは，深夜から早朝にかけて複数の店舗に届けられるが，最後の店舗への配送が朝の買い物客のピーク前でなければならない。常温品のうち，加工食品と雑貨は，それぞれ週3回（加工食品が月水金なら，菓子は火木土）で週に6回配送されている。

1-1-4　商品の品質と確実な配送を実現する共同配送センター

当初は1日に約70台も来ていた商品の配送車が，いまでは約9台まで削減できている。この理由は，メーカーや問屋があらかじめ商品をコンビニの共同配送センターに納入し，共同配送センターで店舗ごとの仕分けを行っているからである。この共同配送センターで，店舗ごとに届ける商品をまとめてから配送車に積み込んで，複数の店舗に商品を順番に配送している。

共同配送センターは，温度帯ごとに分かれている。鮮度が重要で１日３回配送する弁当やサンドイッチの共同配送センターは，より狭い地域を受け持つため，より多くのセンターが必要になる。このため，共同配送センターの数や配送エリアは温度帯ごとに異なる。たとえば，ある店舗には弁当がＡセンターから，菓子がＸセンターから届くとき，別の店舗において弁当は同じＡセンターからで菓子はＹセンターから届くこともあれば，さらに別の店舗では弁当はＢセンターからで菓子は同じＹセンターから届くということもある。このように，それぞれの共同配送センターから複数の店舗への効率的な配送ルートを設定し，店舗に商品を届けている。

1-1-5　時間差で配送されるコンビニ商品

商品が配送されてくる店舗の立場で考えると，顧客が朝昼晩の弁当やサンドイッチを買い求める時間の前に届けてもらいたいが，複数の共同配送センターからの複数の配送車が一度に集中して到着しても困る。なぜならば，コンビニの店舗には多くても３人程度の従業員しかいないため，納品が集中すると商品の棚入れに手間取り，結果として店内は商品の入った容器や段ボールであふれてしまうからである。

したがって，複数の配送車の到着時刻が重ならないように，しかも顧客が集中する前に確実に店舗に到着する必要がある。そのためには，どの時間に，どの店舗に，どの配送車が，どの商品を確実に届けるべきか，そしてそのとき，各配送車が何時に共同配送センターを出発して，どのようなルートで店舗を回ればよいかを考えることが課題となる。

配送車の店舗への到着時刻の許容範囲（時間帯の枠）は，一般的に30分間（到着予定時刻の前後15分間）である。１日当たり平均約９回の配送車が到着するため，この時間帯の枠が店舗ごとに毎日９つある。この９つの時間帯の枠が集中しないように，到着時間帯から逆算して共同配送センターからの出発時刻と配送順序を設定することが重要である。このような配送計画は，最適化理論という数学手法を織り込んだソフトウェアで立てられている。

1－2　宅配便のロジスティクス

1－2－1　宅配便の特徴

旅行やスキーに行くときに，前もって荷物を宅配便で届けることがある。書籍や文房具などをインターネットで注文すると，宅配便で自宅まで運ばれてくる。宅配便とは，「小さな荷物をドアツードアで輸送するサービス」である。

宅配便が本格的に始まったのは，昭和51年（1976）のヤマト運輸とされている。引っ越しは，１台のトラックを借り切って輸送するが，宅配便は自分１人の荷物だけでなく他人の荷物と一緒に運ばれていくので，「特別積合せ貨物運送事業」と呼ばれている（5－2節参照）。このとき自ら運送すること（実運送）もあれば，一部で鉄道や海運など他の物流事業者を利用して運送すること（利用運送）もある。2023年５月現在で，荷物の制限は，ヤマト運輸，佐川急便，ゆうパックなど30kg 以下が多く，たて横長さの三辺の合計160cm 以内や200cm 以内がある。荷物の価格は30万円以下である。

宅配便は１年間に約43億個（令和元年度（2019））扱われているので，１人当たり年間約34個に相当する。すなわち，１人当たり月約３回，４人家族であれば月12回，言い換えると週３回程度は利用していることになる。

1－2－2　宅配便の発送から到着まで

宅配便の荷物は，電話やインターネットで依頼を受けたドライバーが，顧客（荷送人）の自宅やオフィスに引き取りに行くこと（集荷）から始まる。集荷された荷物は，営業所（または営業店と呼ばれる）に集められる。この営業所から大型拠点センター（ヤマト運輸ではベース，佐川急便では中継センターと呼ぶ）に持ち込まれて，仕分け作業が始まる。

この仕分け作業では，自動仕分け機が荷物に付けられた伝票のバーコードを読み込んで，営業所別（または大型拠点センター別）に荷物を仕分けていく。仕分けられた荷物は大型貨物自動車に載せられ，大型拠点センターから配達先の営業所へと輸送される。そして配達先の営業所に到着した後，今度

図１-２-１　宅配便の輸送システム

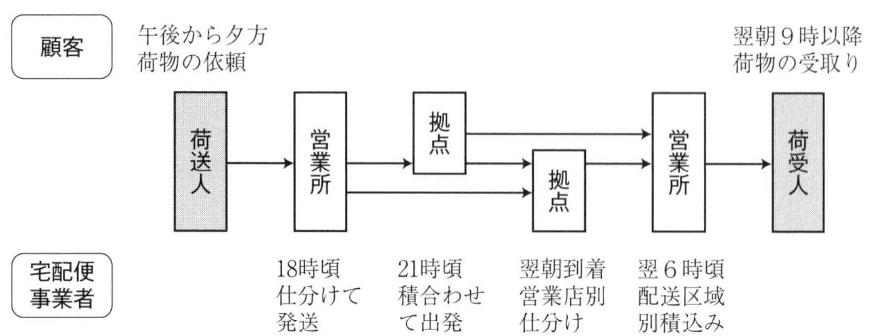

注：貨物量によって，拠点を通る場合と通らない場合がある。

はドライバーが，担当する町丁目単位やビル単位に荷物をさらに細かく仕分け，住宅やオフィスに向かい顧客（荷受人）に荷物を届ける。

これを時間で追いかけてみると，午後から夕方にかけて荷物を集荷し，18時頃までに営業所に戻って，仕分けをしてから大型拠点センターに輸送する。大型拠点センターでは，再度仕分けし直した後，21時頃には遠方のセンター向けの荷物から順次，大型貨物自動車で全国各地に輸送されていく。長距離輸送を担当する大型貨物自動車は真夜中の高速道路を走行し，翌朝に配達先の営業所に到着する。その到着後，朝６時頃から配送区域の町丁目別の仕分けが始まり，７時過ぎから配送の貨物自動車が順次出発する。そして，最初の時間指定である朝10時までの荷物を優先して，９時過ぎから顧客（荷受人）に荷物を届け始めるのである（図１-２-１）。

宅配便事業者は，荷物を集荷したとき，営業所から大型拠点センターに出発したとき，大型センターで仕分けるとき，配達先の営業所に到着したとき，荷物を配達先に届けたとき，毎回必ず伝票のバーコードを読み取る。この貨物追跡システムにより，何時にどこを通過したのかが分かり，顧客は宅配便事業者のウェブサイトで伝票番号を入力すれば，発送した荷物（または届く予定の荷物）が，どこにあるのかが分かるのである。

１-２-３　配送区域を知りつくしているドライバー

宅配便のドライバーの担当区域は，一般に町丁目やビル単位で決まっており，１日約100個を配送している。仮に90個を３時間で配達するならば，１時間に30個，１個当たり２分となる。それゆえドライバーは忙しい。このとき配送の順序の設定には，担当区域の人々の行動を熟知しているドライバーのノウハウが活かされている。

「あの家は単身のサラリーマンだから昼間に届けに行ってもムダだ」とか，「早く届けてあげないとお店の開店に間に合わない」などと気を利かすこともある。このように担当の区域の事情まで配慮して配送順序を考えることは，いくら数学を駆使した分析ツールであっても限界がある。高度な情報システムを駆使している宅配便ではあるが，顧客に届けるときにはドライバーの粋な計らいがある。

1-2-4　１日で完結させたい宅配便

宅配便は翌日配達をセールスポイントに，日々同じような作業を繰り返しているが，実は「日々完結しなければならない」という事情もある。

宅配便事業者は１日に何百万個もの荷物を扱うが，顧客が一斉に「１日だけ保管して欲しい」などと言い出したら大変なことになる。なぜなら全国の営業所や大型拠点センターで何百万個分の保管スペースを用意しなければならない。冷蔵品や冷凍品のためには，冷蔵庫や冷凍庫を用意しなければならないが，営業所でそのようなスペースを確保することは難しい。

それゆえ宅配便では，可能な限り荷物の一時的な保管を避け，ひたすら荷物を通過させていくことが重要なのである。だからこそ宅配便は「１日で完結すること」が基本なのである。

1-2-5　大切な伝票へのサイン

宅配便の荷物を届けたときには，通常，伝票に押印またはサインをしてもらう。これを業界用語で「判取り」ともいうが，実はこの押印またはサインが重要なのである。なぜなら，荷物が届いたかどうかの問い合わせに対して回答するためには，押印またはサインのある伝票が必要となる。しかし，どの荷物について問い合わせがあるかは分からない。したがって，配達完了の証明のためには，すべての伝票を管理しておかなければならない。

「本当に届きましたか」,「何時に届きましたか」などの問い合わせに応じるために，宅配便事業者は１日に扱う荷物と同じ枚数の伝票を１日に処理しているのである。ただし，実際の問合せ件数は，荷物１万個当たり１回程度であるという。なお，配達間違い（誤配，誤送などという）も，通常，１万回に１回以下である。

つまり宅配便は，「万が一」という事態にも対応できるように，情報システムの塊のような仕組みになっている。それでも宅配便事業者は，「万が一」の精度をさらに高める努力を続けている。

1-3　自動販売機のロジスティクス

1-3-1　好きなときに，好きな温度で，好きな商品を手に入れる便利さ

日本全国には，飲み物やタバコなどの自動販売機が，約285万台ある（令和元年（2019）12月末現在）[2)]。とりわけ多いのは，ペットボトルのミネラルウォーターや缶コーヒーなどの自動販売機である。

ガソリンの価格が現在１リットル150円程度であるのに対して，自動販売機のミネラルウォーターは500ml で150円程度だから，容量当たりの単価はガソリンの約２倍である。原油を原料とするガソリンは中東からタンカーで運ばれ，港で精製された後，タンクローリーでガソリンスタンドへと運ばれてくる。ミネラルウォーターは，不純物を取り除いたり滅菌したりする手間がかかるものの国産品が多い。

原価に比べて価格が高いということは，消費者が意識しないうちに，飲み物そのものよりも「好きなときに好きな商品を手に入れる便利さ」に価格のうちの大部分を支払っているのである。

つまり消費者は，喉が渇いて飲みたいと思ったときに，自動販売機で「ホット」と「コールド」を選びながら，500ml や350ml のミネラルウォーターやコーヒーなどを選んで購入する。消費者は，「飲みたいときに，飲みたい場所で，飲みたい温度で，飲みたい味の飲料水を飲みたい量」だけ選びたい。この便利さに対して，消費者は料金を支払っている。

1-3-2　便利さを支えるロジスティクス

消費者の望む便利さを実現するために，飲料メーカーは，「適切な時間に，適切な場所に，適切な価格で，適切な数量と品質」の商品を提供しなければならない。2章と6章でも述べるように，このことをロジスティクスの5R（Right Time，Place，Price，Quantity and Quality）と呼んでいる。

つまり自動販売機のロジスティクスでは，温度管理と配送が重要なのである。「ホット」のためには55℃前後に温め，「コールド」のためには4℃前後に冷やす，その温度管理にかかる電気代は1台1カ月当たり3,000円から5,000円である。販売本数は気候や気温によって変わるものの，飲料の補充のために，専用の貨物自動車により，多いときで1日に3,000本ものペットボトルや缶を積み，何台もの自動販売機を巡回する。このルートも，1－1節で述べたコンビニの配送ルートと同じように，数学を用いた分析ツールで決められている。

1-3-3　自動販売機と飲料サイズの標準化

自動販売機の普及の陰には，商品の大きさの標準化がある。容量が250mlと350mlの缶飲料は，飲料メーカーが違っても缶のサイズは同じである。缶のサイズが同じなら，梱包する段ボールのサイズも同じにでき，運ぶ台車の大きさや貨物自動車の荷台の棚の高さも統一できる。ペットボトル飲料も同様であり，基本的には飲料メーカーが違ってもペットボトルは同じ高さと断面積になっている。

このため自動販売機も，飲料メーカーごとに造らなくて済むし，1つの自動販売機のなかに，異なる飲料メーカーの商品を入れることができる。飲料業界は，物流標準化の見本のような業界である。

その一方で，もっとも標準化が遅れている業界は化粧品業界である。なぜならば，ラベルや表面のデザインで銘柄を区別するペットボトルや缶コーヒーと違って，化粧品は容器の形状もメーカーごとに異なる。容器のデザインも，商品差別化になる化粧品だからこそ，容器の標準化は難しい。

1-4　既製紳士服のロジスティクス

1-4-1　輸送・配送・配達における発地と着地の違い

加工貿易国である日本では，外国との物資の輸出入が必要である。このため，臨海工業地帯において原材料を輸入し鉄鋼製品を生産するように，海外の港と国内の港を結ぶ輸送（Port to Port）がある。また，部品・半製品の輸入と国内生産の組み合わせのように，生産ライン間を結ぶ輸送（Line to Line）もある。さらには，流通センターから店舗を結ぶ配送（Center to Shop）がある。そして，通信販売や宅配のように，配送センターと家のドアを結ぶ配達（Door to Door）がある（表1-4-1）。

1-4-2　海外で縫製され輸入される紳士服

海外の工場で生産され，国内の店舗に運ばれている製品の1つに，既製紳士服（以下，紳士服）がある。

日本の紳士服は，1年間に約700～800万着を販売する市場といわれている。紳士服チェーン各社は縫製業者に縫製作業を委託しているが，縫製業者の縫製工場は海外に立地していることが多い。

ある縫製業者は，縫製工場をミャンマーに設け，複数の紳士服チェーンから縫製作業を受託している。原材料は主に中国から輸入し，ミャンマーの縫製工場で縫製した後，製品をすべて日本向けに輸出している。工場から出荷

表1-4-1　輸送・配送・配達における発地と着地の違い

発地と着地の組み合わせ	概　　要
P to P（Port to Port）	海外と国内の港を結ぶ （原材料の輸入と，製品の輸出）
L to L（Line to Line）	海外と国内の生産ラインを結ぶ （部品・半製品の輸入と，国内生産）
C to S（Center to Shop）	流通センターや工場と店舗を結ぶ （商品の生産と，店舗への配送）
D to D（Door to Door）	配送センターと家のドアを結ぶ （通信販売による家やオフィスへの宅配）

するときは，紳士服をハンガーに吊るした状態で海上コンテナに積み込み，このコンテナが日本まで運ばれる。

1－4－3　輸送5割と通関2割の製品輸入

この縫製業者の場合，日本国内の紳士服チェーン本部の発注から日本国内の店舗への納品まで，75日かかっている。紳士服の発注から納品までの所要日数を，生産・通関・輸送の3種類に分けると，生産が約3割（24日 /75日），通関が約2割（14日 /75日），輸送が約5割（37日 /75日）になる。すなわち，生地生産と縫製生産という生産活動に要する日数は全体の3割に過ぎず，全体の約7割が通関と輸送に要する日数である（表1－4－2）。

海外の縫製工場から国内の店舗までは，通関手続きや船舶を用いた国際輸送があるために，製品の品質管理にも細心の注意を払う必要がある。いくら原材料費や人件費が安くても，輸送途中で品質が低下することがあれば，その製品を商品として店頭に並べることはできない。つまり，国際化が進展するなかで，原材料ではなく製品を扱う国際輸送を行うようになり，かつ輸送ルートが長く複雑になればなるほど，ロジスティクスの重要性は増すのである。

表1－4－2　既製紳士服の発注から納品までの活動と所要日数の例

活動内容	活動場所	所要日数	内　訳		
			生産	通関	輸送
生地発注	（生地生産の依頼）	0日	－	－	－
生地生産	生地工場（揚州）	10日	○		
輸出通関	揚州→上海港	4日		○	
海上輸送	上海港→ヤンゴン港	14日			○
輸入通関	ヤンゴン港	4日		○	
縫製生産	ミャンマー縫製工場	14日	○		
輸出通関	ヤンゴン港	2日		○	
海上輸送	ヤンゴン港→名古屋港	21日			○
輸入通関	名古屋港	4日		○	
陸上輸送	名古屋港→倉庫→店舗	2日			○
合計（日）		75日	24日	14日	37日
所要日数の比率（%）		100%	32%	19%	49%

1-5　築地市場のロジスティクス

1-5-1　築地市場の一日

築地市場の正式名称は，東京都中央卸売市場築地市場であり，水産物，青果物，漬物，鳥卵を扱っている。場所は東京都中央区にあり，敷地面積は約23万 m^2，建物延床面積は29万 m^2である。築地市場の水産物卸市場で取引される水産物の流通経路は，出荷者から卸売業者と仲卸業者を経由するものが約3割，卸売業者のみを経由するものが約3割，築地市場では取引されずに他の市場に回るものが3割強となっている。なお，1日に築地市場に搬入される水産物は約3,000トンである（図1-5-1）。

この築地市場では，年間約100日の休業日を除き，毎日セリが行われている。セリに向けた作業は，前日の午後から始まる。前日の15時頃から真夜中にかけて，漁協，産地の仲買人，水産会社などが出荷した水産物が大型トラックで続々と築地に到着する。その後，午前2時頃から卸売業者が受け取った水産物の下見をすべく，午前4時頃から仲卸業者や売買参加者が集まってくる（写真1-5-1）。

セリの開始時刻は，鮮魚が午前4時40分，活魚とえびが午前5時20分，そしてマグロが午前5時30分である。「大物」といわれているマグロは，通常，わずか30分ほどで100本以上が競り落とされていく。そして午前7時頃になると，仲卸業者は競り落とした魚を小分けして店頭に並べ，魚屋や料理屋などの買出人が買い求めに来るのである。

図1-5-1　築地市場の水産物の流通経路

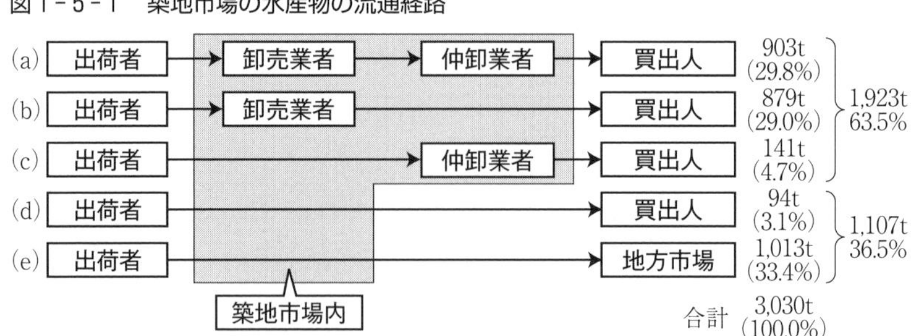

写真1-5-1　冷凍マグロを品定めする仲買人

1-5-2　マグロの運送事業者の一日

水産物を運ぶ運送事業者の一日は，築地市場のセリの時刻を基準に組み立てられている。ある運送事業者は，大型貨物自動車を使って焼津から築地市場まで冷凍マグロを運んでいる。その一日は15時に焼津の倉庫に冷凍マグロを引き取りに行くところから始まる。16時30分までに積み込みを完了させたのち，一旦会社に戻ってから17時に焼津を出発する。20時30分に築地市場に到着した後，ドライバーは食事と売買の手続きを済ませてから21時30分に1回目の休憩に入る。休憩明けの深夜2時から1時間，積んできた冷凍マグロの荷おろしを行い，2回目の休憩に入る。この2回目の休憩中こそがセリの行われている時間である。そして，セリが終わる6時過ぎから売れ残ったマグロを再度積み込み，7時過ぎに築地を出発する。その後，売れ残ったマグロを他の市場やツナ缶などの加工工場に運び，昼の12時に焼津の会社に戻り，15時まで3回目の休憩をとって24時間が終わる。

マグロのセリは30分間にも満たない。しかし，その30分のために，マグロは焼津から築地に輸送され，積みおろしされている。

1-5-3　駐車場での荷おろしと積み込み

築地市場には，5階建てや8階建ての屋内駐車場ビルがあり，合計で市場内に4,330台，市場外に140台が駐車可能である。ただし乗用車の駐車場と違

写真1-5-2　築地市場の駐車場

午前1時台

午前4時台

い，貨物自動車の駐車場は車を停めるだけでなく，貨物自動車から台車への荷おろしや，台車から貨物自動車への積み込みの場所でもある。

しかも駐車場に現れる貨物自動車の種類は，時間帯によって異なる。深夜0時から4時までは産地から築地市場に貨物を搬入する大型貨物自動車が多いが，4時から8時までは築地市場から地方やスーパーマーケットなどに搬出する中型貨物自動車が多い。そして，8時から12時までは小売店や飲食店に搬出する小型貨物自動車が多い。

さらに，駐車場内の激しい往来と商品の搬出入のなかで，貨物自動車の停め方にも，時間帯ごとに特徴がある。たとえば，大型貨物自動車が多い深夜午前0時から4時頃は，車は市場に向かって縦向きに駐車している。それに対し，中型貨物自動車や小型貨物自動車が多い午前4時以降は，車は市場に向かって横向きに駐車し，自動車の脇では仕分け作業も行われている（写真1-5-2）。

なお，築地市場は，平成30年（2018）10月10日に閉場し，翌日より豊洲市場が開場している。

1-6　自動車のロジスティクス

1-6-1　部品調達の重要性

自動車は，約3万点の部品から構成されており，そのうちの1点でも部品

図１-６-１　自動車のロジスティクス

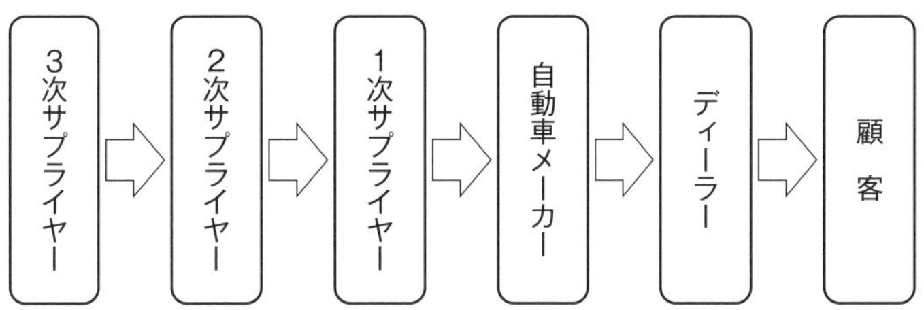

が調達できなければ自動車は生産できない。平成23年（2011）３月に発生した東日本大震災でも，自動車部品を製造するサプライヤー（部品メーカー）が被災して部品の製造がストップし，それら部品を用いる自動車メーカー各社が減産に追い込まれた。

また，サプライヤーの多層構造も自動車産業の特徴である。一般に，自動車メーカー１社のもとでは，自動車メーカーと直接取引する１次サプライヤーが数百社，１次サプライヤーの調達先である２次サプライヤーが数千社，さらに２次サプライヤーの調達先である３次サプライヤーが数千～数万社と多数存在する。自動車のロジスティクスとは，このように複雑な構造のもとで，必要な部品を調達し，自動車を組み立て，完成した自動車をディーラー（販売店）まで届け，最終的に顧客に販売するという一連の流れのなかで行われている（図１-６-１）。

1-6-2　ジャスト・イン・タイムとかんばん方式

自動車は部品点数が多いだけでなく仕様も複雑で，同じ車種であっても，エンジンや内装と外装など，１台ごとに仕様が異なる。しかも，それらを同じ組み立てラインで生産する。このため，様々な部品を，生産ラインの工程ごとに用意する必要があるが，部品点数が多いため，必要以上の部品を調達すると，大量の部品在庫を抱えることになってしまう。

そのため生産計画に合わせて，サプライヤーから，必要な部品を，定められた時間どおりに必要な量だけ調達する「JIT（Just In Time：ジャスト・イン・タイム）方式」が必要となる。

JIT 方式を実現するためには，どの部品が，いつ，どの工程で，何個必要かという情報を，生産工場からサプライヤーに正確に伝えなければならない。この情報を伝える伝票が「かんばん」と呼ばれていたことから，この情報伝達方式を「かんばん方式」と呼ぶ。

このかんばん方式によって，部品や半製品の造りすぎを抑えることができるだけでなく，工程ごとの進捗を把握でき，生産の効率化を図っている。

1－6－3　自動車メーカーの海外展開

自動車は多数かつ精密な部品の集合体なので，効率的な生産のためには，様々な関連産業の集積が必要である。そのため，我が国では，愛知県や神奈川県など，大手自動車メーカーの工場の周辺に多くのサプライヤーが集積してきた。

その一方で，昭和40年代以降，自動車メーカー各社は海外に進出し，自動車を販売している[3)]。当初は国内生産の完成車を輸出していたが，貿易摩擦問題の解消や円高リスクの回避などの目的で海外生産が増えている。

近年では，日本の自動車メーカーが生産する自動車の約67％が海外で生産されており，国内からの輸出分も含めると約83％が海外で販売されている（表1－6－1）。

昭和60年代まで，海外生産の拠点は北米や欧州などが多かったが，近年では中国をはじめとしたアジア地域での生産が増え，海外生産の約半数を占めている。しかしサプライヤーの集積が未発達な国で自動車を生産するときに

表1－6－1　日本の自動車メーカーの国内生産と海外生産（平成29年）[4)]

	国内生産		海外生産	合計
	国内販売	海外輸出		
自動車の生産台数（千台）	4,985	4,705	19,741	29,432
自動車の生産割合（％）	16.9％	16.0％	67.1％	100.0％

注）四捨五入のため合計数値と内訳の合計が一致しない。
国内販売台数は，国内生産台数から海外輸出台数を減じて算出している。
日本の自動車メーカーの海外生産のうち国内への輸入は４万５千台である。

は，日本や周辺諸国のサプライヤーから必要な部品を輸送することも多い。しかも，部品によっては，複数の国から調達する必要もある。このため自動車生産では，各国間での部品調達による輸送と保管が行われており，国際間でのロジスティクスが重要になっている。

第1章の参考文献

1） 株式会社セブン-イレブン・ジャパン HP：http://www.sej.co.jp/company/aboutsej/distribution.html

2） 一般社団法人日本自動販売機工業会 HP：http://www.jvma.or.jp/

3） 根本敏則・橋本雅隆編著：「自動車部品調達システムの中国・ASEAN 展開―トヨタのグローバル・ロジスティクス」，pp. 45-55，中央経済社，2010

4） 一般社団法人日本自動車工業会 HP：http://www.jama.or.jp/，日本自動車輸入組合 HP：http://www.jaia-jp.org/

第2章

ロジスティクスの内容

第2章のねらい

第2章の目的は，ロジスティクスの基本的な内容と，ビジネス・ロジスティクスの概念を理解することである。

そこで本章では，最初に本書の構成を示す（2-1）。次に，輸送や保管よりも広い範囲を示すロジスティクスについて，サプライチェーンとロジスティクスの関係，ロジスティクスの種類などを明らかにする（2-2）。さらにロジスティクスの役割として，企業における売上の増加，費用の削減，資産の活用，事業の成長性などの経営目標との関係を明らかにするとともに，ロジスティクスによる高付加価値化について明らかにする（2-3）。

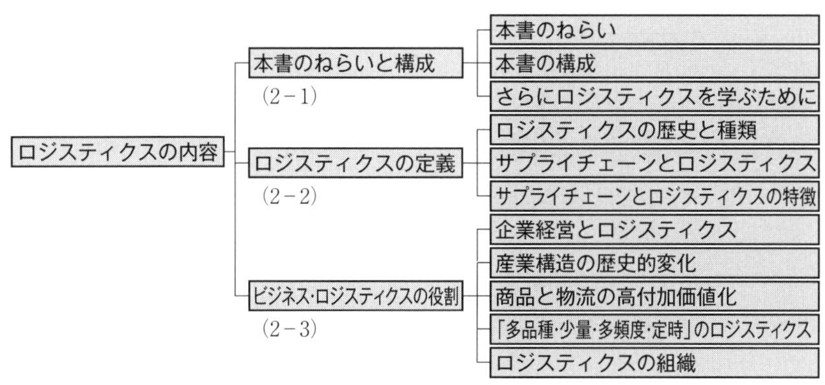

2-1　本書のねらいと構成

2-1-1　本書のねらい

ロジスティクスは，文系と理系にまたがった学問分野であり，その基本は文系も理系も共通している。この共通しているロジスティクスの基本的な知識を身につけることで，さらに高度なロジスティクスを学ぶことができる。

そこで本書は，はじめてロジスティクスを学ぶ若い人を対象に，文系と理系に共通して知っておいてもらいたい基本的な事項に限ってまとめている。

2-1-2　本書の構成

本書は，大きく分けて，「生活の視点」（1～2章），「システムの視点」（3～5章，8～10章），「経営の視点」（6～7章，11～14章）の3つに分かれている（図2-1-1）。

「生活の視点」では，第1章で日常生活がロジスティクスに支えられていることを再発見するとともに，第2章においてロジスティクスの基本的な内容を学ぶ。

「システムの視点」では，基礎知識として，第3章でロジスティクスを流通の側面から学び，第4章では物流機能を学び，第5章では物流事業を学

図2-1-1　本書の構成

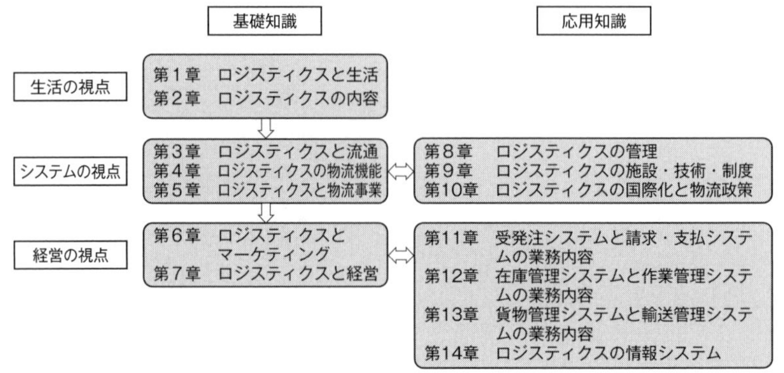

ぶ。次に応用知識として，第８章でロジスティクスの管理方法を学ぶとともに，第９章でロジスティクスの施設・技術・制度を学び，第10章でロジスティクスの国際化の実態と物流政策を学ぶ。

「経営の視点」では，基礎知識として，第６章でロジスティクスとマーケティングの関係を学び，第７章でロジスティクスの経営的側面を学ぶ。次に応用知識として，第11章から第13章ではロジスティクス・システムの業務内容を学び，第14章ではロジスティクスの情報システムを学ぶ。

2-1-3　さらにロジスティクスを学ぶために

本書を通じてロジスティクスに興味を持った人が，より深く学ぶときには，関連する分野の知識も必要になる。たとえば文系の人たちには，労務管理，在庫管理，原価計算，流通経路，商業立地など「経済学・商学・経営学の知識」である。理系の人たちには，生産管理，作業行動分析，在庫理論，輸送計画，需要予測など「工学や応用数学の知識」である。

本書を基礎にして，文系と理系を問わずより多くの人たちが，ロジスティクスのより専門的な勉強に取り組むことを期待している。

2-2　ロジスティクスの定義

2-2-1　ロジスティクスの歴史と種類

1）　ミリタリー・ロジスティクス

ロジスティクス（兵站）という用語は，もともと戦略や戦術とともに，軍事用語の１つであった。戦略は「戦争を実行するための計画」であり，戦術は「戦闘のための技術」である。そしてロジスティクスは，「戦場の後方にあって前線の兵士を支援するために，食糧・車馬・軍需品の供給・補充・輸送にあたること」である。

「戦わずして勝つ」ための高度な戦法の１つに，食糧や飲料水の供給を断って敵の疲労を待つ「兵糧攻め」がある。これほどにロジスティクスは，戦争において極めて重要とされている。

2） ビジネス・ロジスティクス

ビジネス・ロジスティクスとは，「商品や物資を，顧客の要求に合わせて届けるとき，発生地点から到着地点までの商流（商取引流通）と物流（物的流通）を，効率的かつ効果的に，計画・実施・統制すること」（表２－２－１）である。このとき，商流には受発注，金融，情報の機能があり，一方，物流には輸送，保管，流通加工，包装，荷役，情報の機能がある。

このため「必要な商品や物資を，適切な時間・場所・価格（費用）のもとで，要求された数量と品質（５R：Right Time，Place，Price，Quantity and Quality）で供給すること」がロジスティクスの目標となる。この５Rが正確に実行されれば，効率化と費用削減につながる。

なお，ロジスティクスは「準備や手配」も意味することから，ビジネスの現場では，会議での食事の準備やホテルの手配などを指すこともある。

3） ソーシャル・ロジスティクス

ソーシャル・ロジスティクスとは，ロジスティクスによって生じる社会への悪影響を削減し，持続可能な社会を実現するために，環境負荷の削減，３R（Reduce，Reuse，Recycle）の実現，安全安心の確保を目的とするものである（表２－２－２）。

表２－２－１　ビジネス・ロジスティクスの定義と５つの指標

定義：	商品や物資を，顧客の要求に合わせて届けるとき，発生地点から到着地点までの商流（商取引流通）と物流（物的流通）を，効率的かつ効果的に，計画・実施・統制すること。
指標：	時間（集荷・輸送・配送時間，荷役時間，作業時間など）
	場所（車両・貨物の位置，棚位置，作業管理，運行管理など）
	価格（集荷・輸送・配送費用，入出庫・在庫費用，荷役費用など）
	数量（車両台数管理，輸送量管理，入出庫・在庫管理など）
	品質（温湿度管理，破損汚損管理，消費・賞味期限管理など）

表２－２－２　ソーシャル・ロジスティクスの定義と種類

定義：	社会に対する負荷を削減し，安全安心な生活を確保する。
種類：	グリーン・ロジスティクス（環境負荷の削減：大気汚染，包装資材など）
	リバース・ロジスティクス（３R：リデュース，リユース，リサイクル）
	ライフサポート・ロジスティクス（安全安心：健康，防災・救命など）

2-2-2　サプライチェーンとロジスティクス

1）　サプライチェーンとSCM

サプライチェーンとは，「原材料の調達と商品の生産から，流通を経て消費に至るまでのプロセスにおいて，『企業間と企業内』において繰り返し生じる商品や物資の『発注・受注・出荷・入荷』のロジスティクスのサイクルを『複数の鎖（チェーン）』に見立てたもの」である。

企業間では，供給業者・メーカー・卸売業者・小売業者・消費者などの一連の連鎖を示している。企業内においても，調達部門・生産部門・輸送部門・販売部門などの一連の連鎖がある。

たとえば，サプライチェーンを地域と施設でみると，青森で収穫（調達）された農産物が，仙台の工場に運ばれて製品化（生産）されてから，埼玉の流通センターに運ばれ（輸送），東京の店舗で売られて（販売），購入した消費者が千葉の自宅に持ち帰る，といった事例が考えられる。

そして，SCM（Supply Chain Management：サプライチェーン・マネジメント）とは，「サプライチェーンにおける商品や物資の最適な供給を，計画し管理すること」である。

2）　ロジスティクスと物流機能

工場から流通センターへのロジスティクスでは，工場で生産された商品や物資を，受発注や在庫・配送などの「情報」を活用しながら他の商品や物資と「組合せ（流通加工）」と「包装」してから，トラックに「積み込み（荷役）」，「輸送」して配送先で「荷おろし（荷役）」し，流通センターの内に「保管」する。このとき，輸送・保管・流通加工・包装・荷役・情報の6つを物流機能という。これは，農場から工場や，店舗から住宅も同じである。

3）　輸送システムにおける運行管理と配送管理

物流機能のうち輸送に着目すれば，運行管理と配送管理がある。

運行管理では，貨物の量と配送先を考えて適切な大きさの貨物自動車を用意し，運転手を手配し，燃料を積み込み，運行する。次に配送管理では，配送先ごとに貨物を仕分けて，配送順序を考えながら貨物自動車に積み込み，実際に配送先に届けることになる。

4） サプライチェーンとロジスティクスと輸送システムの階層構造

サプライチェーンとロジスティクスと輸送システムは，それぞれ階層になっており，より上位の概念を構成する要素の１つとなっている。

もしも車両が用意できなければ輸送できず，輸送できなければロジスティクスは成り立たず，ロジスティクスが成立しなければサプライチェーンは途切れてしまう。サプライチェーンもロジスティクスも，何か１つでも欠けてしまえば，成立しないのである（図２-２-１）。

図2-2-1　サプライチェーンとロジスティクスと輸送システム

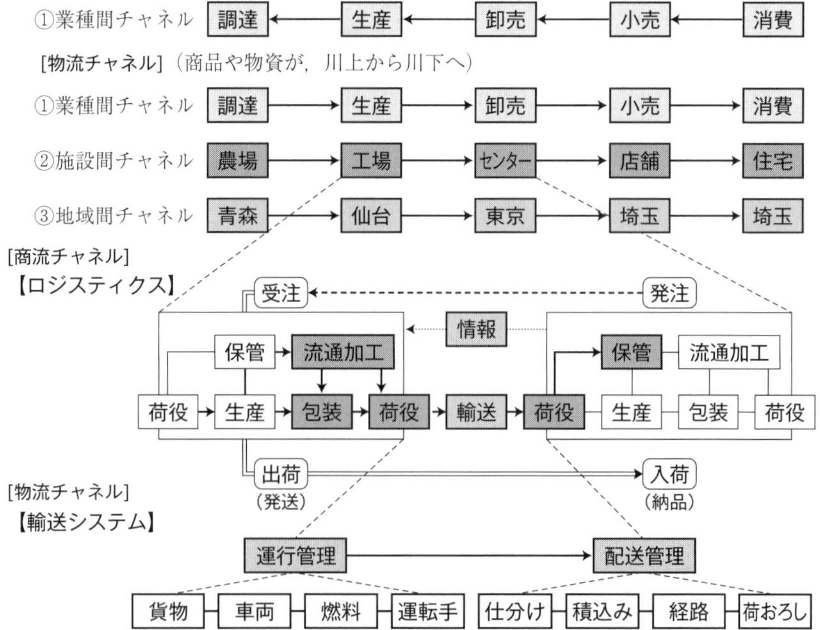

2-2-3 サプライチェーンとロジスティクスの特徴

1) 生産と消費をつなぐサプライチェーン

サプライチェーンとロジスティクスの特徴は，農家でタマネギが生産されてから，ピザが消費者の家に届くまでで示すことができる。

「生産と消費をつなぐサプライチェーン」とは，「1つの商品の，発地から着地まで」である。タマネギは，農家で生産されてから卸売市場に輸送され，八百屋を経由してピザ屋に到着する。ピザ屋では，タマネギはピザに加工される（図2-2-2）。

「農家からピザ屋まで」のタマネギのサプライチェーンでは，荷姿は段ボールから袋詰めに変わったりする。しかし，タマネギそのものに変化はないので，同一商品のサプライチェーンということになる。

2) リードタイムをまもるロジスティクス

「リードタイムをまもるロジスティクス」とは，「消費者がピザの出前を注文してから，家でピザを受け取るまでのロジスティクス」である。なおリー

図2-2-2 サプライチェーンとロジスティクスの特徴[1)]

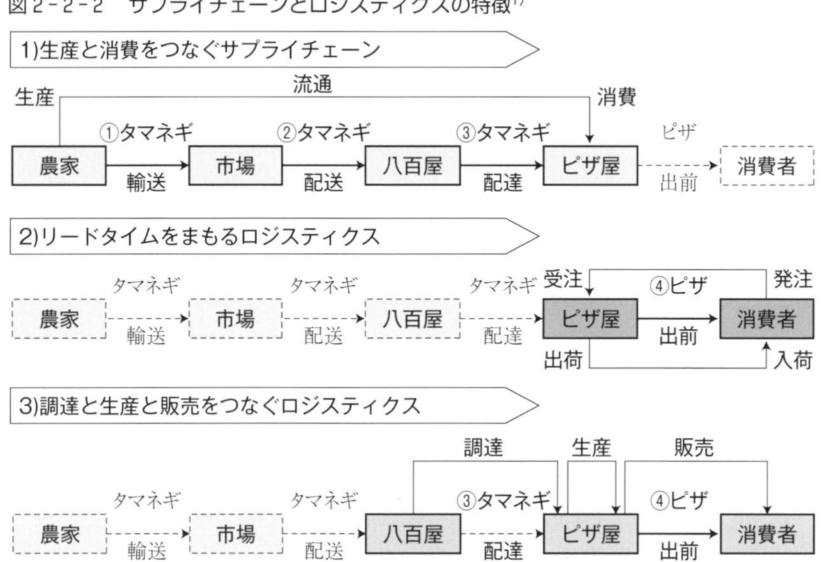

ドタイムとは，発注から商品受け取りまでの時間である。

消費者は，ピザに入っているタマネギの生産地に興味はなく，ひたすらピザの到着を待つことになる。消費者がもっとも気にするリードタイムから考えれば，ロジスティクスは，「ピザの受発注，ピザの生産，ピザの出前」の3つで構成される。

3） 調達と生産と販売をつなぐロジスティクス

「調達と生産と販売をつなぐロジスティクス」とは，「ピザ屋を中心に考えたロジスティクス」である。

ピザ屋は，八百屋がどこからタマネギを仕入れているかに興味はない。むしろ，必要な量のタマネギを必要な時に低コストで仕入れ（調達），安くピザを作り（生産），消費者に不備なくピザを届けたい（販売）。このため，「タマネギの調達，ピザの生産，ピザの販売」の3つを考えることになる。

タマネギやソーセージなどの原材料が店舗でピザに変わるように，調達・生産・配送の過程で，商品が加工されたり組み合わされたりして，新たな商品へと変わっていく。

2-3 ビジネス・ロジスティクスの役割

2-3-1 企業経営とロジスティクス[2)]

1） 売上の増加とロジスティクス

企業経営の目標は，売上の増加，費用の削減，資産の活用，事業の成長性の4つである。この4つは，すべてロジスティクスと関わっている（表2-3-1）。

売上の増加には，機会損失の削減と，顧客サービスの向上がある。

販売機会損失を削減するために，納品率の向上や欠品率の低下は，ロジスティクス改善の1つの方法になる。また顧客サービスの向上には，リードタイムの短縮や，商品の高付加価値化とともに，物流の高付加価値化が重要である。特に近年のSCMでは，これらの高付加価値化が極めて重要となっている。

表2-3-1　企業経営の4つの目標とロジスティクスの役割[2)]

分　類	項　目	内　容
1）売上の増加	機会損失の削減	納品率の向上，欠品率の低下
	顧客サービスの向上	納入リードタイム短縮，商品・物流の高付加価値化
2）費用の削減	製造原価の低減	調達先とのSCM形成，調達VMIの構築
	物流コスト低減	輸送・保管・流通加工・包装・荷役コスト削減
	その他の費用の低減	資産の見直し，人件費の見直し
3）資産の活用	設備の活用	遊休設備の稼働，設備の共同利用，共同配送
	在庫の削減	入庫・在庫・出庫管理，ABC分析
	売掛金・買掛金の見直し	売掛金の回収サイクルの短縮，買掛金の見直し
	固定資産の流動化	土地・建物・設備の削減，自社倉庫のリース化
4）事業の成長性	CSRの向上	環境負荷の削減，法令遵守，災害時の協力
	製品・サービスの強化	環境対応，物流品質の向上，安全安心の担保

2）　費用の削減とロジスティクス

費用の削減とは，製造原価や物流コストの低減をはじめ，調達・生産・物流・販売のサプライチェーン全体において，効率化と原価低減を図るものである。

同じ製品であれば，原材料を安く調達し，製品を安く生産し，安く販売する方が良い。輸送や保管の内容が同じであれば，費用は安い方が良い。また製品の回収や廃棄においても，環境対策を講じながら費用を削減することが望まれる。このようにロジスティクスを通じて，費用の削減を図ることができる。

3）　資産の活用とロジスティクス

資産の活用とは，運転資本の圧縮や固定資産の削減を行うものである。遊休設備の活用や同業他社との共同利用，在庫の削減，売掛金の回収や買掛金の支払いの見直し，固定資産の流動化などがある。

資産の活用は，地道な努力の積み重ねであるが，キャッシュフローの管理という意味でも重要である。ロジスティクスの効率化による使用車両数の削減や，在庫削減による保管面積の縮小は，直接的に資産の活用に結びつく。

4） 事業の成長性とロジスティクス

企業が社会に対して安全安心な商品やサービスを提供することは，企業の価値を高め，事業の成長性の源となる。

CSR（Corporate Social Responsibility：企業の社会的責任）の観点からは，商品の生産において排出物を減らし，ロジスティクスにおける輸送中のCO_2削減や包装資材の有効利用により，社会的な義務を果たすことが求められる。

また，顧客に対する製品供給やサービス提供から考えると，ロジスティクスにおける欠品や誤配をなくし，安全安心に使用できる商品とサービスを提供することで，企業価値を高めることができる。

2－3－2 産業構造の歴史的変化

交通機関が未発達の時代の第１次産業において，生鮮食料品をはじめとする商品は消費地の近くで生産され，物資輸送も近距離が多かった。その後，交通ネットワークの発達と物流技術の進歩により，遠距離からの輸送と物資の品質の保持が可能となった。そして現在では，海外からの生鮮食料品の輸入も増えている。

明治時代になって第２次産業が本格的に発達すると，生糸の輸出に見られるように「国内での原材料の調達・生産と国外への輸出」が盛んになった。次に，鉄鉱石の輸入と鉄鋼の輸出のように「原材料の輸入，国内での生産，製品の国外への輸出」と発展する。この時期は，臨海工業地帯に代表される「港湾での輸入・生産，港湾からの輸出」である。その後，輸出製品は，鉄鋼製品から家電製品，自動車などと移り変わり，製品の加工度が高まるとともに部品点数も増加していく。また，工場も，輸送よりも労働力や技術力の確保に有利な地点に移動していく。さらには，「重厚長大から軽薄短小」といわれる高加工度の製品が生産される。さらに国際化時代を迎え，東南アジアに生産拠点を移すことや，また食料品の開発輸入のように，現地での生産・加工と日本への輸入が多くなった。

第3次産業のうち，なかでもロジスティクスと関係が強いのは，卸売業や小売業である。卸売業・小売業の取引範囲は，国内では交通ネットワークの拡大とともに遠隔地へと広がり，海外では本格的な国際化時代を迎えて，商取引の範囲は世界へと拡大してきている。また，情報通信技術の進展や宅配便の普及は，インターネット通販などの新しい販売形態を増加させている。

2-3-3 商品と物流の高付加価値化

1） 商品の高付加価値化

商品の高付加価値化と物流の高付加価値化は，いずれも顧客サービスの向上に貢献するものである。

商品の高付加価値化とは，商品に技術を加えることで商品価値を高めることである。たとえば小麦という原材料があって，製粉という技術が加えられると，小麦粉ができる。小麦粉という原材料に焼きという技術が加えられるとパンになる。パンという原材料に調理という技術を加えるとサンドイッチになる。

さらに，サンドイッチと唐揚げを詰め合わせれば弁当になるし，弁当とジュースを組み合わせればランチセットになる（図2-3-1）。

このように商品が高付加価値化していくときは，生産技術とともに物流技術も必要である。たとえば，弁当を作ることはサンドイッチと唐揚げを詰め

図2-3-1 商品の高付加価値化[3),4)]

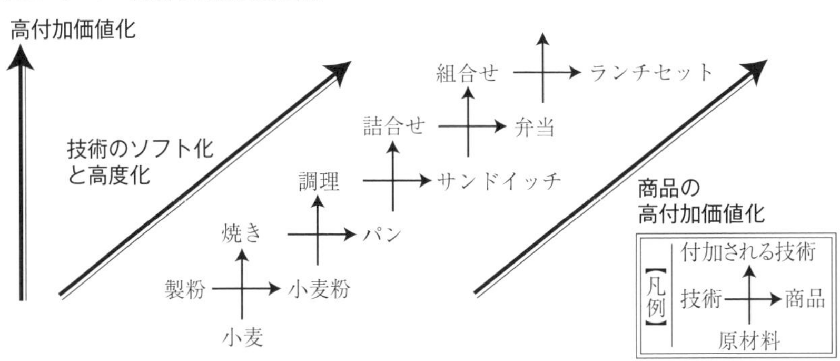

表2－3－2　商品の高付加価値化のための業務（流通加工と包装）

物流機能	業　務	内　容
流通加工	生産加工	鋼材切断，パソコン組立，洋品の検針・修繕・タグ付け
	販売促進加工	野菜の選別，マニュアル挿入，化粧品の検品・詰合せ
包装	工業包装	鮮魚の選別・氷入れ，洋品の品揃え・梱包
	商業包装	ギフト包装・リボン掛け，ハンカチの袋詰め・包装

合わせる流通加工技術である。また，小麦粉を袋に詰めるよりも，サンドイッチを包む方が高度な包装技術が必要である。

このように，商品の高付加価値化には，流通加工や包装などの物流技術が不可欠である。このとき流通加工には，生産加工と販売促進加工の2つがあり，包装には，工業包装と商業包装がある（表2－3－2）。

2）　物流の高付加価値化

物流の高付加価値化とは，高度で正確な管理技術を加えることで物流機能を高めることである。実際に，普通郵便より速達郵便の料金が高く，通常の宅配便よりも冷蔵の宅配便（クール便）の料金が高いことは，時間管理や温度管理という価値が付加されているからである。このように，物流に時間や温度などの管理技術が加わることで，物流の高付加価値化が実現する。

たとえば，「輸配送」に荷役管理という技術を加えれば「輸配送と荷役の連携」が実現し，この「輸配送と荷役の連携」に時間管理という技術を付加

図2－3－2　物流の高付加価値化[3)4)]

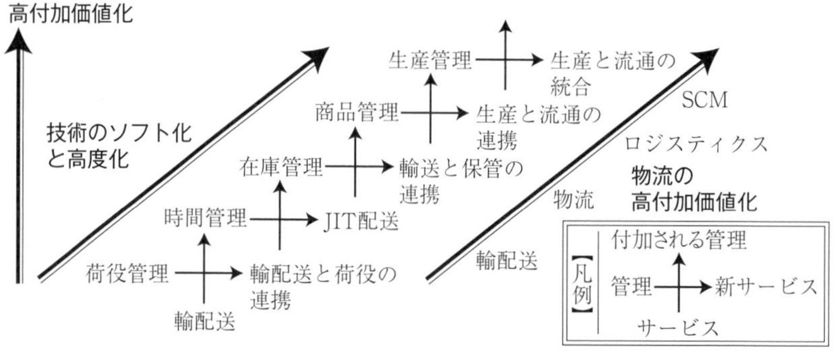

表２－３－３　物流の高付加価値化のための業務（管理業務の高度化）

分　類	内　　　容
荷役管理	積み込み・荷おろしの機械化，荷役作業管理
時間管理	配車・運行計画，労務・運行管理，貨物車追跡管理
在庫管理	入庫・在庫・出庫管理，検品・仕分け，ピッキング・配分
商品管理	受発注管理，商品追跡管理，汚損・破損対応
生産管理	調達・生産・販売管理，需要予測，材料・部品発注計画，生産計画

すると「JIT配送」になる。そして，「JIT配送」に在庫管理を加えることで「輸送と保管の連携」が成立する。さらに商品管理を加えることで「生産と流通の連携」となり，生産管理を加えることで「生産と流通の統合」が実現する。こうして単なる輸配送からロジスティクス，さらにはSCMへと，物流は高度化し高付加価値化していく（図２－３－２）。

このとき物流業務の管理技術は，荷役管理，時間管理，在庫管理，商品管理，生産管理の順序で高度化していく（表２－３－３）。

２－３－４　「多品種・少量・多頻度・定時」のロジスティクス

産業構造の変化と商品の高付加価値化により，「多品種・少量・多頻度・定時のニーズ」が増加している。

多品種化としては，消費生活の高度化を反映して，衣料品で色・サイズなどが豊富になり，また食料品では総菜が増え，品目数が増加した。

少量化とは，品目数の増加により品目ごとの消費量と生産量が少なくなることである。これにより多様な包装や，きめ細かい商品管理が必要となってくる。

多頻度化とは，商品の頻繁な補充による輸送回数の増加である。保管面積が変わらないとしたら，品目数が増えると品目ごとの在庫量が少なくなるため，頻繁な輸送が必要となる。

定時化とは，商品や物資の到着時刻の厳密な指定である。商品が多品種化し，品目ごとの在庫量が少なくなると，確実に商品を入荷するために定時輸送ニーズが高まる。

以上の結果，的確な商品管理・在庫管理・時間管理が必要となっている。

2－3－5　ロジスティクスの組織

1）　企業のロジスティクスの組織

企業においてロジスティクスを直接担当する組織は物流部門であるが，間接的には資材調達部門・生産管理部門・営業部門もロジスティクスに関わるし，財務管理や労務管理には財務部門や総務部門も関わる（6章参照)。

先進的な企業では，ロジスティクスの重要性が認められており，調達・生産・販売部門で各種のデータが連携されて効率的かつ高度なロジスティクスが実現されている。しかし一方では，ロジスティクスを単なる外注費の削減対象としか見ていない企業も多い。このため，ロジスティクスの重要性に気づかず，従来からの管理手法のままで，自らが被っている大きな損失に気づかない例も多い。

2）　ロジスティクスに関わる行政組織

運輸業や倉庫業などの物流事業者の監督官庁として，国土交通省には物流政策課があり，また交通機関別に自動車や鉄道などを所管する組織がある。

荷主については，製造業や卸売業，小売業などを中心に流通の合理化と効率化を目指す流通政策課が経済産業省にある。たとえば，第1次産業の製品については，食品小売サービス課（平成27年（2015）より，食品流通課）が農林水産省にある。資源の流通では資源エネルギー庁，貿易や関税では財務省なども関わる（表2－3－4)。

表2－3－4　ロジスティクスに関わる行政組織

分　類	行政組織
運輸倉庫業などの物流事業者	国土交通省　物流政策課，市街地整備課など
自動車や鉄道事業者など	国土交通省　自動車局，鉄道局など
荷主（卸小売業など）	経済産業省　流通政策課
農林産品	農林水産省　食品小売サービス課（平成27年(2015）より，食品流通課)
資源の流通	資源エネルギー庁
貿易・関税	財務省
道路・鉄道・港湾・空港	国土交通省，農林水産省，都道府県，市区町村
物流施設，通行・駐車規制	国土交通省，都道府県，警察庁，都道府県警

またロジスティクスに必ず必要な，道路・鉄道・港湾・空港などの基盤施設については，国土交通省をはじめ，農林水産省，都道府県，市区町村など多くの行政組織が関わる。また，都市における駐車場整備や物流施設の立地は国土交通省や都道府県の所管である。さらに，大型貨物自動車の通行規制や路上駐車の規制は警察の所管となっている。

このように，ロジスティクスに関わる行政組織は多岐にわたるために，互いに連携して進めていくことが望まれている。

第２章の参考文献

1） 苦瀬博仁：「付加価値創造のロジスティクス」，pp.３-29，税務経理協会，1999

2） 苦瀬博仁・梶田ひかる監修：「ロジスティクス管理２級」，p.２，pp.53-58，中央職業能力開発協会，2007

3） 林周二：「システム時代の流通」，pp.39-68，中公新書270，中央公論社，1989

4） 前掲書１），pp.89-99

第3章

ロジスティクスと流通

第3章のねらい

第3章の目的は，ロジスティクスのうち，流通を構成する商流（商取引流通）と物流（物的流通）について理解することである。

そこで本章では，流通を構成している商流と物流の違いと，流通チャネルを構成する商流チャネルと物流チャネルの特徴について明らかにする（3-1）。次に，商流チャネルの種類と，チャネルの多段階化と簡素化，経路の複数化と少数化などの変化を示すとともに，チャネルキャプテンの役割について明らかにする（3-2）。そして，物流チャネルを交通の3要素であるノード・リンク・モードで示すとともに，流通分野の物的流通と交通分野の物資流動の違いを明らかにする（3-3）。最後に，6つの物流機能を，リンクに関わる「輸送・荷役機能」，ノードに関わる「保管・流通加工・包装機能」，物流をコントロールする「情報機能」に分けて明らかにする（3-4）。

- ロジスティクスと流通
  - 商流と物流（3-1）
    - ロジスティクスにおける商流と物流
    - 流通チャネル（流通経路）
    - 商物一致と商物分離
  - 商流チャネルとロジスティクス（3-2）
    - 3つの業種間商流チャネル
    - 商流チャネルの多段階化と簡素化
    - 商流チャネルの経路複数化と経路少数化
    - 商取引のチャネルキャプテン
    - 商流チャネルにおける競争とロジスティクスの役割
  - 物流チャネルとロジスティクス（3-3）
    - 施設間の物流チャネル
    - ロジスティクスにおいて重要なノード
    - 物流施設以外のノードの重要性
    - 物的流通と物資流動の違い
    - 人と比較した物の交通の特徴
  - ロジスティクスにおける物流機能（3-4）
    - 6つの物流機能
    - リンクに関わる物流機能（輸送，荷役）
    - ノードに関わる物流機能（保管，流通加工，包装）
    - 物流をコントロールする情報機能

3-1　商流と物流

3-1-1　ロジスティクスにおける商流と物流

1）　商流と物流

原材料を調達した生産者（メーカーなど）がつくる商品は，問屋などの卸売業者を経て小売業者に届けられ，最終的に消費者がこの商品を買い求める。これを流通といい，流通は，商流（商取引流通）と物流（物的流通）に分けられる（図3-1-1）。

商流は「受発注にともなう所有権と金銭の移動」である。このため，①商品の売買を行う受発注機能，②代金支払いなどの金融機能，③商品・顧客情報，の3つの機能が必要となる。

物流は，「商品そのものの空間的・時間的移動と高付加価値化」である。このため，①商品を届ける輸送機能（空間的な移動機能），②商品を在庫する保管機能（時間的な移動機能），③顧客のニーズに合わせて組み合わせた

図3-1-1　ロジスティクスと物流の位置づけ

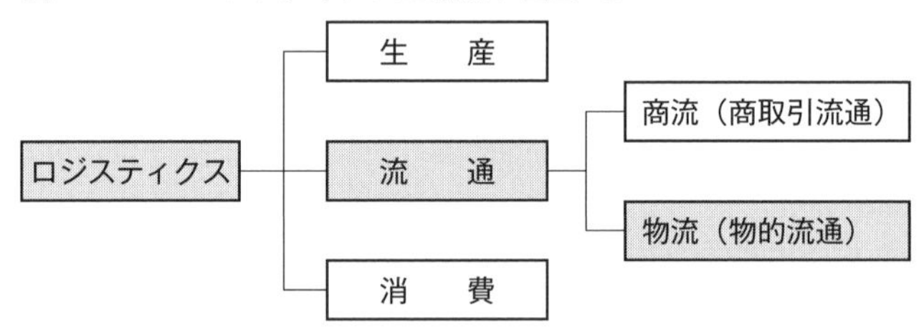

表3-1-1　商流と物流の違い[1)]

	商流（商取引流通）	物流（物的流通）
内容	所有権と貨幣の移動	空間・時間の移動，高付加価値化
機能	受発注，金融，情報	輸送，保管，流通加工，包装，荷役，情報
原理	拡大原理 （より遠く・より高く・より多く）	縮小原理 （より近く・より安く・より少なく）
需要	本源的需要	派生需要

り検品する流通加工機能，④商品を段ボール箱に詰めたり包装紙で包む包装機能，⑤商品の積み込みと荷おろしなどの荷役機能，⑥商品の数量・品質・位置を伝える情報機能，の6つの機能が必要となる（表3-1-1）。

2） 拡大原理と縮小原理

商流は，商品の受発注を行い，対価を支払うことで商品の所有権が移動して完結する。このとき，商流（商取引流通）は，受発注を通じて多くの商品を販売し，またより多くの利益を求めることから，商流は「より遠く・より高く・より多く」という拡大原理にもとづいている。

その一方で，物流（物的流通）は，より短距離・短時間で輸送し，より少量・短期間で保管し，より流通加工や包装や荷役の作業量を少なくしようとする。すなわち，物流は「より近く・より安く・より少なく」という縮小原理にもとづいている。

一般的な流通活動では，商流の結果ないし商流への期待によって物流が起きる。たとえば小売業者は，消費者の注文に従うか消費者の購買を期待して，商品を販売したり仕入れる。このため，商品の輸送や保管などの物流が起きる。

したがって，商流が本源的需要であり，物流は派生需要である。

3-1-2 流通チャネル（流通経路）

1） 商流チャネル（商取引経路）

流通チャネルとは，生産者から消費者へ商品が流れていく道筋を示したものであり，流通経路とも呼ばれている。この流通チャネルは，商流チャネル（商取引の経路）と物流チャネル（商品そのものの経路）で構成されている。

商流チャネルは，業種間で示すことが一般的であり，基本的には「生産者・卸売業者・小売業者・消費者」となる。このとき商流チャネルでは，受発注情報（商品の発注と受注），金融情報（代金の請求と支払い），商品・顧客情報がある（図3-1-2）。

受発注では，消費者が発注して小売業者が受注し，また小売業者が発注して卸売業者が受注するように，受発注の情報は消費者から遡っていく。この

図3-1-2　商流チャネルと物流チャネル

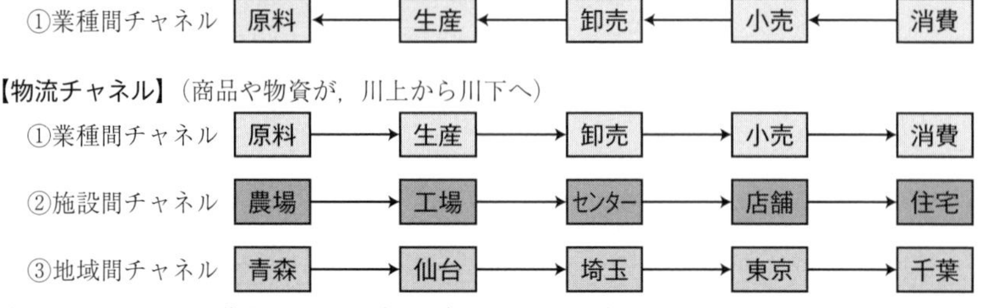

注：川下から川上への物流は，返品や容器回収などがあるが少ない。

ような形態を，消費者が商品を引き出すという意味でプル型という。一方で，消費者や小売業者のニーズが不明であっても，生産者や卸売業者が商品を届けることをプッシュ型という。

金融では，生産者からの請求にもとづいて卸売業者が代金を支払う。このとき，代金の請求は，生産者から卸売業者，小売業者，消費者へと進むが，その逆に，代金の支払いは，消費者から小売業者，卸売業者，生産者へと進む。つまり，代金の請求と支払いは，反対方向の流れになっている。

このときの情報には，受発注では発注者名と届け先住所，商品名や商品数などがあり，金融では顧客情報や信用力などがある。

2）　物流チャネル（物流経路）

物流チャネルには，業種間・施設間・地域間の３つの種類がある。

業種間の物流チャネルとは，商品が発着する業種に着目するもので，商流チャネルと同じく「生産者→卸売業者→小売業者→消費者」で示される。生産者が卸売業者に商品を送り，次に小売業者・消費者へと商品が渡っていく。

施設間の物流チャネルとは，商品が発着する施設に着目するもので，一例として「農場→工場→流通センター→店舗→住宅」と表現できる。どの施設からどの施設に運ばれているかであるから，業種間の物流チャネルの概念とは異なる。

ここで重要なことは，同じ業種でも様々な施設を持つことがある点である。たとえば生産者であるメーカーが工場とともに自社で倉庫を持つこともあるし，卸売業者が倉庫だけでなく店舗や工場を持つこともある。また，小売業者が店舗だけでなく倉庫や流通センターを持つことも多い。この結果，同じ「生産者から卸売業者」の業種間物流チャネルであっても，施設間物流チャネルでは，「生産者の工場から卸売業者の流通センター」もあれば，「生産者の流通センターから卸売業者の店舗」という場合も存在する。このように施設間物流チャネルは，業種間物流チャネルと常に1対1で対応するわけではない。

地域間の物流チャネルとは，商品が発着する地域に着目するものである。たとえば，青森で調達された農産物が，仙台の工場で缶詰となって，埼玉の卸売業者を経て東京の小売業者に運ばれ，千葉の消費者が買い求めて家に持ち帰るといった経路が考えられる。

3-1-3　商物一致と商物分離

消費者がコンビニで商品を買い求め，自ら持ち帰るときは，商流（受発注と代金の支払い）も物流（商品の受け渡し）も，「店員と消費者の間」で行われている。このように商流と物流が一致していることを，「商物一致」という。

その一方で，商流と物流が異なることを「商物分離」という。たとえば，百貨店で購入した商品を家に届けてもらうことや，インターネット通販で商品を注文して届けてもらうことである。またメーカーが，商品の配送を自社で行わずに物流事業者に委託したり，倉庫業者に在庫管理や流通加工と配送を委託したりする場合も商物分離である。

なお，このように輸送・保管・荷役などを部分的に委託することは従来から存在していたものの，近年では荷主企業（生産者や卸小売業者や消費者）が物流事業者（運送業者や倉庫業者）に対して物流業務全体を委託する傾向が強くなっている。

3-2　商流チャネルとロジスティクス

3-2-1　3つの業種間商流チャネル

商流チャネルは，一般的には業種間で示すことが多い。業種間の流通チャネルは，商品特性，商品取扱量，販売戦略などによって異なることが多いが，中間に位置する業者数によって，①中間無段階型，②中間一段階型，③中間多段階型の3つに分けることができる[2),3),4)]（図3-2-1）。

第1の中間無段階型とは，生産者と消費者が直接取引を行うものであり，生産者が小売業者を兼ねる場合でもある。この例としては，生鮮食料品の産地直送，鉄鋼メーカーと自動車メーカーによる鋼材の直接取引，パン屋による自家製パンの消費者への直接販売などがある。

第2の中間一段階型とは，生産者と消費者の間に，卸売業者または小売業者のどちらかが入るものである。この例としては，自動車がメーカーから小売業者（ディーラー）を経て消費者に販売される場合や，消費者が商品を安く手に入れようとして卸売業者から購入する場合などがある。

第3の中間多段階型とは，生産者と消費者の間に複数の卸売業者ないし小売業者が存在するものである。代表的な例としては，「生産者→卸売業者→小売業者→消費者」がある。これに加えて，卸売業者が一次卸・二次卸と複数になったり，卸売市場で仲買人のような業者が介在することもある。

図3-2-1　3つの商流チャネル

分類	生産者		卸売業者		小売業者		消費者	実例
	中間無段階型							
生産消費直送	○	――――――――――――――――→					○	産直,パン製造販売
	中間一段階型							
卸売消費直送	○	――→	○	――――――――→			○	卸売業者の直販
生産小売直送	○	――――――――→			○	――→	○	スーパーの産直販売
	中間多段階型							
卸売小売経由	○	――→	○	――→	○	――→	○	青果市場の商品
一次二次卸売	○	――→	○→○	――→	○	――→	○	産地問屋と消費地

3－2－2　商流チャネルの多段階化と簡素化

1）　商流チャネルの多段階化

商流チャネルの３つの形態は，常に固定されるものではなく，状況によって変化するものである。その変化として「多段階化」と「簡素化」がある。

商流チャネルの多段階化とは，生産者と消費者の間の中間業者が増えることである。たとえば，「生産者→小売業者→消費者」から「生産者→卸売業者→小売業者→消費者」へ，さらに「生産者→一次卸売業者→二次卸売業者→小売業者→消費者」へと変化する（図３－２－２）。

商流チャネルの多段階化の主な理由は，交通ネットワークと物流技術の発達にともなう商取引の拡大である。商取引範囲が広がり，商品の取扱量や品目数が多くなると，受発注・金融・情報機能の中継ぎをする卸売業者が必要となる。それゆえ，商流チャネルが中間一段階型（例，生産者→小売業者→消費者）や，中間多段階型（生産→卸売業→小売業者→消費者）へと多段階化していく。

商流チャネルが多段階化すると，新たな物流サービス（流通加工や包装など）が必要となる。たとえば「生産者→消費者」のように，製造販売するパ

図３－２－２　商流チャネルの多段階化と簡素化

チャネルの多段階化	生産者		卸売業者		小売業者		消費者	チャネルの簡素化
	中間無段階型（中間業者０）							
	○	→				→	○	
卸売業者または小売業者の介在 ↓								↑ メーカーによる直販
	中間一段階型（中間業者1）							
	○	→	○	→		→	○	
	○	→		→	○	→	○	
卸売業者および小売業者の介在 ↓								↑ 卸売業者または小売業者の除外
	中間多段階型（中間業者2）							
	○	→	○	→	○	→	○	
複数卸売業者の介在 ↓								↑ 中間卸売業者の除外
	中間多段階型（中間業者3）							
	○	→	○→○	→	○	→	○	

ン屋からパンを購入する場合，流通加工も包装も1回ずつである。しかし中間一段階型では，「生産者→中間業者」と「中間業者→消費者」のそれぞれにおいて，流通加工や包装が行われるため，流通加工も包装も2回ずつ必要になる。このように取引回数も増えるたびに，ロジスティクスが複雑になっていく。

2） 商流チャネルの簡素化

商流チャネルの簡素化とは，多段階化の反対で，生産者と消費者の間の中間業者が減少することである。

従来問屋から仕入れていた小売業者が，生産者と直接取引したり（産地直送），生産者が卸売業者を兼ねたりする（製造卸業者）ことがある。いずれも商流チャネルの支配や商品の販路拡大のために，中間業者を省略しようとするものである。

その一方で，流通チャネルが簡素化されると，従来の複数の中間業者が行っていた物流サービスを1ヶ所で行うようになる。これにより作業効率は上昇するものの，様々な物流サービスをまとめて行うことになるため，作業内容が複雑になることが多い。

3－2－3 商流チャネルの経路複数化と経路少数化

1） 商流チャネルの経路複数化

商流チャネルの「経路複数化」とは，同一の商品を複数の商流チャネルで流通させることである（図3－2－3）。

たとえば生鮮食料品は，産地直送による生産者と消費者の直接取引（中間無段階型）もあれば，小売業者が生産者から直接商品を買い付けて消費者に販売すること（中間一段階型）もある。さらには，卸売市場を経た後で，小売業者から消費者の手に渡ること（中間多段階型）もある。また同じ小売業者でも，品ぞろえや必要量の確保のために，同一の商品を生産者から直接買い付けると同時に卸売市場で購入することもある。

このように複数化することのメリットは，生産者は多様な経路を通じた商品の販路拡大によって売上の増加が期待できるとともに，消費者は様々な選

図3－2－3　商流チャネルの経路複数化と経路少数化

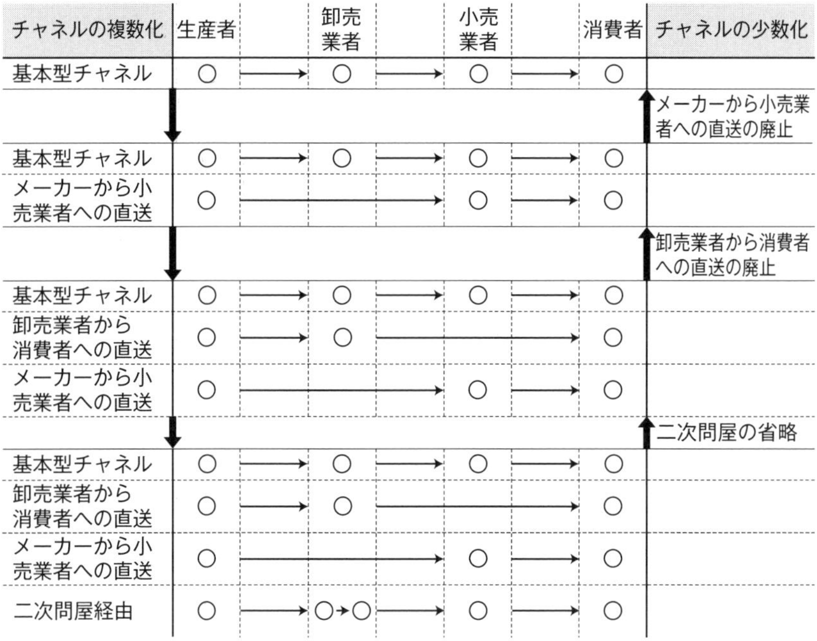

チャネルの複数化	生産者		卸売業者		小売業者		消費者	チャネルの少数化
基本型チャネル	○	→	○	→	○	→	○	
↓								↑メーカーから小売業者への直送の廃止
基本型チャネル	○	→	○	→	○	→	○	
メーカーから小売業者への直送	○	→		→	○	→	○	
↓								↑卸売業者から消費者への直送の廃止
基本型チャネル	○	→	○	→	○	→	○	
卸売業者から消費者への直送	○	→	○	→		→	○	
メーカーから小売業者への直送	○	→		→	○	→	○	
↓								↑二次問屋の省略
基本型チャネル	○	→	○	→	○	→	○	
卸売業者から消費者への直送	○	→	○	→		→	○	
メーカーから小売業者への直送	○	→		→	○	→	○	
二次問屋経由	○	→	○→○	→	○	→	○	

択肢から自分の好みに合った商品を選べるようになることが挙げられる。

しかしデメリットとして，生産者（チャネルの発地側）は複数の販売先の多様なニーズに合わせた作業が必要となり，ロジスティクスもより複雑になっていく。また，小売業者（チャネルの着地側）も，仕入先が増えることによって荷受け作業が増えることになり，生産者同様，ロジスティクスが複雑になる。

2）商流チャネルの経路少数化

商流チャネルの「経路少数化」とは，経路複数化の反対で，商流チャネルを少なくすることである。

たとえば，いままで複数のチャネルで商品を仕入れていた小売業者が，卸売業者との取引を中止して，生産者との直接取引に変えるような場合である。商流チャネルの数が少なくなれば，取引量も多くなるので，より大量かつ安価に仕入れることができるメリットを享受できる。その一方で，デメリットとしては，個々の消費者に合わせた商品の組み合わせや包装などが難しくなることで，販売機会の減少につながる可能性もある。

3-2-4　商取引のチャネルキャプテン

1）　チャネルキャプテン

商流チャネルを簡潔に「生産者→卸売業者→小売業者」と表現したとき，チャネルを構成する業者間で商取引上の優劣関係が生じる。このとき，チャネル上で優位に立った業者をチャネルキャプテン（またはチャネルリーダー）と呼ぶ。

チャネルキャプテンは，商品価格の決定や商品販売戦略，商品開発などで主導権を発揮し，商取引上の優位を保ち，市場占有率を高めようとする。

2）　チャネルキャプテンによる流通チャネルの分類

商流チャネルは，チャネルキャプテンの違いから，①A型チャネル，②X型チャネル，③V型チャネル，の3つに区分できる（図3-2-4）。

①A型チャネルとは，生産者が少数で，卸売業者・小売業者となるにつれて業者数が増える型である。たとえば，ビールメーカーは国内には数社しかないが，卸売業者（酒問屋）は数多くあり，さらに小売業者である酒屋は至るところにある。このA型チャネルは，ビールメーカーの他では自動車メーカーや日用品メーカーなど第2次産業に多く見られ，競争に勝ち残ったメーカーがチャネルキャプテンとなっている。

②X型チャネルは，卸売業者の数が少なく，生産者と小売業者が多い型である。たとえば，加工食品や缶詰などを扱う食品問屋は，数多くの生産者から商品を集め，数多くの小売店に販売する。この場合，中間で業者数が絞られてXのような形になる。このときのチャネルキャプテンは，卸売業者である。

③V型チャネルは，A型の反対の型である。百貨店やコンビニなどは，多くの商品を扱うため，商品を納入する卸売業者も多数存在し，それらの卸売業者にはさらに多くの生産者が商品を納入している。V型では，納入され

図３-２-４　Ａ型・Ｘ型・Ｖ型チャネルとチャネルキャプテン

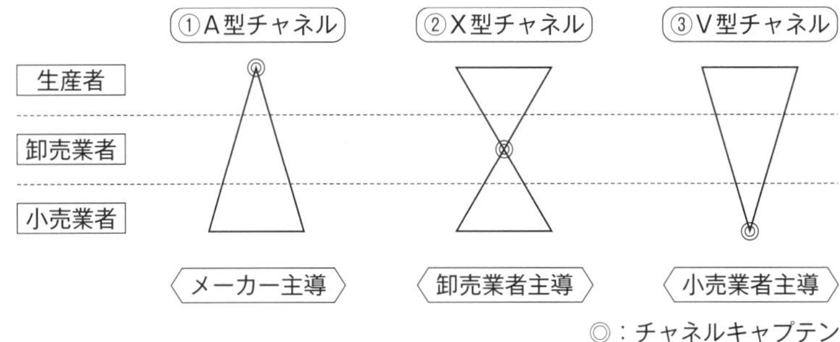

る商品の選定や価格設定において，チャネルキャプテンである小売業者が主導権を握っている。このＶ型チャネルは，第３次産業の大企業に多く見られる。

3-2-5　商流チャネルにおける競争とロジスティクスの役割

1）　垂直型競争（チャネル内の競争）とロジスティクス

商流チャネルにおける競争には，垂直型，水平型，斜めの３つがある。

第１の垂直型競争は，同じ商流チャネル内における生産者・卸売業者・小売業者によるチャネルキャプテンを目指す争いである。Ａ型・Ｘ型・Ｖ型のいずれにおいても，チャネルキャプテンは系列化を進めようとする（図３-２-５）。

たとえば，メーカー（生産者）が販売会社（販社）を設立したり，卸売業者が生産者を子会社化したり，スーパー（小売業者）などが生産者や卸売業者を系列化したりする。このとき，生産者は新商品開発や技術開発を，卸売業者は商品の受発注や金融情報を，小売業者は販売力や顧客情報を，それぞれ武器としてチャネルキャプテンの座をめぐって争うのである。

この垂直的競争をロジスティクスの観点からみれば，在庫を適正に保ち正確に配送することや，ニーズに合わせた流通加工や包装を行うことで，チャネルキャプテンの座を守ろうとする。

図3－2－5　商流チャネルにおける垂直型・水平型・斜めの競争

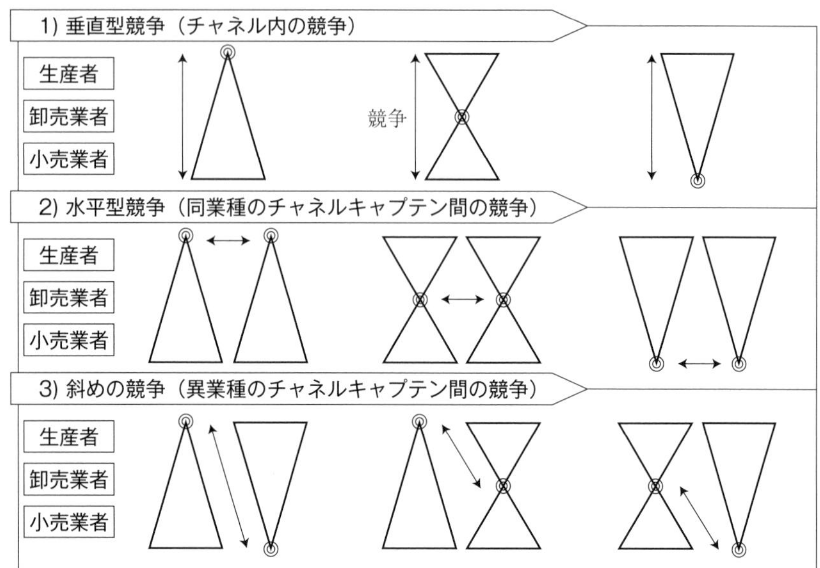

2）　水平型競争（同業種のチャネルキャプテン間の競争）とロジスティクス

第2の水平型競争は，チャネルキャプテンを核とした生産者・卸売業者・小売業者の系列グループが，他の系列グループと競争するものである。自動車メーカー・グループ間の競争（A型対A型），商社間の競争（X型対X型），コンビニが生産者と提携しながらの競争（V型対V型）がある。

たとえばコンビニが他のコンビニと競争して多くの顧客を集めるには，商品の品切れが少なく品質の良い商品を，適切な時間に店頭に供給する必要がある。このため，消費者ニーズに合わせた流通加工や包装を行うとともに，店舗内での在庫スペースを小さくし，品目数を増やし，多頻度で小口の輸送で対応しようとする。つまりコンビニは，生産者や卸売業者の協力の下でロジスティクスを充実させることによって，他のコンビニと争うのである。

3）斜めの競争（異業種のチャネルキャプテン間の競争）とロジスティクス

第3の斜めの競争は，生産者と小売業者，生産者と卸売業者などの競争のように，それぞれのチャネルを支配した異業種のチャネルキャプテン間の競争である。この斜めの競争には，A型対X型，A型対V型，X型対V型の競争がある。

たとえば，日用品メーカーがコンビニに商品を供給し，しかも両者がチャネルキャプテンの場合がこれに当てはまる。メーカーは，中小小売業者などに対しては価格決定権を持つものの，商品を大量購入するコンビニには価格決定権を奪われがちである。そこでメーカーは，消費者ニーズにあった新商品やヒット商品を供給し市場占有力を高めることで，小売業者に対して優位に立とうとする。その一方で，コンビニは大量販売を行うことで，メーカーに対して優位に立とうとする。このとき両者ともにロジスティクスが十分でなければ，消費者に商品が供給できなくなり，競争に敗退してしまうのである。

3-3　物流チャネルとロジスティクス

3-3-1　施設間の物流チャネル

3-1節で述べたように，物流チャネルには，業種間・施設間・地域間のチャネルがある。このうち，ロジスティクスから考えるときは，農場・工場・流通センター・店舗・住宅へと商品が流れていく施設間の物流チャネルが理解しやすい。

施設間の物流チャネルでは，農場や工場などの施設がノード（交通結節点施設）であり，この施設を結ぶ道路や航路がリンク（交通路）である。そして貨物自動車や船舶などがモード（交通機関）である。

流通センターや店舗などの施設（ノード）に商品が輸送され，荷役・保管・流通加工・包装などが行われてから，再び荷役され，輸送されていく。このノードに農場や工場などの生産施設と，住宅やオフィスなどの施設も含めれば，流通センターなどの物流施設だけでなく，すべての都市の施設をノードとして表現することができる。

3-3-2　ロジスティクスにおいて重要なノード

ノード・リンク・モードを交通の3要素という。商品や物資の輸送を交通の3要素で示すと，ノード（工場と流通センター）の間のリンク上（道路）を，モード（トラック）を利用して商品や物資を運ぶことと表現できる（図3-3-1）。

ロジスティクスにおいては，リンクよりもノードが重要になることが多い。たとえば引っ越しのときは，家財道具の荷造り（包装）や仕分け（荷役），運び出し（荷役）が大仕事である。そして，いざ家財道具を載せた貨物自動車が走り出してしまえば，引っ越し先が10km先でも100km先でも，輸送することに大きな違いは生じない。逆にいくら効率的に輸送できたとしても，引っ越し先に駐停車施設がなかったり，エレベーターがなかったりすると，搬入も重労働になる。

3-3-3　物流施設以外のノードの重要性

商品や物資は，工場や流通センターなどの物流施設を経由して，店舗や住宅に運ばれる。このため日常生活においては，コンビニやスーパーの店舗などの商業施設や，住宅やオフィスなどが，商品の最終到着施設となる[5)]。

商品が到着する施設というと，倉庫や流通センターなどと考えがちであるが，小売店舗や住宅を含めた施設が重要なのである。このため交通計画においても，貨物車交通だけではなく，店舗や住宅などの到着地での荷さばきを含めた計画が重要になる（図3-3-2）。

図3-3-1　交通におけるノード・モード・リンク

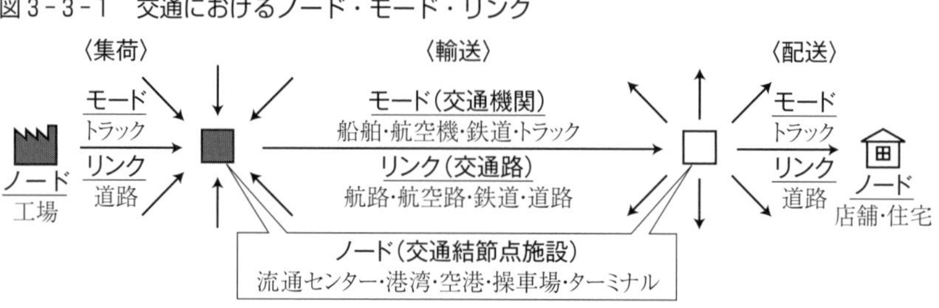

図3-3-2　都市の物流システムとノード・リンク

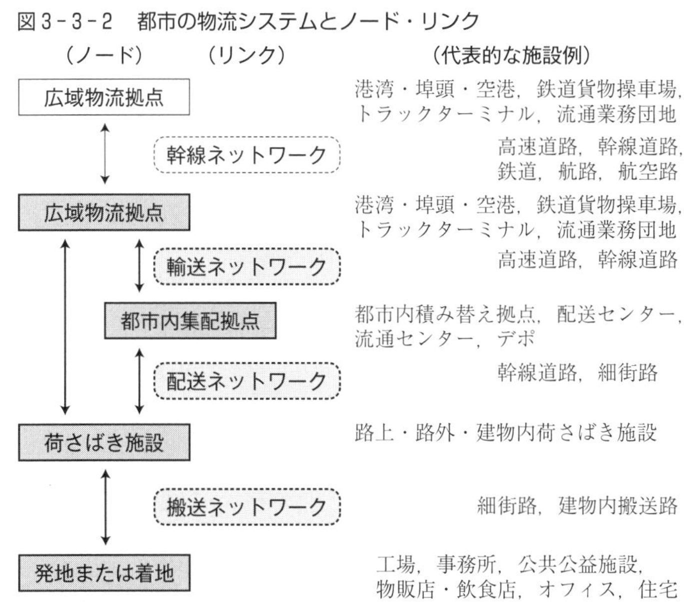

3-3-4　物的流通と物資流動の違い

物流という用語は，流通分野だけでなく交通分野でも使用されている。流通分野の「物流」が「物的流通」の略であるのに対して，交通分野の「物流」は「物資流動」の略である。

交通分野における物流（物資流動）は，商品の移動現象そのものに着目しているため，輸送機能のみ，もしくは輸送・荷役・情報の３つの機能を主な対象とし，施設内で行われる保管・流通加工・包装機能は対象としないことが多い。つまり道路交通計画では，「商品や物資の貨物自動車への積み込み・荷おろし（荷役）と，発地から着地までの移動（輸送）」を主な対象としている。

なお近年では，「貨物自動車交通」を「物流」と呼ぶこともある。しかし，これは輸送機関に着目したものであって，物資流動量（トン，個数，リットルなど）ではないため，貨物自動車交通を物流と表現するのは正確とは言えない。

3－3－5　人と比較した物の交通の特徴

交通分野における物流（物資流動）は，人の交通（パーソントリップ）と比べ，①移動単位の不定性，②移動品目の多様性，③移動過程での変化，④移動方法，⑤移動目的の多様性，⑥移動サイクルの多様性，⑦移動量の変動の多様性，などの特徴を持っている[6)]（表３－３－１）。

①移動単位の不定性とは，商品や物資の測定単位が複雑で，一定でないことである。人の交通は，年齢や性別などによる違いはあっても，「人」という１つの単位で数えることができる。しかし物は，重量，体積，個数など，様々な単位があり，また同じ鉛筆でも，本，ダース，箱などと数えるように，同じ品目であっても取引の内容により単位が異なることがある。

②移動品目の多様性とは，物流で扱う品目の多さと複雑さである。たとえば，スーパーは１万～５万品目の商品を，コンビニも約3,000品目の商品を，それぞれ扱うとされている。これらの商品を品目ごとに個別に扱えば，非常に複雑となる一方で，食料品や衣料品などという大まかな分類では品目特性が違いすぎて管理ができない。

③移動過程での変化とは，物流の過程で商品の内容が変化することである。たとえば，海外から輸入された木材製品を購入する場合，材木や柱で輸入されても，国内の店舗で寸法に合わせて加工される。このように商品や物資は，工場や倉庫や店舗で変化することがある。

④移動方法とは，移動の際に荷役が必要か否かである。多くの場合，人は自らの意志で移動し，行先も自分で知っている。しかし，物は自らの意志で

表３－３－１　人の交通と比較した物流の特徴

分　　類	特　　　　徴
①移動単位の不定性	トン，個，m^3など（人間は人だけ）
②移動品目の多様性	コンビニには約3,000品目ある
③移動過程での変化	移動中に加工されたり組み合わされる
④移動方法	荷役が必要（赤ちゃんと同じ）
⑤移動目的の多様性	物は商取引に従って移動する
⑥移動サイクルの多様性	物は一方通行，人は家に戻る
⑦移動量の変動の多様性	季節変動や週変動が大きい

移動できるわけではないし，また行き先が店舗なのか倉庫なのかも分らない。このため，風邪を引かさぬよう赤ちゃんを大事に抱えて運ぶように，商品も丁寧に扱う必要がある。

⑤移動目的の多様性とは，商品が必ずしも商取引相手に輸送されず，結果として商取引経路と物流経路が対応しないことである。たとえば通販会社に注文しても，商品そのものは通販会社ではなく，契約している倉庫から運ばれてくる。このように注文先から商品が来るとは限らないのである。

⑥移動サイクルの多様性とは，輸送や保管における時間や期間が様々なことである。旅行や引っ越しを除けば，人の交通は朝自宅を出発して夜帰宅するため，1日で移動が完結する。しかしながら物資や商品は，原材料の調達から生産を経て消費されるまでの一方通行であり，しかも移動時間が時間・日・週・月など様々である。

⑦移動量の変動の多様性とは，季節や曜日などによる移動量の変動が激しいことである。人の交通は平日と休日に大別でき，しかも平日の交通は類似している。それとは対照的に，物流は商品によって特定の季節や取引上重要な日（五十日（ごとおび），月末など）にピークが集中することが多く，しかも類似したパターンを見出しにくいのである。

3-4　ロジスティクスにおける物流機能

3-4-1　6つの物流機能

3-1節で述べたように，物流には輸送・保管・流通加工・包装・荷役・情報の6つの機能がある。たとえば，流通センターに「保管」されている商品は，小売店から注文を受けて「流通加工」や「包装」がほどこされ，トラックに積み込み（「荷役」）され，「輸送」される。そして小売店舗に到着した後，荷おろし（「荷役」）されて「保管」される[7]（図3-4-1）。

これら6つの物流機能は，リンクに関わる物流機能（輸送・荷役）とノードに関わる物流機能（保管・流通加工・包装），物流をコントロールする情報機能に分けられる[8],[9],[10],[11]（表3-4-1）。

図3-4-1　ロジスティクスにおける物流機能

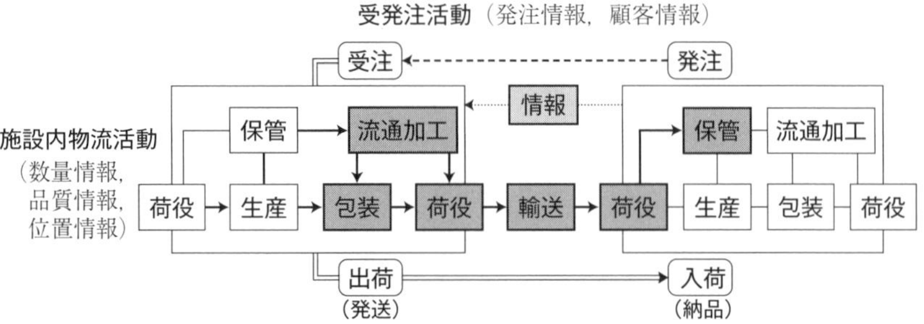

表3-4-1　物流機能の内容[12)]

<table>
<tr><th colspan="2">分　　類</th><th>項　目</th><th>内　　容</th></tr>
<tr><td rowspan="6">リンクに関する物流機能</td><td rowspan="3">①輸送機能</td><td>輸送</td><td>長距離，トラフィック機能，1対1</td></tr>
<tr><td>集荷</td><td>短距離，アクセス機能，多対1</td></tr>
<tr><td>配送</td><td>短距離，イグレス機能，1対多</td></tr>
<tr><td rowspan="3">②荷役機能
（リンクとノードの接続機能）</td><td>積み込み</td><td>物流施設から交通機関へ</td></tr>
<tr><td>荷おろし</td><td>交通機関から物流施設へ</td></tr>
<tr><td>施設内作業</td><td>検品・仕分け・棚入れ・配分，置き換えなど</td></tr>
<tr><td rowspan="6">ノードに関する物流機能</td><td rowspan="2">③保管機能</td><td>貯蔵</td><td>長時間，貯蔵型保管</td></tr>
<tr><td>保管</td><td>短時間，流通型保管</td></tr>
<tr><td rowspan="2">④流通加工機能</td><td>生産加工</td><td>組立て・スライス・切断など</td></tr>
<tr><td>販売促進加工</td><td>値付け・ユニット化・詰合せなど</td></tr>
<tr><td rowspan="2">⑤包装機能</td><td>工業包装</td><td>輸送・保管用，品質保証主体</td></tr>
<tr><td>商業包装</td><td>販売用，マーケティング主体</td></tr>
<tr><td colspan="2" rowspan="3">⑥物流をコントロールする情報機能</td><td>数量情報</td><td>貨物追跡，入在出庫</td></tr>
<tr><td>品質情報</td><td>温湿度管理，振動管理など</td></tr>
<tr><td>位置情報</td><td>自動仕分け，ピッキングなど</td></tr>
</table>

3-4-2　リンクに関わる物流機能（輸送，荷役）

輸送機能は，物資や商品の空間的な移動に関する機能である。「輸送」とは，2地点間の空間的な移動の総称であるが，特に長距離の2地点間の移動を「輸送」とし，1地点と複数地点間の短距離の輸送を「集荷」ないし「配送」とすることが多い。長距離の輸送では，船舶，鉄道，航空機，貨物自動車など様々な輸送機関を利用できるが，短距離の集荷と配送は，貨物自動車を使用することが一般的であり，最近では台車や自転車を使うこともある。

荷役機能とは，いわゆる「積み込み・荷おろし」の作業である。「積み込み」は，倉庫などの物流施設から，貨物自動車などの輸送機関に，商品や物資を運び入れるものである。この逆に「荷おろし」は，輸送機関から倉庫や店舗などに運び込むものである。このときコンテナなどの輸送用具への積み込みと荷おろしも，荷役と呼ばれている。また荷役にともなう商品や物資の置き換えや検品などの「施設内作業」も荷役に含まれることが多い。

3-4-3　ノードに関わる物流機能（保管，流通加工，包装）

保管機能は，商品や物資の時間的な移動に関する機能である。「保管」は時間的な移動の総称であるが，特に長期間では「貯蔵・備蓄」，短期間では「一時保管」と使い分けることもある。保管機能を受け持つ業者は，倉庫免許を持つ倉庫業者が代表的であるが，生産者・卸売業者・小売業者などの荷主や輸送業者も，流通の過程において一時的な保管を行っている。

流通加工機能は，商品の付加価値を高めるための作業である。この流通加工機能は，生産加工と販売促進加工の２つに分類できる。生産加工は，商品を販売するときに，組み立てやスライスなど商品に手を加える作業であり，販売促進加工は，値札を付けたり箱詰めするように販売のための作業である。

包装機能は，商品や物資の輸送・保管や取引にあたり，商品の品質維持のために適切な材料や容器に収納する工業包装と，包装紙でくるむような商品の付加価値を高める商業包装である。

3-4-4　物流をコントロールする情報機能

物流をコントロールする情報機能は，輸送や荷役だけでなく，保管などの他の物流機能も含めて，物流を効率的に行うためのものであり，その情報は数量情報・品質情報・位置情報に大別できる。

数量情報には，トラックの運行管理や貨物追跡，入庫・在庫・出庫情報などがあり，これらはいずれも，物資の数量を適切に把握しようとするものである。

品質情報は，品質の劣化を防ぎ安全を保つための情報であり，輸送中の振動に関わる情報や，温湿度や製造日などの情報などからなる。

位置情報は，自動仕分けシステムやデジタルピッキングなどに必要な位置の情報とともに，倉庫などで商品そのものの位置を知るための情報である。

第３章の参考文献

1） 苦瀬博仁：「付加価値創造のロジスティクス」，pp. 8 -18，税務経理協会，1999

2） J. F. マギー，中西睦・中村清訳：「物流システム設計―ロジスティクス入門」，pp. 1 -17，日本経済新聞社，1976（Magee, J. F. : Industrial Logistics, McGraw-Hill, Inc., 1968）

3） 前掲書１），pp. 41-61

4） 田村正紀訳：「バックリン流通経路構造論」，pp. 16-27，千倉書房，1977（Bucklin, L. P. : A Theory of Distribution Channel Structure, University of California, 1966）

5） 苦瀬博仁・高田邦通・高橋洋二編：「都市の物流マネジメント」，pp. 11-18，勁草書房，2006

6） 前掲書１），pp. 10-14

7） 前掲書１），p. 98

8） 中田信哉：「戦略的物流の構図」，p. 139-153，白桃書房，1987

9） 前掲書１），pp. 19-29

10） 清水滋：「現代サービス産業の知識」，pp. 1 -26，pp. 41-53，pp. 167-180，有斐閣，1990

11） 苦瀬博仁：「情報化は，物流に何をもたらすか」，pp. 90-91，流通設計21，第36巻３号，2005

12) 前掲書１），p.20

第4章

ロジスティクスの物流機能

第4章のねらい

第4章の目的は，ロジスティクスを構成している6つの物流機能を理解することである。

そこで本章では，最初に輸送機能の定義を示すとともに，輸送機関別の特徴を示す（4－1）。次に，保管機能の定義を示すとともに，倉庫の種類と特徴，および保管機器の種類と特徴を示す（4－2）。

さらに流通加工機能の定義を示すとともに，流通加工の種類と内容を示す（4－3）。包装機能では，包装機能の定義を示すとともに，包装の種類別の特徴と，包装資材の種類と内容を示す（4－4）。荷役機能では，荷役機能の定義を示すとともに，荷役機械と荷役機器の種類と特徴を示す（4－5）。

情報機能については，情報機能の定義を示すとともに，物流情報と商流情報の種類と内容，および情報システムによる代替効果と相乗効果について示す（4－6）。

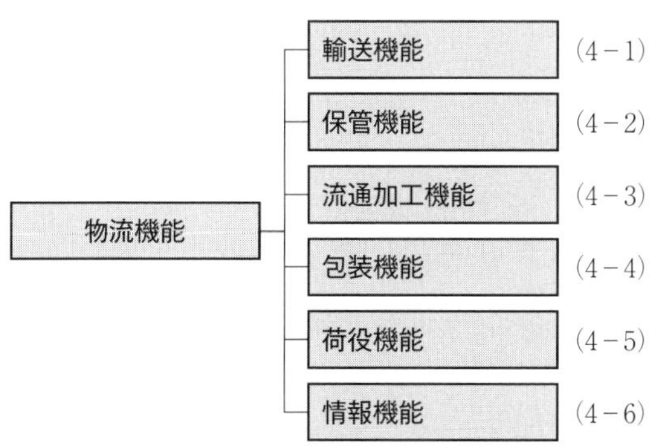

4－1　輸送機能

4－1－1　輸送機能の定義

輸送とは，商品や物資の発生地点（供給者）と到着地点（需要者）の間を，様々な輸送機関を用い，商品や物資を空間的に移動させることである。このとき，長距離の1地点から1地点への移動を「輸送」，短距離の複数地点から1地点への移動を「集荷」，短距離の1地点から複数地点への移動を「配送」の3つに分類できる[1)]（表4－1－1）。

輸送機関には，船舶，鉄道，航空機，貨物自動車がある。このうち，長距離の輸送では，これらすべての輸送機関が用いられるが，集荷・配送では，主に貨物自動車が用いられる。なお，都市内での短距離の集荷・配送では，貨物自動車以外に，台車や自転車も用いられている。

4－1－2　輸送機関の種類と特徴

1）　船舶

船舶による貨物輸送には，一般貨物船（在来船ともいう），コンテナ船，RORO（Roll on/Roll off）船，カーフェリーなどが用いられている。このうち，在来船やコンテナ船は，貨物の積みおろし作業にクレーンなどの荷役設備が必要である。しかし，RORO船やカーフェリーは，船に装備されているランプウェイ（船内に入るための橋）を利用して，貨物自動車が船内まで入ることができるため，荷役設備が不要である（写真4－1－1）。

平成29年度（2017）時点で，我が国の国内の船舶貨物輸送（内航海運）は，トンベース（商品や物資の重量）では全輸送量の約8％を占め，トンキ

表4－1－1　輸送機能の定義と種類[1)]

定義：	商品や物資の供給者と需要者の間にある空間的な隔たりを克服するために商品や物資を移動させること
種類：	輸送（長距離の1地点から1地点への移動） 集荷（短距離の複数地点から1地点への移動） 配送（短距離の1地点から複数地点への移動）

写真４－１－１　海上輸送に使用される船舶の例[3),4)]

コンテナ船

RORO 船

ロベース（商品や物資の重量と輸送距離の積）では全輸送量の約44％を占めている。なお，輸送量の集計方法は平成22年度（2010）に変更されている。

コンテナ船で利用されているコンテナ（箱形の輸送容器，海上コンテナという）には，国際間の船舶輸送（外航海運）で用いられる20フィートコンテナと40フィートコンテナ（外航コンテナ）と，内航海運で用いられる30フィートコンテナと24フィートコンテナと12フィートコンテナ（内航コンテナ）がある。なお，外航コンテナには，背高コンテナと呼ばれる高さの高いコンテナがある。近年では，より多くの商品や物資が積載できる45フィートコンテナも，国際規格の１つとなっている。

コンテナには，一般の商品や物資を運ぶ常温用のコンテナ以外に，保冷貨物用コンテナ（保冷機能を備えたコンテナ）や，低温輸送用コンテナ（冷凍食品や生鮮野菜や医薬品など温度管理を必要とする貨物用に温度制御機能を備えたコンテナ）や，液体・粉体輸送用のコンテナなどもある。

2）　鉄道

鉄道による貨物輸送には，コンテナに貨物を収めて運ぶ「コンテナ輸送」と，貨車を１両貸し切って運ぶ「車扱輸送」がある。鉄道操車場での鉄道の貨車への積み込みと荷おろしには，トップリフターやフォークリフトなどの荷役機械が必要となる。また，石油や液化ガスなどの液体を輸送するタンク車や，石炭や石灰石などを輸送する屋根のない貨車（無ガイ車）など，輸送する貨物に応じて様々な貨車もある（写真４－１－２）。

写真４－１－２　鉄道貨物輸送に使用される貨車の例[5]

コンテナ扱列車

車扱列車

我が国における国内の鉄道貨物輸送は，トンベースでは全輸送量の約0.9％を占め，トンキロベースでは全輸送量の約５％を占めている。コンテナ輸送と車扱輸送の比率は，トンキロベースでは，コンテナ輸送が92％，車扱輸送が８％となっている[2]。

鉄道貨物輸送で利用されるコンテナには，５トン積載可能な12フィートコンテナと，10トントラックの荷台と同じ容積を積載できる31フィートコンテナなどがある。これ以外に，12フィートコンテナ３個をラック（鋼鉄製の型枠）でまとめて，海上輸送用の40フィートコンテナと同サイズにすることができるフラットラックコンテナもある。この，フラットラックコンテナを用いることで，鉄道コンテナを海上コンテナと同じように荷扱いできるため，鉄道と船舶による複合一貫輸送が可能となる。

３）　航空機

航空機による貨物輸送には，旅客機の機体の胴体下部の貨物室（ベリー）に商品や物資を積載して輸送するベリー輸送と，貨物専用機に商品や物資を積載して輸送するフレーター輸送がある。空港で航空機に商品や物資を積み込むときは，航空機専用コンテナ（イグルー）や大型パレットなどを使用するが，航空機内の貨物室に直接積み込むこともある（写真４－１－３）。

我が国における国内の航空貨物輸送は，トンベースでは全輸送量の約0.02％を占め，トンキロベースでは全輸送量の約0.3％を占めている[2]。

写真４-１-３　航空貨物輸送に使用される航空機の例[6),7)]

旅客機荷室への積み込み

航空貨物専用機

４）　貨物自動車

貨物自動車による貨物輸送には，車両１台単位で貸切輸送する方法，容積や重量単位で輸送する方法，および商品や物資を１個単位で輸送する方法などがある。貨物自動車への商品や物資の積み込みには，手積みもあれば，ロールボックスパレットで運んだり，パレットに載せてフォークリフトで積み込むこともある（写真４-１-４）。

また，我が国における国内の貨物自動車輸送は，トンベースでは全輸送量の約92％を占め，トンキロベースでは全輸送量の約51％を占めている[2)]。

貨物自動車は，積載重量，荷室，荷台，荷役機器により，分類できる。

積載重量別では，最大積載量５トン以上の大型トラック，２トン超５トン未満の中型トラック，２トン未満の小型トラック，および，エンジン排気量660cc以下の軽トラックの４つに分類できる。貨物自動車の荷室の温度帯では，冷凍車や冷蔵車とともに，１台の荷室を複数に仕切ることで，管理温度帯が異なる貨物を同時に輸送できる複数荷室式専用車がある。荷台の形状では，平ボディ（荷台だけ），バン型（箱形の閉じられた荷室があるもの），セミトレーラー，フルトレーラー，ポールトレーラー（レールなどの長尺物を輸送するためのもの）に分類できる。荷役機器を備えた貨物自動車には，荷役を短時間で行えるようにバン部分の側面を跳ね上げるウィング車や，車体後部にリフトを付けたテールゲート車，荷室の高さを変えられるリンボー車などがある。特にテールゲート車は，箱形のロールボックスパレットに積むことの多いコンビニの配送などで使われ，リンボー車は都心部での駐車場の

写真４－１－４　貨物自動車輸送に使用される車両の例[8), 9)]

10トン車

宅配専用車両

出入口が低い建物への納品に使われている。

貨物自動車は，長距離の輸送にも使用されるが，短距離の集荷や配送にも使用される。集荷配送方法には，ルート配送とピストン配送がある。ルート配送とは，出発点から複数の地点を巡回して商品や物資を配ったり集める方法であり，新聞や牛乳の配送や，郵便物の集荷に用いられている。一方，ピストン配送は，工場から工場などの２拠点間を繰り返し運ぶ方法である。

4－2　保管機能

4－2－1　保管機能の定義

保管とは，商品や物資を時間的に移動させることである。このとき商品や物資の品質や数量が変化してはいけない。保管は，月単位や年単位で物資を長期間保管する「貯蔵型保管」と，流通過程で一時的に商品をストックする「流通型保管」の２つに分類ができる[1)]（表４－２－１，図４－２－１）。

保管のための施設の倉庫には，営業倉庫，上屋・保管庫，農業倉庫，自家用倉庫がある。また，施設で使用する設備や機器には，固定ラック，パレットラック，移動ラック，回転ラック，ボックスパレットなどがある[10), 11)]。

物流施設での物流活動には，①荷おろし，②検品（入荷時），③棚入れ，④保管，⑤ピッキング，⑥検品（出庫時），⑦流通加工，⑧仕分け，⑨包装，⑩検品（出荷時），⑪積み込み，⑫搬送の12の活動がある（表４－２－２）。

表 4－2－1　保管機能の定義と種類[1)]

定義：商品や物資を時間的に移動させること 種類：貯蔵型保管（月単位や年単位での商品や物資の長期間保管） 流通型保管（流通過程での一時的な商品や物資のストック）

図 4－2－1　物流施設における物流活動の流れと保管機能の位置づけ

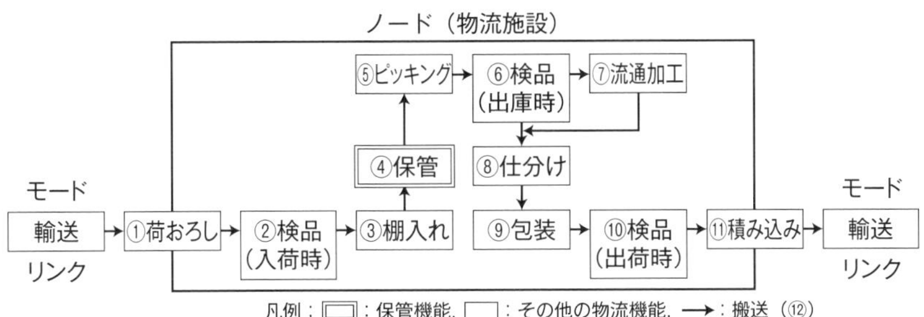

表 4－2－2　物流施設における物流活動の内容

物流活動	物流機能	内　　容
①荷おろし	荷役機能	貨物自動車から商品や物資をおろす作業
②検品（入荷時）		入荷した商品や物資の数量や品質を確認する作業
③棚入れ		入荷した商品や物資を所定の位置に収める作業
④保管	保管機能	入庫した商品や物資の保管
⑤ピッキング	荷役機能	保管位置から必要な商品や物資を注文にあわせて取り出す作業
⑥検品（出庫時）		ピッキングされた商品や物資の数量や品質を確認する作業
⑦流通加工	流通加工機能	商品や物資をセット化したり値札を付ける作業
⑧仕分け	荷役機能	商品や物資を温度帯や顧客別に分ける作業
⑨包装	包装機能	商品や物資の品質を維持するために材料で包んだり容器に入れる作業
⑩検品（出荷時）	荷役機能	出荷する商品や物資の数量や品質を確認する作業
⑪積み込み		貨物自動車への商品や物資を積み込む作業
⑫搬送	荷役機能	商品や物資を比較的短い距離移動させる作業 横持ち搬送：水平方向に移動する作業 縦持ち搬送：垂直方向に移動する作業

4-2-2　倉庫の種類と特徴

1）営業倉庫

営業倉庫とは，倉庫業法第３条に基づいて登録された倉庫である。営業倉庫は，倉庫業法により，①１類倉庫，②２類倉庫，③３類倉庫，④野積倉庫，⑤貯蔵槽倉庫，⑥危険品倉庫，⑦水面倉庫，⑧冷蔵倉庫および⑨トランクルームの９種類に分類されている[11)]（図４-２-２，写真４-２-１）。

このうち，１類倉庫とは，防水・防湿・遮熱・耐火（防火）の機能と防そ措置（ねずみの侵入を防ぐ措置）が必要な倉庫である。１類倉庫では，危険品と冷蔵品を除き，米，繊維，パルプ，機械器具をはじめ，一般雑貨が保管できる。

２類倉庫とは，耐火（防火）の機能が不要であるが，防水・防湿・遮熱の機能と防そ措置が必要な倉庫である。２類倉庫では，燃えにくい商品や物資が保管できる。

３類倉庫とは，耐火（防火）性能に加え，防湿・遮熱の機能と防そ措置も不要な倉庫である。３類倉庫では，燃えにくく，湿度に強い商品や物資が保管できる。

野積倉庫とは，風雨による影響を受けない原材料などの貨物を野積みで保管する倉庫である。この野積倉庫では，鉱物，木材，自動車などのうち，雨風にさらされてもよいものが保管できる。

貯蔵槽倉庫とは，周壁により密閉されたタンクやサイロのことである。貯蔵槽倉庫では，液体及びばら穀物などが保管できる。

危険品倉庫とは，石油，化学薬品など消防法や高圧ガス取締法に規定する危険品を保管する倉庫である。危険品倉庫では，保管する商品や物資の種類により，「消防法」や「高圧ガス保安法」などの関連する法律の規定を満たす必要がある。

水面倉庫とは，水面の周囲を築堤及び網羽（あば），その他の工作物で囲い，倉庫内の原木等の貨物が高潮等により流出しないように，貨物を杭に繋留する等の措置がされているとともに，倉庫周辺の照明装置を備えている倉庫である。水面倉庫では，原木などが保管できる。

冷蔵倉庫は，10℃以下の低温で貨物を保管することを目的とした倉庫であ

図4-2-2　倉庫の分類[12)]

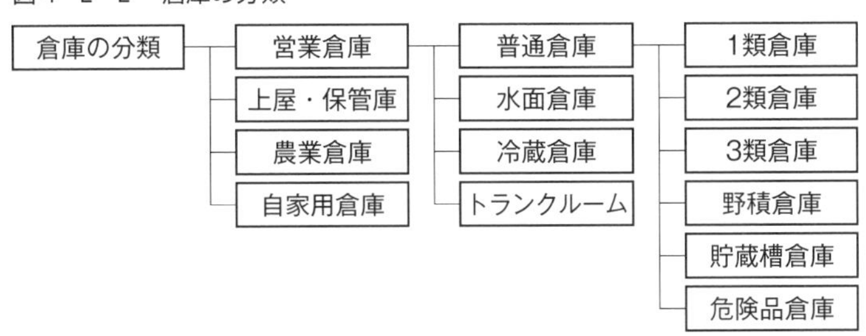

写真4-2-1　営業倉庫の例[13)]

る。冷蔵倉庫では，生鮮食料品や冷凍食品が保管できる。なお，冷蔵倉庫は，保管可能温度の違いにより，－20℃以下の商品や物資を保管するＦ級（freezer class），10℃と－20℃の間の商品や物資を保管するＣ級（cooler class）の２つに区分され，Ｃ級は，さらに，Ｃ１級（－10℃から－20℃未満），Ｃ２級（－２℃から－10℃未満），およびＣ３級（10℃から－２℃未満）の３つに区分される。なおＦ級は，Ｆ１からＦ４の４つに区分される。

トランクルームとは，個人の家財，美術骨董品，書類などを保管する倉庫である。

2） 上屋・保管庫

上屋・保管庫とは，商品や物資の一時保管または仮置きのための施設である。このうち，上屋では，船舶から荷揚げした商品や物資，船舶に積み込む商品や物資の一時保管だけでなく，仕分け作業なども行われる。また，保管庫では，一時保管だけでなく，商品や物資の仕分け，流通加工作業なども行うことがある[10)]。

3） 農業倉庫

農業倉庫とは，農業協同組合，農業協同組合連合会などの荷主が農業倉庫業法にもとづき，組合員または特定人の農産物を保管するために設置した倉庫である[10)]。なお，農業倉庫業法は平成28年（2016）に廃止され，農業協同組合法に，組合員の生産する物資の保管の事業が追加された。

4） 自家用倉庫

自家用倉庫とは，製造業者・卸売業者・小売業者などが自分の責任で物品を保管する施設である[10)]。

4－2－3 保管設備と機器の種類と特徴

1） 固定ラック

固定ラックとは，床に固定されている棚のことである。固定ラックのうち，1つの棚板の耐荷重150kgを超え500kg以下を中量ラックといい，150kg以下を軽量ラックという[11)]。

なお，固定ラックのうち棚面が傾斜していて，重力で商品が取り出し口に移動するラックを流動ラックないし，フローラックと呼ぶ[11)]（写真4－2－2）。

2） パレットラック

パレットラックとは，パレットに積載された商品や物資（パレタイズド貨物）の保管に用いられるラックである[11)]（写真4－2－2）。

写真４－２－２　保管機器の例[14),15)]

流動ラックの例

パレットラックの例[15)]

3）　移動ラック

移動ラックとは，ラック自体がレール上に載っており，移動可能な構造である[11)]。移動ラックには，動力が人力のものと，電力のものがある。

4）　回転ラック

回転ラックは，複数の棚を，回転軸によって回転させることで，背面のスペースを有効に活用するラックである。なお，回転ラックには，ラックを水平に回転させるホリゾンタルカルーセルと，ラックを垂直に回転させるバーチカルカルーセルがある[11)]。

5）　ボックスパレット

ボックスパレットとは，商品や物資を積載する底面の台と４面もしくは３面の垂直側板（網目，格子状などを含む）で構成されるパレットである。ボックスパレットには，底面の台と垂直の側板が固定されている固定式と，側板が取り外し可能な取り外し式などがある[11)]。

なお，ボックスパレットの底面に車輪を取り付けたものをロールボックスパレット（写真４－５－２参照）と呼び，荷役機器としても使用されている。

4-3　流通加工機能

4-3-1　流通加工機能の定義

流通加工とは，製品の加工や組立てなど，商品の付加価値の向上や商取引上の利便性を高めることである[1)]。

流通加工作業は，近年では，需要の多様化に対して効率的な生産や迅速な供給を実現するための調整をするために，倉庫や流通センターで実施されている場合が多い。

流通加工機能は，3-4節で述べたように，「生産加工」と「販売促進加工」の2つに分類できる[1)](表4-3-1，図4-3-1)。

4-3-2　流通加工の種類と特徴

1）生産加工

生産加工とは，顧客の要求に応じて，商品そのものに手を加えて加工したり変化させる作業である。この生産加工には，組立て，スライス，切断などがある[1)]。

表4-3-1　流通加工機能の定義と分類[1)]

定義：製品加工や組立てなど商品の付加価値向上や商取引上の利便性を高めること
種類：生産加工（流通過程で商品そのものに手を加えて加工したり変化させる作業）
販売促進加工（商品を販売するために必要な作業や付加価値を高める作業）

図4-3-1　物流施設における物流活動の流れと流通加工機能の位置づけ

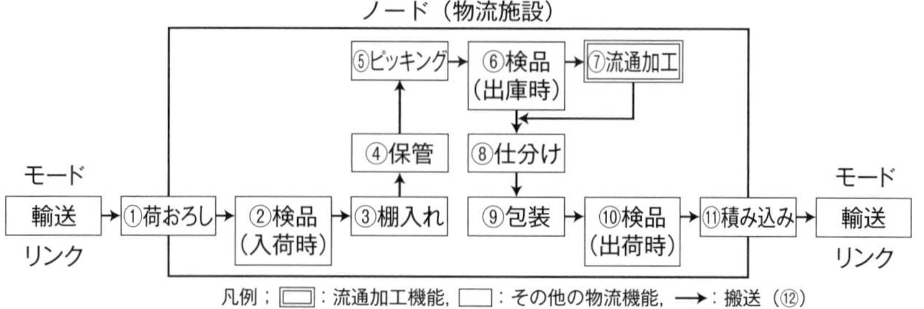

図4-3-2　物流施設でのセット化作業の例

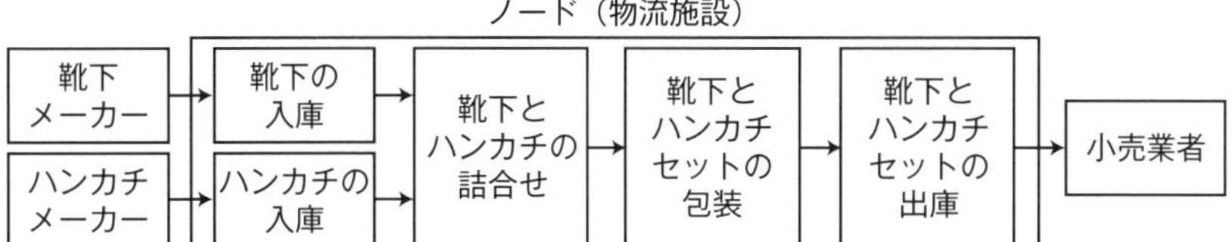

組立てとは，商品（家具やパソコンなど）を組み立てる作業である。一方，スライスと切断とは，商品（ハムやパン，鋼材や反物など）そのものを切る作業である。

2）　販売促進加工

販売促進加工とは，商品を販売するために必要な作業である。この販売促進加工には，商品の値札付け，ユニット化，セット化などがある[1)]。

値札付けとは，商品価格を表示する値札を取り付ける作業である。値札の種類によりシール貼付，タグの取り付けなどがある。

ユニット化は，入庫した商品を発注者の受注単位に仕分ける作業である。

セット化は，顧客の要求に応じ，複数の商品を1つの販売単位にまとめる作業である。このセット化は，ギフト商品などで行われる作業である（図4-3-2）。

4-4　包装機能

4-4-1　包装機能の定義

包装とは商品や物資の輸送・保管・取引などにあたって，その状態を維持するために，適切な材料や容器によって収納することである[1)]。

包装機能は，工業包装と商業包装の2つに分類する方法と，外装，内装，個装の3つに分類する方法がある。また，包装に用いる資材は，「包装材料（包装容器や副資材の原材料）」，「包装容器（段ボール箱，ビン等）」，および「副資材（仕切り・緩衝材等）」の3つに分類できる。

4－4－2　工業包装と商業包装の特徴

工業包装とは，商品や物資を振動，衝撃，圧縮，水，温度，湿度から守り，品質を維持する包装である。荷扱い時の運びやすさや置きやすさなど，作業の利便性も考慮する必要がある。このとき，①振動，衝撃，圧縮などの外力，②水分や湿度，温度などの環境変化，③包装コスト，④省資源，省エネルギーおよび廃棄物処理，⑤法律で規定された表示条件の遵守，などに配慮しておく必要がある。

商業包装とは，お菓子や日用雑貨のように，商品や物資を販売するときに，商品の一部となるような包装である。このため，デザインが重視されることが多い[1)]（表4－4－1，図4－4－1）。

4－4－3　外装と内装と個装の特徴

1）外装

外装とは，商品や物資の外側の包装である。外装は，輸送や保管をしやすく，荷役作業が容易になることを目的としている。このため，箱，袋，樽，

表4－4－1　包装機能の定義と種類[1)]

定義：商品や物資の価値および状態維持のため，適切な材料や容器により商品や物資を収納すること
種類：工業包装（商品や物資を輸送・保管することを主目的として施される包装） 商業包装（小売を主とする商取引に商品の一部としてまたは商品をまとめて取り扱うために施す包装）

図4－4－1　物流施設における物流活動の流れと包装機能の位置づけ

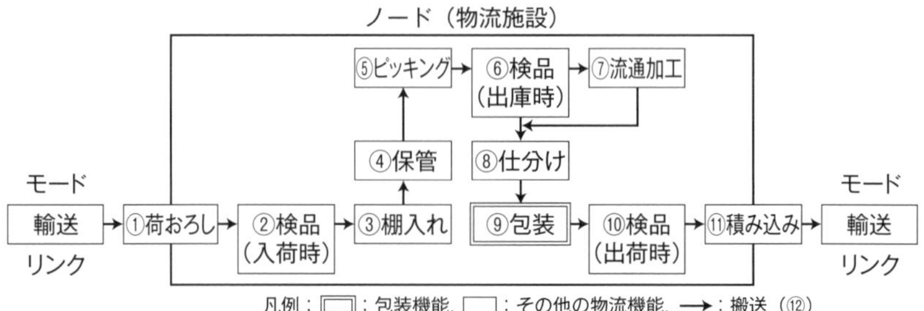

缶などを用いることで，荷役作業の効率や保管効率が高まる[16]（表4-4-2，図4-4-2）。

2） 内装

内装とは，外装の内側で商品や物資を緩衝材などで保護する包装である。特に，水，光，熱，衝撃などの保護が一般的である。

たとえば，電気製品は段ボールの外装のなかで，いくつかの部品や器具が内装としての小さな段ボール箱に入っている。またキャラメルは，12個が1ダース入りの箱にまとめられて，さらに1ダース入りの箱が段ボール箱に入

表4-4-2　包装の種類別の内容と目的

包装の種類	包装の内容	目　　的
外装	貨物外部の包装	物流作業の効率化。水，光，熱，衝撃などからの保護
内装	貨物内部の包装	商品や物資に対する水，光，熱，衝撃などからの保護
個装	物品個々の包装	商品価値を高めること，商品保護

図4-4-2　電子レンジの外装・内装・個装の例[17]

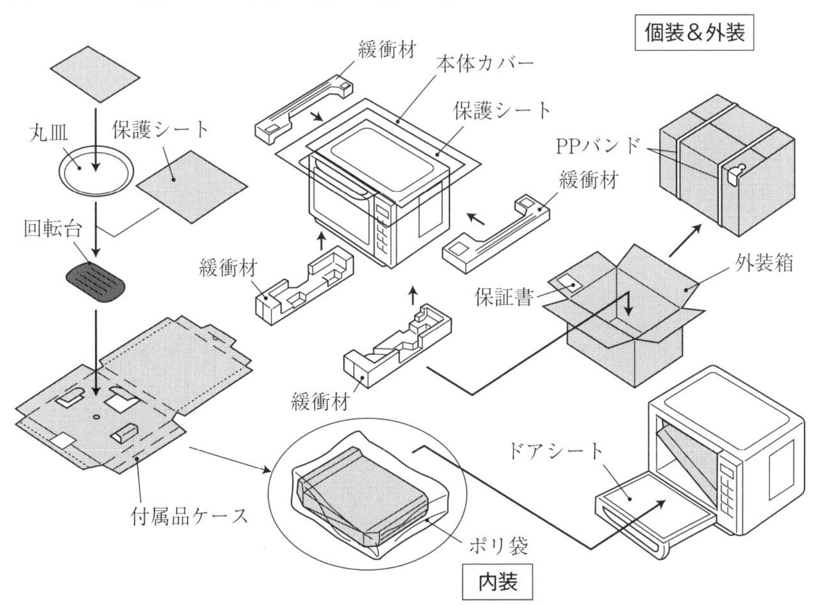

れられる。このとき，１ダースの包装を内装といい，大きな段ボール箱を外装という。

3） 個装

個装とは，個々の商品の包装である。個装は，商品価値を高めること，または商品保護を目的としている[16)]。

キャラメルの場合は，個装が最も小さな包装である。同じように，ボタン電池をお店の棚に吊るせるように紙とプラスチックで包装することも個装である。このように，個装が最も小さな包装で，次に内装，一番外側が外装となる。

また，ネクタイを箱に入れて包装紙でくるむことや，贈答用にリボンをかけることも個装という。

4－4－4 包装資材の種類と特徴

1） 包装材料

包装材料とは，包装の原材料のことである。包装材料には，段ボール，プラスチック，金属，木材などがある[18)]。

このうち，段ボールは，最も多く利用されている包装材料である。段ボールは，厚紙で，波形に整形された数枚の中芯と，中芯に貼付された数枚のライナーで構成される。なお，段ボールには，ライナーの枚数を基準として，片面段ボール，両面段ボール，複両面段ボール，複々両面段ボールの４種類がある（図４－４－３）。

プラスチック製の包装材料のうち，最も使用されているのは，ポリスチレンである。特に，緩衝・固定材として使用される発泡スチロールの使用が多い。

包装に使用される金属は鉄とアルミが多く，スチール缶やアルミ缶として飲料品の容器として利用されている。鉄は，ドラム缶や一斗缶などでも利用されている。

包装材料としての木材の利用は，重機械類などの工業製品の包装や重量品，輸出品の包装ないし梱包に使われる。

図4-4-3　段ボールの構造[19)]

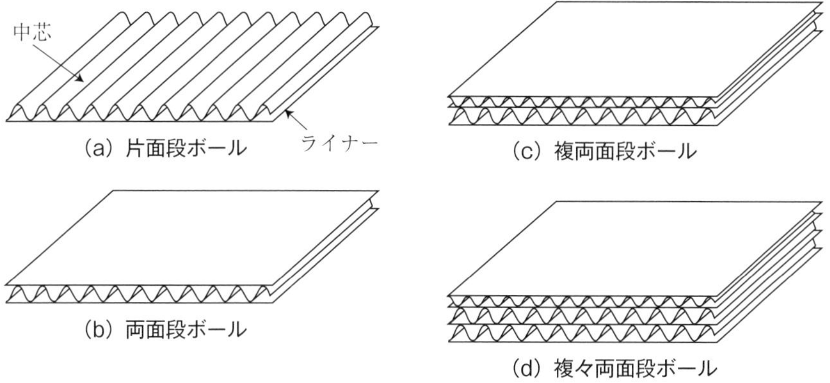

2） 包装容器

包装容器とは，商品や物資を収納するための入れ物のことである。固体の収納には，「段ボール箱，プラスチック容器，木箱等」，液体の収納には「プラスチック容器，金属容器，びん，缶，樽等」，粉粒体の収納には「プラスチック容器，金属容器，袋，俵等」がある[18)]。

このうち，段ボール箱は，重機械類などの工業製品を除きほとんどの固体の商品の包装容器として用いられている。

プラスチック容器は，物資を輸送するときに多く利用されている。プラスチック容器のうち，プラスチックコンテナは，ビールケースや液体類の入ったガラス瓶を輸送するときに使用されるほか，パウチやカートンに入った液体や粉粒体の容器としても利用されている（図4-4-4）。

図4-4-4　プラスチックコンテナの例[20)]

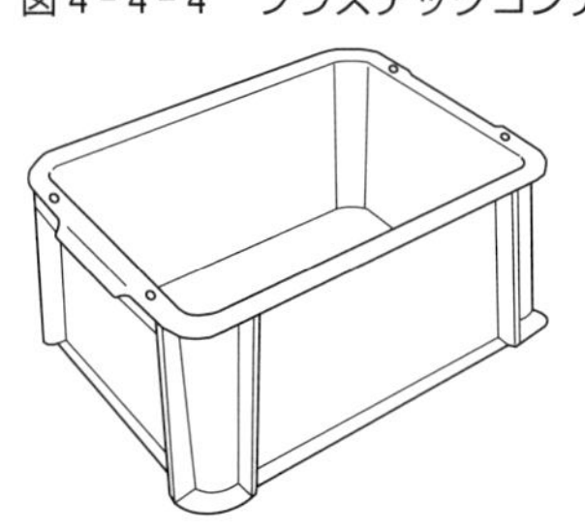

金属容器は，液体や粉粒体の包装に用いられ，ドラム缶，ペール缶，および18リットル缶（石油缶と呼ばれている）などの多くが，一般消費者向けの容器として用いられている。

3） 副資材

副資材とは，商品や物資を振動，衝撃，圧縮などの外力から保護するために使用する資材である。副資材には，緩衝・固定材，表面保護材，封緘・結束材などがある[18)]。

このうち緩衝・固定材は，発泡スチロールが多く利用されている。特に，工業製品の多くは，発泡スチロール製の緩衝材で保護されている。表面保護材としては，ポリエチレンが多く用いられている。特に工業製品のほとんどがポリエチレン製の袋に入れられている。また，封緘・結束材は，テープ（粘着テープ，ガムテープなど）とPPバンド（ポリプロピレンバンド，荷物を結束するためのプラスチック製のバンド）が多く利用されている。

4－5 荷役機能

4－5－1 荷役機能の定義

荷役とは，輸送機関（モード）と物流施設（ノード）の間での商品や物資の積み込みと荷おろし，および物流施設での施設内作業と，商品や物資の移動に係わる作業である[1)]（表4－5－1，図4－5－1）。

「積み込み」とは，倉庫などの物流施設から，貨物自動車などの輸送機関に，商品や物資を運び入れる作業のことである。「荷おろし」とは，輸送機関から倉庫や店舗などに商品や物資を運び入れる作業のことである。

貨物自動車などによって輸配送された商品や物資は，倉庫や流通センターなどの施設で，①荷おろしされる。そして，施設内作業として，②検品（入荷時），③棚入れ，④保管，⑤ピッキング，⑥検品（出庫時），⑦流通加工，⑧仕分け，⑨包装，⑩検品（出荷時）がおこなわれる。この施設内作業の後に，貨物自動車に商品や物資が⑪積み込まれる（前出表4－2－2参照）。

表４－５－１　荷役機能の定義と種類[1)]

定義：	輸送機関への積み込みと荷おろし，および物流施設での施設内作業と商品や物資の移動に係わること
種類：	積み込み作業（物流施設から輸送機関への商品や物資の運び入れ） 荷おろし作業（輸送機関から倉庫や店舗への商品や物資の運び入れ） 施設内作業　（入荷・検品，棚入れ，ピッキング，出庫・検品，仕分け，出荷・検品，横持ち搬送，縦持ち搬送などの作業）

図４－５－１　物流施設における物流活動の流れと荷役機能の位置づけ

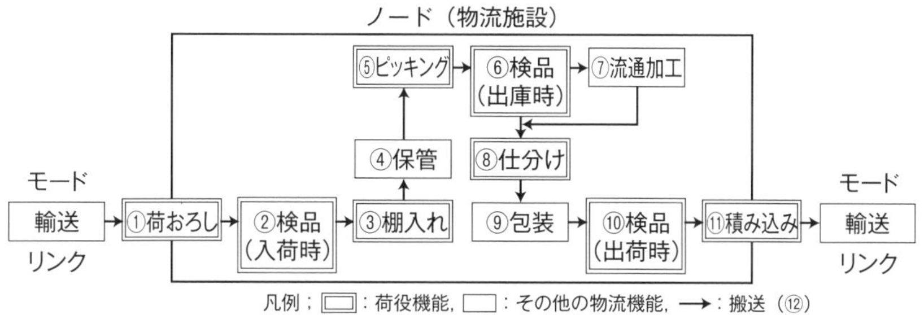

４－５－２　荷役機械の種類と特徴

１）　フォークリフト

短い時間で大量の商品や物資の荷役を行うときには，人力ではなく，フォークリフトなどの機械を用いる方が効率的である。

フォークリフトは，パレットに積んだ商品や物資を，鉄道貨車や貨物自動車の荷台への積み込みと荷おろしや，物流施設内での移動や棚入れなどで使われている（写真４－５－１）。

２）　クレーン

商品や物資が大型で重量があるときや，上下方向に移動させたいときには，クレーンが用いられる。クレーンは，フックなどによって荷を吊り上げ，空中を移動するため，コンテナ船への海上コンテナの積み込みと荷おろしや，貨物自動車への長尺物や重量物の積み込みと荷おろしに使われる。

写真4－5－1　荷役機械の例[21),22)]

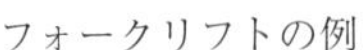

フォークリフトの例

無人搬送車の例

3）　無人搬送車

無人搬送車は，商品や物資を人手もしくは自動で積み込み，軌道などを使わずに指定された場所まで無人で走行し，人手もしくは自動で荷おろしする無軌道車両である。

無人搬送車は，倉庫や工場内で使われることが多い。自動走行することから，複雑な経路や比較的長距離の運搬や，定期的な運搬に適している（写真4－5－1）。

4－5－3　荷役機器の種類と特徴

1）　台車

台車は，手押しの4輪の車であり，短距離の移動に用いられる。デジタル表示器を備え付け，品目名や商品数のデータをもとにピッキングする台車を，ピッキング台車ないしピッキングカートという[24)]（写真4－5－2）。

2）　ロールボックスパレット

ロールボックスパレットとは，ボックスパレットの底面に車輪を取り付け，人力で容易に移動ができるようにした機器である。

このロールボックスパレットは，流通センターからコンビニの店舗への荷役や配送時にも用いられる（写真4－5－2）。

写真4-5-2　荷役機器の例[15),23)]

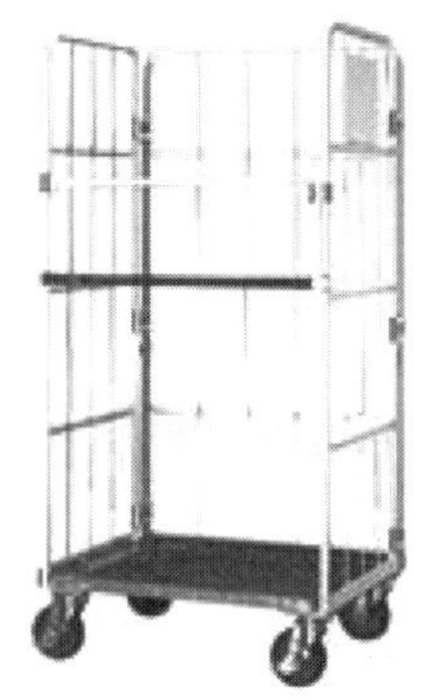

デジタル表示器付きピッキングカートの例　　ロールボックスパレットの例

4-6　情報機能

4-6-1　情報機能の定義

情報機能とは，５つの物流機能（輸送機能，保管機能，流通加工機能，包装機能，荷役機能）を効率的に行うために，流通に関する情報を活用することである。流通に関する情報は，商品や物資の内容や数量に関する情報である物流情報と，受発注や金融に関する情報である商流情報がある[1)]（表4-6-1）。

このうち，物流情報は，数量情報，品質情報，位置情報に分類できる。また，商流情報は，受発注情報と金融情報に分類できる。

表4-6-1　情報機能の定義と種類[1)]

定義：５つの物流機能を効率的に行うために，流通に関する情報を活用すること
種類：物流情報（商品や物資の内容や数量に関する情報） 　　　商流情報（受発注や支払いに関する情報）

4－6－2　物流情報の種類と特徴

1）　数量情報

数量情報には，倉庫への商品や物資の入庫・出庫，および倉庫の在庫に係わる情報がある。これらの情報は，商品や物資の数量を適切に管理するときに必要である。

2）　品質情報

品質情報は，温湿度管理に代表されるように，輸送，保管，荷役時に商品や物資の品質を劣化させないために必要となる情報である。これらの情報は，商品や物資の品質管理を徹底するときに必要である。

3）　位置情報

位置情報は，倉庫内での仕分け作業やピッキングを実施する際に必要となる情報である。この情報には，商品や物資の保管すべき棚の位置の情報や倉庫内での商品や物資の位置を把握するための情報などが含まれる。これらの情報は，倉庫内で荷役するときに必要である。

4－6－3　商流情報の種類と特徴

1）　受発注情報

受発注情報は，商品や物資の注文数や納入期限などを知らせる情報である。受発注情報を扱うシステムの例には，POS（Point of Sales：販売時点管理），EOS（Electronic Ordering System：電子発注システム），EDI（Electronic Data Interchange：電子データ交換）などがある。

2）　金融情報

金融情報は，支払いや送金などのための情報である。金融情報を扱うシステムの例には，銀行オンラインシステムや，インターネットにおけるカード決済などがある。

4-6-4　情報システムによる代替効果と相乗効果

1）　商取引の活発化による物流への相乗効果

情報化が物流に与える代表的な効果には，代替と相乗の２つの効果がある[1)]。物流は商取引の結果により生じる派生需要であるため，商取引が活発になれば物流は増加し，商取引が停滞すれば物流は減少する。

商取引は，「より遠く，より高く，より多く」という拡大原理にもとづくため，輸送距離が長くなっても，より遠くまでより多くの商品を販売しようとする。また消費者も，遠隔地の商品の情報を手軽に入手できるようになると，いままで購入しなかった商品も遠くから購入するようになる。

よって，受発注情報システムにより遠くからの受注が可能になれば，受発注の短時間化により高頻度サービスが可能になる。こうなると，物資の量（トン）は変わらなくとも，貨物自動車の走行距離（km）は長くなる。これが，商取引情報システムによる相乗効果である（図４-６-１）。

本格的なIT社会を迎えてインターネットが普及し，通信販売も一般的になっている。これにより，自宅に居ながらにして遠隔地の商品を取り寄せることが可能となった。多様な商品を，いろいろな場所から取り寄せることになれば，輸送距離も輸送回数も増えて，物流活動も増えることになる。つまり相乗効果である。

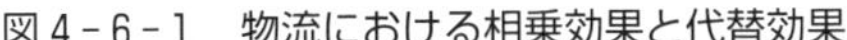

図4-6-1　物流における相乗効果と代替効果

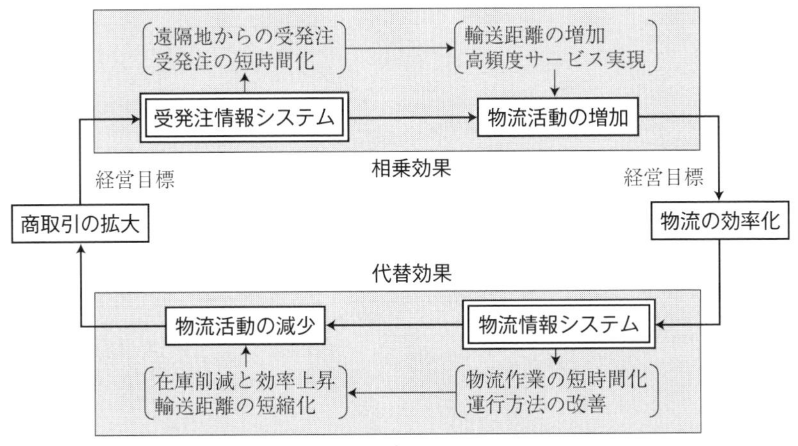

2） 効率的な物流を実現する代替効果

物流は，「より近く，より安く，より少なく」という縮小原理にもとづいているため，輸送距離を短く，保管量も少なくしようとする。このため，運行管理や在庫管理によって，商品を最短ルートで輸送したり，在庫を削減し無駄な輸送を省こうとする。

よって，物流情報システムにより輸送距離や在庫量を削減できれば，貨物自動車の走行距離（km）や在庫量（トン）を減らすことができる。これが，物流情報システムによる代替効果である。

たとえば，コンビニが物流情報システムを駆使して配送回数を減らし，宅配便が何度も配達しなくて済む宅配の時間指定を導入して，無駄な配達を減らしている。これが，代替効果である。

3） 情報化により，物流活動は増えるか減るか

受発注情報システムは相乗効果を生み，物流情報システムは代替効果を引き起こすことが原則となる。となると，「情報システムの進歩により，物流活動が増えるか減るか」は，「２つの効果の大小関係によって決まる」ことになる。

しかし物流が派生需要である限り，本源的需要である商取引や受発注が優先されて，相乗効果が代替効果を上回るのではないだろうか。この結果，IT 技術が進み，情報システムが発達するほど，物流活動は活発化し増加すると考えられる。

第４章の参考文献

1） 苦瀬博仁：「付加価値創造のロジスティクス」，pp. 19-24，税務経理協会，1999

2） 一般社団法人日本物流団体連合会：「数字でみる物流」，pp. 6－8，一般社団法人日本物流団体連合会，2012

3） 日本船主協会 HP：http://www.jsanet.or.jp/kids/iroiro/index.html

4） 日本内航海運組合連合会 HP：http://www.naiko-kaiun.or.jp/kids/zukan/roro.html

5） 全国通運株式会社 HP：http://www.zentsu.co.jp

6） 日本車両株式会社 HP：http://www.n-sharyo.co.jp

7）　アサガミ株式会社 HP：http://www.asagami.co.jp/
8）　いすゞ自動車株式会社 HP：http://www.isuzu.co.jp/
9）　ヤマト運輸株式会社 HP：http://www.kuronekoyamato.co.jp/
10）　日通総合研究所編：「最新物流ハンドブック」，pp. 114-115，白桃書房，1991
11）　苦瀬博仁・坂直登監修：「ロジスティクス・オペレーション3級（第2版）」，pp. 117-121，中央職業能力開発協会編，2011
12）　日本倉庫協会 HP：http://www.nissokyo.or.jp/outline/
13）　乾汽船株式会社 HP：http://www.inui.co.jp/
14）　株式会社イトーキ HP：http://www.itoki.jp/
15）　株式会社ダイフク HP：http://www.daifuku.co.jp/
16）　前掲書11），pp. 2－4
17）　前掲書11），p. 5
18）　前掲書11），pp. 16-23
19）　前掲書11），p.17
20）　前掲書11），p.21
21）　トヨタ L&F 株式会社 HP：http://www.toyota-lf.com/
22）　旭運輸株式会社 HP：https://www.auk.co.jp/
23）　前掲書11），p. 22
24）　苦瀬博仁・坂直登監修：「ロジスティクス・オペレーション2級（第2版）」，pp. 96-97，中央職業能力開発協会編，2011

第5章

ロジスティクスと物流事業

第5章のねらい

第5章の目的は，物流事業の実態を理解することである。

そこで本章では，貨物自動車運送事業の事業区分を説明するとともに，業界特有の重層構造の特徴と課題を示す（5-1）。宅配便事業では，その定義と宅配便事業の特徴とサービスについて示す（5-2）。鉄道運送事業では，鉄道貨物輸送の鉄道事業における特徴を明らかにするとともに，2つの輸送方式の特徴とモーダルシフトの課題を示す（5-3）。海上運送事業では，外航海運と内航海運の概要と特徴を示す（5-4）。航空運送事業では，その特徴を示すとともに，航空自由化とフレーター輸送について示し，航空貨物輸送の特徴と課題を示す（5-5）。利用運送事業では，利用運送事業者（フォワーダー）の種類を説明した後に，フォワーダーの役割と輸送機関ごとのフォワーダーの特徴を示す（5-6）。倉庫業では，営業倉庫の特徴を示した後に，貯蔵型倉庫から流通型倉庫へと機能が変化している現状と課題を示す（5-7）。

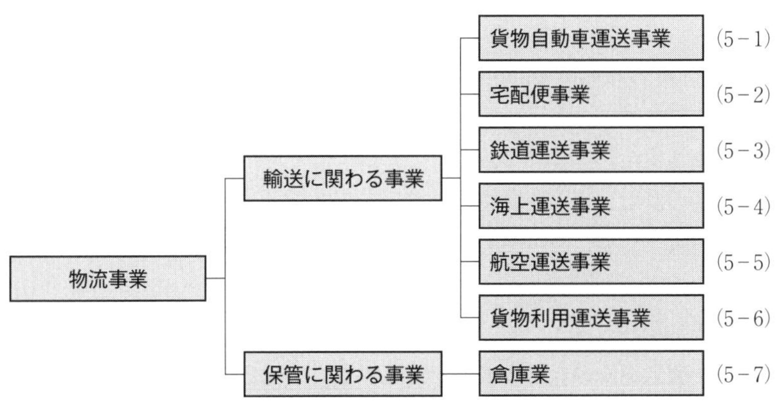

5－1　貨物自動車運送事業

5－1－1　法律上の3つの事業区分

貨物自動車運送事業法により規定されている貨物自動車運送事業は，「一般貨物自動車運送事業」，「特定貨物自動車運送事業」，「貨物軽自動車運送事業」の3つに区分されている。

「一般貨物自動車運送事業」とは，不特定多数の荷主の場合の運送事業であり，「特定貨物自動車運送事業」とは特定の荷主のためだけの運送事業である。いずれも，軽自動車と二輪車を除く貨物自動車（以下，トラックという）を使って運送サービスを提供するものであり，5台以上の事業用トラックを保有している必要がある。「貨物軽自動車運送事業」は，軽自動車または二輪車を使って運送サービスを提供する事業であり，サービスの提供先による区分はなく1台の事業用トラックで始めることができる。

「一般貨物自動車運送事業」のなかに，定期的に長距離を輸送する「特別積合せ貨物運送」が含まれ，これをベースにした輸送商品に宅配便がある。

「特別積合せ貨物運送」は，平成2年（1990）の物流二法（貨物自動車運送事業法，貨物運送取扱事業法）の施行までは，「路線」と呼ばれ，県内などの配送を主に行う「一般貨物自動車運送事業」は「区域」と呼ばれていた。しかし物流二法の施行により，「路線」と「区域」の事業区分は廃止され，「特別積合せ貨物運送」は「一般貨物自動車運送事業」に吸収された。

5－1－2　貨物自動車運送事業者の特徴

営業用貨物自動車の輸送量は，平成29年度（2017）には30億トンであり，国内貨物輸送量全体の63%を担っている[1)]。

物流二法の制定により，貨物自動車運送事業が免許制から許可制に緩和され，新規参入が容易になった。この規制緩和により，貨物自動車運送事業者数（特別積合せ貨物運送事業者を除く）は，平成2年度（1990）の40,000社弱から平成19年度（2007）には62,800社を超えるほど急激に増加した。平成19年度（2007）以降は大きな変化がみられない（図5－1－1）。

図５−１−１　保有台数別貨物自動車運送事業者数の推移[2)]

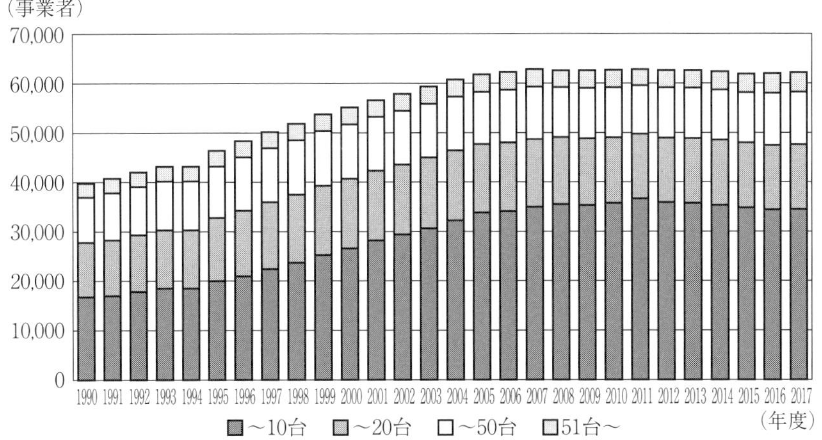

注：一般（特積を除く）および特定貨物自動車運送事業者数

トラック保有台数別の事業者の内訳をみると，保有台数50台以下の事業者数が圧倒的に多く，10台以下の事業者数に限ってもその構成比は50％を超えている。この比率は年々上昇していたが，近年は横ばい傾向が続いている。

このように，貨物自動車運送事業の大部分が中小零細事業者であり，大手事業者を頂点とするピラミッド型の下請け構造が形成されている。この下請け構造は，輸送量の季節的な波動を吸収できるが，元請け事業者と下請け事業者の間で，買い叩きや支払い遅延などの不適正な取引が行われやすい。

特に保有台数10台以下の小規模事業者は，トラックの実働率を維持するために，採算性の低い仕事を受けることも多い。また近年は，軽油価格の上昇や地球温暖化対策など，事業にかかる費用が増加する傾向にある。このため，過重な労働環境を招いたり，安全運行の確保を難しくしている[3)]。

国土交通省の「トラック産業の将来ビジョンに関する検討会」において，最低車両台数や適正運賃が検討され，新規参入許可時の安全適合性の厳格なチェック，不適正事業者の指導・退出促進の強化，適正運賃の収受に向けて事業者の交渉力の向上が指摘された[4)]。さらに，平成30年（2018）には，貨物自動車運送事業法が改正され，令和２年（2020）に適正運賃の維持を目的とした「標準的な運賃の告示制度」が創設された。

5－2　宅配便事業

5－2－1　宅配便の定義

宅配便とは，「特別積合せ貨物運送事業」に含まれる事業であり，「一般貨物自動車運送事業」の一部である。

宅配便を扱う運送事業者は，一般貨物運送事業の許可を取得し，国土交通省の「標準宅配便運送約款」をもとに約款を定め，運賃とともに所管の運輸局へ届け出る必要がある。このときの運賃は，「一般貨物自動車運送事業等の運賃・料金の届出及び変更命令の処理方針について（平成２年（1990）11月19日，運輸省貨物流通局長通達）」のなかで，「重量30kg以下の一口一個の貨物を，特別な名称を付して行う運送に適用する運賃」と大枠が規定されている。

実際には，上記の枠組みのなかで，宅配便を扱う各社が，貨物の最大の重量や寸法，料金体系を個別に定めている。

5－2－2　事業規模と事業の特徴

国土交通省の「宅配便等取扱実績について」によると，令和元年度（2019）の宅配便取扱個数は42億9,062万個であった（幹線輸送で航空機を利用せずに運送した個数）（表５－２－１）。

宅配便名は全国で21便あるが，取扱個数上位はヤマト運輸の「宅急便」（42.0%），佐川急便の「飛脚宅配便」（29.3%）であり，２社で71%以上の寡占体制にある。第３位は，郵便事業（現在の日本郵便）の「ゆうパック」（22.7%）である。第４位は福山通運を代表とする「フクツー宅配便」（22社）（3.2%），第５位は西濃運輸を代表とする「カンガルー便」（20社）（2.6%）であるが，他の事業者との共同事業のため，単独の事業者による取扱個数は少ない。

宅配便は，トラックターミナル，荷役機械，大型車両などが必要である。また，宅配便の集荷の依頼から，荷物の受け取り，輸送中の荷物の追跡，商品の代引きやクレジットカード決済まで，高度な情報システムが必要とな

表５－２－１　令和元年度宅配便取扱個数[5)]

宅配便名	取扱事業者	取扱個数（千個）	対前年度比（%）	構成比（%）
宅急便	ヤマト運輸（株）	1,799,922	99.8	42.0
飛脚宅配便	佐川急便（株）	1,257,728	100.9	29.3
ゆうパック	郵便事業（株）	974,457	103.4	22.7
フクツー宅配便	福山通運（株）他21社	139,087	97.7	3.2
カンガルー便	西濃運輸（株）他19社	112,073	92.9	2.6
その他（16便）		7,359	138.7	0.2
合計（21便）		4,290,626	100.7	100.0

注）１．本表は，宅配便名ごとに，その便名で運送を行う各事業者の取扱個数を集計したものである。
　　２．宅配便としてカウントする貨物は，特別積合せ貨物運送またはこれに準ずる貨物の運送であって，重量30kg 以下の一口一個の貨物を特別な名称を付して運送したもの。
　　３．郵便事業（株）については，航空等利用運送事業に係る宅配便も含めトラック運送として集計している。

る。このように，宅配便事業は大きな投資を必要とする装置型産業の側面が強いため，事業を安定させるには，取扱個数の増加による事業規模の拡大が重要となっている[6)]。

５－２－３　宅配便のドライバーの役割

宅配便のドライバーは，集荷や配送業務以外にも，新規顧客の獲得のための営業活動や，宅配便で送られてきた商品の代引きも行う。このように常に顧客に接しているドライバーは，宅配便の「顔」であり，ドライバーの営業力と信用力が宅配便を支えている。この点で，貨物の積みおろしと運転に専念する一般のトラック運送業の運転手とは，大きく異なる。

宅配便により，オフィスや一般住宅でも，手軽に商品や物資を送ることができ，身軽に行動できるようになった。これにより，国民は消費活動を活発にし，行動範囲を拡大することができた。今後，宅配便は，消費者本人に代わってものを運ぶことで，高齢者や過疎地域の生活を支えていくことが期待されている。

5-3　鉄道運送事業

5-3-1　JR貨物による貨物輸送

鉄道事業は鉄道事業法により規定されており，鉄道貨物輸送は鉄道事業の一種である。鉄道事業法では，鉄道事業への参入を許可制としているが，昭和62年（1987）の日本国有鉄道（以下，国鉄という）の分割民営化により発足した日本貨物鉄道株式会社（以下，JR貨物という）が，鉄道貨物輸送を事実上独占している。

JR貨物以外には，沿岸部に立地している工場の原材料や製品を輸送している臨海鉄道会社がある。しかし，ほとんどの臨海鉄道はJR貨物の関連会社であり，JR貨物の路線に接続するまでの短い区間だけを運行している。

私鉄各社は，貨物輸送から鉄道事業を開始したところも多いが，現在貨物輸送を行っている私鉄は，ほとんど存在しない。

5-3-2　鉄道事業法における上下分離方式

鉄道事業法は，上下分離（鉄道事業の運営と鉄道施設の保有の分離）の考え方のもとで，鉄道事業を3つに分けている。「第一種鉄道事業」とは，線路を所有して旅客または貨物を運送する事業である。「第二種鉄道事業」とは，他者の所有する線路を使用して旅客または貨物を運送する事業である。「第三種鉄道事業」とは，線路を敷設して，これを譲渡するか使用させる事業である。

国鉄の分割民営化の際に，全国の在来線はほとんどが旅客鉄道会社により保有されるものとなった。このためJR貨物は，発足当初から一部の線区を除き旅客鉄道会社から線路を借りて事業を行う「第二種鉄道事業者」となった。このため，JR貨物は線路使用料を旅客鉄道会社に支払い，貨物列車を運行している[7)]。

JR貨物の発足時から，貨物列車が走行することにより増加する経費のみで線路使用料が算定され，低額に抑えられている。この一方で，列車の運行ダイヤが旅客優先に設定される傾向があるとの指摘もある。特に大都市圏における朝の通勤時間帯や保守作業を行う深夜時間帯は，貨物列車の運行は抑えられることが多いため，貨物列車が効率的な運行を行える状態ではない。

5－3－3　2つの輸送方式（コンテナと車扱）

鉄道貨物輸送で扱う貨物は，4－1節で述べたように，大きくコンテナと車扱に分けられる。鉄道コンテナは，鉄道独自の規格の12フィートコンテナと，大型トラックの荷台とほぼ同サイズの31フィートコンテナがある。

12フィートコンテナは，最大積載量が5トンなので，通称「ゴトコン」と呼ばれている。コンテナ専用の「コキ」系貨車に最大5個が積載され，通常18～20両編成のコンテナ列車が運行されている。

車扱とは，貨車1両を単位とする輸送方式であり，コンテナに収納できない石油や化学薬品，セメント，鉱石などの大量の貨物の一括輸送で利用されている。専用貨物列車により輸送されるが，時速85km以上で走るコンテナ列車（高速貨物列車）と比較して，時速75km以下とスピードが遅い。

5－3－4　コンテナ輸送方式とモーダルシフト

貨物の積み込みや列車の編成方式は，コンテナと車扱で異なる。車扱で

図5－3－1　鉄道貨物輸送量の推移[8)]

は，全国の貨物取扱駅で貨物を積み込んだ貨車を操車場で連結し直しながら，目的地まで輸送していた（ヤード集結方式）。

しかし，その方式ゆえの輸送時間の長さや到着時刻の不確実さなどにより，車扱は次第に減っていった。昭和59年（1984）のダイヤ改正を契機にコンテナ列車が現在主流となっている直行方式に切り替わった。これ以降，鉄道貨物輸送の主役はコンテナ輸送へと移り，平成18年（2006）にはコンテナ貨物量が車扱貨物量を上回った（図５－３－１）。

鉄道貨物輸送は，モーダルシフトの受け皿として期待が大きい。ただし集荷配送のトラックと幹線輸送の鉄道の間で積み替えが必要なため，短距離輸送よりも長距離輸送により適している[9)]。

5－4　海上運送事業

5－4－1　外航海運と内航海運

海運業を規定する法律には，外航海運のための「海上運送法」と内航海運のための「内航海運業法」の２つがある。

「海上運送法」は，海上運送事業（海運業）として船舶運航事業，船舶貸渡業，海運仲立業（運送や運航の媒介），海運代理店業（船舶運航事業の代理）を定めている。このなかの船舶運航事業とは，旅客または貨物を運送する事業で，定期航路事業と不定期航路事業に区分される。外航海運（貨物）を行う場合には，海上運送法により定期航路または不定期航路を問わず届出制になっており，定期航路の場合は航路ごとに届け出る必要がある。

「内航海運業法」は，内航海運業として内航運送事業と内航船舶貸渡業を定めていた。しかし，両者の事業区分は平成17年（2005）に廃止され，船主も荷主と直接運送契約を締結できることになった。また，内航海運業は船舶により貨物を輸送する事業と定められており，旅客船や漁船は該当しない。

内航海運業を行う場合には，内航海運業法により総トン数100トン以上または長さ30m 以上の船舶による場合は登録制，総トン数100トン未満かつ長さ30m 未満の船舶による場合は届出制となっている。ただし，海上運送法によると「13人以上の旅客定員を有する船舶」は旅客船に区分されるため，大型の貨客船や長距離フェリー等は，貨物輸送を主体としていても，法律上，内航海運業に該当しない。

なお，船舶法第３条により，原則として日本の船舶でなければ国内の港間の貨物または旅客の輸送を行うことはできない。

5-4-2　外航海運業界の集約化と内航海運業界の零細化

世界の外航海運各社は，かつて海運同盟というカルテルを結成していた。しかし，平成10年（1998）の「米国海事法による，海運業の独占禁止法適用除外」が廃止され，世界規模の業界再編と本格的な業務提携が進んだ。

日本の外航海運業界も，1960年代半ばには大手６社体制だったが，平成元年（1989）に山下新日本汽船とジャパンラインが統合してナビックスラインが誕生し，平成10年（1998）に日本郵船が昭和海運を吸収合併し，平成11年（1999）の大阪商船三井船舶とナビックスラインの合併により商船三井が誕生した。これにより，日本郵船，商船三井，川崎汽船の大手３社体制となった。３社体制となった外航海運業界は，輸出入貨物を効率的に輸送する体制を整え，我が国の産業活動を支えている[10]。そして，平成29年（2017）には，大手３社の定期コンテナ船事業が統合され，オーシャンネットワークエクスプレスジャパン（ONE）が設立された。

なお平成20年（2008）のEU競争法により，EUでも「海運業の独占禁止法適用除外」が廃止されたが，日本では海上運送法により海運カルテルの「独占禁止法適用除外」が継続されている。

一方，日本の内航海運業界は，集約は進んでいるものの依然として小規模零細な船社・船主が多い。平成31年（2019）４月時点の内航海運事業者数をみると，登録事業者および届出事業者の総数で2,904事業者（休止事業者を除く）であり，その99.7%が中小企業である[11]。また，保有隻数が１隻の事業者（いわゆる一杯船主）が総事業者数の約６割（平成29年（2017））を占めている[12]。このように小規模零細な事業者が多い内航海運業界では，船舶の老齢化が進み，船主や船員の高齢化と相まってサービス提供の持続性が不安視されている。内航海運業界の安定した事業継続に向けて，グループ化による業界再編，代替船舶の建造促進，人材育成などが課題となっている[13]。

5-4-3　外航海運と内航海運の輸送の特徴

我が国の貿易量に占める外航海運の割合は，平成30年（2018）まで，重量ベースで99%以上であるが，金額ベースでは外航海運は約7割である。これは，海運が重量が重く比較的単価の安い原油やガス，鉱石，穀物などを運び，航空は軽くて高価なものを運ぶからである（表5-4-1）。

内航海運の輸送量は，平成29年度（2017）に3.6億トンで，国内輸送量全体の7.5%を占めている。輸送トンキロでは1,809億トンキロ，同43.7%を担っている[11)]。主な輸送品目は，石灰石や石油製品，鉄鋼，セメントである。これは，内航海運がトラックや鉄道に比べて，長距離・大量・重量物輸送に適していることを示している。特に重量物の輸送は，他の輸送機関にかえることは難しい。

表5-4-1　我が国貿易に占める海上貿易の割合（トンベース）[10)]

年	輸　出			輸　入			輸出入合計		
	総量（百万t）	海上貿易量（百万t）	割合（%）	総量（百万t）	海上貿易量（百万t）	割合（%）	総量（百万t）	海上貿易量（百万t）	割合（%）
昭和60（1985）	94	94	99.5	604	603	99.9	698	697	99.9
平成2（1990）	85	84	99.1	712	712	99.9	798	796	99.8
平成7（1995）	117	116	99.3	772	771	99.8	889	886	99.8
平成12（2000）	131	130	99.0	808	807	99.8	940	937	99.7
平成17（2005）	136	134	98.8	817	816	99.8	953	950	99.6
平成22（2010）	158	156	99.0	761	759	99.7	919	915	99.6
平成27（2015）	171	169	99.0	780	778	99.8	950	947	99.6
平成28（2016）	169	168	99.0	769	768	99.8	939	935	99.6
平成29（2017）	167	165	98.8	770	768	99.7	937	933	99.6
平成30（2018）	164	162	98.8	760	758	99.7	924	920	99.6

注）1．1985～2003年は，日本関税協会「外国貿易概況」を基に日本船主協会作成。
2．2004年以降は，国土交通省「海事レポート」各年版，財務省貿易統計を基に日本船主協会作成。
3．海上貿易量は，総量から航空貨物を除いたもの。

5-5 航空運送事業

5-5-1 二国間協定とオープンスカイ

航空貨物輸送は航空運送事業の一種であり，航空運送事業は航空法により規定されている。

「航空法」では，航空運送事業を，「航空機を使用して旅客または貨物を運送する事業」と規定し，国際航空運送事業，国内定期航空運送事業，航空機使用事業に区分するのみで，旅客ないし貨物による区分は特に定められていない。

航空運送事業への参入は許可制とされているが，使用する航空機を日本の航空機として，国土交通省に登録しなければならず，また航空運送事業者の外国人持株比率にも制限がある。

外国の航空運送事業者は，日本国内での航空運送は認められず，国際航空運送に限って許可を受けることができる。その場合であっても，当該国が国際民間航空条約の締約国であることが要件であり，当該国との２国間で締結した航空協定の内容に適合していることが原則である。

しかし近年は，２国間の航空路線・便数などを民間レベルで原則自由に設定できる「航空自由化（オープンスカイ）」が進んでいる。このため我が国でも，平成19年（2007）に合意した韓国との自由化を手始めに，令和２年（2020）１月にはバングラデシュとの間で合意し，現在35ヵ国・地域との国際航空運送が自由化されている[14)]。

5-5-2 ベリー輸送からフレーター輸送へ

航空運送事業は，旅客輸送を中心に航空ネットワークが形成されてきたため，航空貨物は旅客機のベリー（機体胴体下部の貨物スペース）に搭載することが一般的であった。そして長い間，航空貨物輸送量は付加価値の高い工業製品の生産拡大にともない増加してきた[15)]。

しかし旅客機による貨物輸送は，貨物の輸送先が旅客便の目的地と異なる場合に，大きく迂回輸送することになる。また，旅客機の大きさにより貨物スペースが制約を受ける。加えて航空会社は，運航効率を向上させるために航空機材の小型化を進めているため，貨物の収納スペースは小さくなっている。

そこで航空輸送のスピードを活かし，輸送ニーズに合わせるために，貨物専用機（以下，フレーターという）が使用されるようになっている。国際航空運送協会（IATA）に加盟する航空会社の定期貨物輸送量のデータによれば，フレーターによる輸送比率が50％を超えている。大型航空機のボーイング747の場合，旅客機の貨物積載能力は20～25トンにとどまるが，フレーターでは100トン超になる。したがって，フレーターでの運行を維持するためには，大量の貨物量の存在は欠かせない。

5－5－3　航空貨物輸送の特徴と課題

航空貨物輸送量は，他の輸送機関と比べて１回の輸送量が小さく，景気の変動の他に，事故や気象の影響を大きく受けやすい（図５－５－１）。

航空輸送の運賃は，他の輸送機関（船舶，自動車，鉄道など）と比較して非常に高い。そのため，航空貨物は付加価値の高い貨物，もしくは容積が小さく軽い貨物が多い。また，商品サイクルの短い貨物や不測の事態による緊

図５－５－１　航空貨物輸送量の推移[16)]

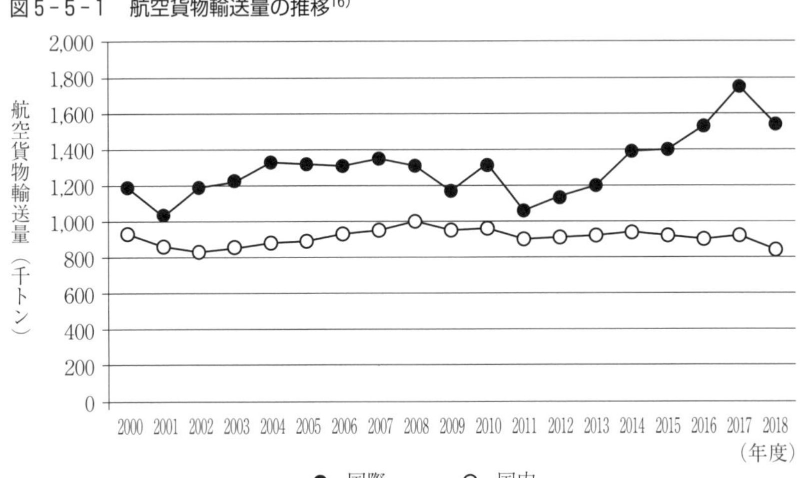

急出荷など，運賃より時間を重視する貨物の利用も多い。

このように，航空貨物輸送は，緊急輸送に対応できる長所とともに，料金が高いという短所もある。そこで，計画的な輸送により，航空貨物輸送の需要が減少するという見方と，付加価値の高い素材や部品などの輸送により需要が拡大するという見方もできる。

5-6　貨物利用運送事業

5-6-1　キャリアを利用する貨物利用運送事業者（フォワーダー）

貨物利用運送事業法により規定されている貨物利用運送事業は，「自らは運送手段を保有せず，他の運送事業者が行う運送を利用して貨物を運送する事業」である。このとき事業者を「貨物利用運送事業者（フォワーダー，Forwarder)」といい，実際に貨物を輸送する「実運送事業者（キャリア，Carrier)」と対比されている。フォワーダーはキャリアと運送契約を結ぶ一方で，荷主とも運送契約を結び，荷主に対して運送責任を負う。

貨物利用運送事業は，第１種と第２種に区分されている。第１種は登録制であり，鉄道，航空，海運，自動車を利用して行う第２種以外の貨物利用運送事業をいう。第２種は許可制であり，幹線部分は実運送事業者の運送（鉄道，航空，海運）を利用し，集荷配送はフォワーダーがトラックを使用して行う（図５-６-１）。

フォワーダーは，荷主のニーズを満たすように，様々な輸送機関（鉄道，船舶，航空，自動車など）を組み合わせながら，貨物の発地から着地までの円滑で低廉な輸送を提供する役割がある。しかし，登録や許可の手続きが輸送機関ごとに分かれ，一括して取得することができないために，法制上はフォワーダーも輸送機関ごとに区分されている。

なお同法は従来，貨物運送取扱事業法という名称だったが，平成15年(2003) ４月に施行された「物流三法」(貨物自動車運送事業法，貨物運送取扱事業法，鉄道事業法）の改正により現在の法律名になった。このとき，運送取次事業（ブローカー，Broker）は規制の対象から外れ，完全に自由な事業となった。

図５－６－１　第２種貨物利用運送事業の概念

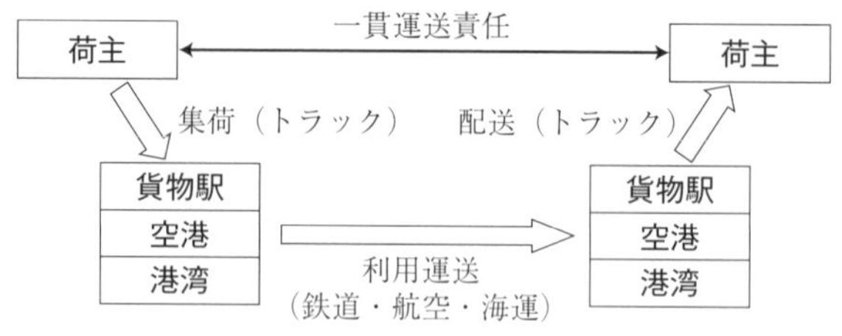

図５－６－２　輸送機関別フォワーダー数の推移[2)]

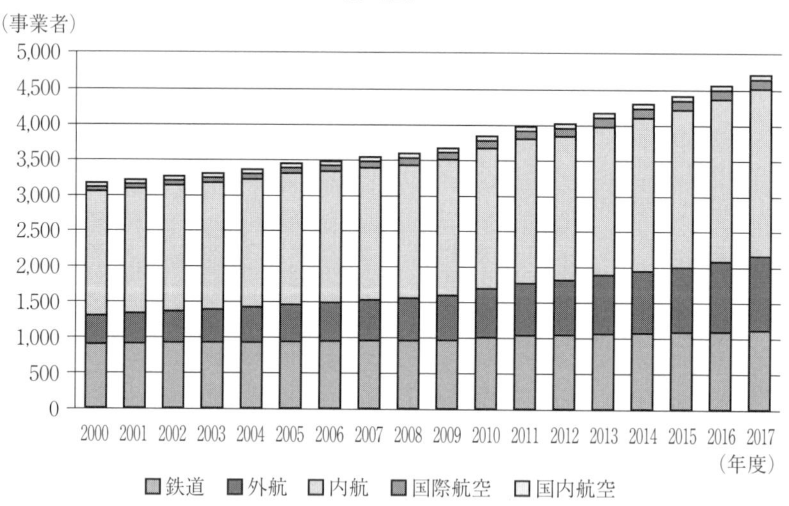

国土交通省の調べによると，平成29年度（2017）現在のフォワーダー数は，海運フォワーダー（内航）が2,360社と最も多く，逆に航空フォワーダーは国際，国内とも少ない。航空フォワーダー（国内）数が横ばい傾向にある以外，どの輸送機関でもフォワーダー数は増加傾向にある（図５－６－２）。

５－６－２　フォワーダーの役割

フォワーダーを利用せずに輸送しようとすると，荷主は鉄道事業者や船社，航空会社に自らブッキング（貨物積載の申込予約）をして，貨物駅や港湾や空港までのトラック，到着地での配送用のトラックも手配しなければならない。

しかしフォワーダーに依頼すれば，荷主はこれらの手間をすべて省くことができる。特に国際輸送であれば，通関業を兼務しているフォワーダーに，通関手続きも委託できる。また，発地から着地までの効率的なルートを提案してもらえたり，輸送途中での流通加工なども請負ってもらえる。このように，荷主に対して様々なサービスを提供することが，フォワーダーの役割でもある。

5－6－3　輸送機関別のフォワーダー

1）　鉄道フォワーダー（通運事業者）

鉄道のフォワーダーは，通運事業者と呼ばれている。鉄道貨物輸送では，その発足当初から，基本的に鉄道事業者（実運送業者）と通運事業者の役割が明確に区分されてきた。

明治6年（1873）に鉄道貨物輸送が始まった当時，トラックはまだ普及していなかったので，鉄道事業者（当初は鉄道院による官営鉄道であった）は鉄道の運行に専念し，通運事業者が大八車や荷馬車で集荷配送を行った。鉄道事業者は大運送，通運事業者は小運送と呼ばれ，両者は二人三脚で鉄道貨物輸送を支えてきた。

2）　航空フォワーダー

航空輸送の運賃は，他の輸送機関（船舶，自動車，鉄道など）と比較して非常に高い。そのため，航空貨物は付加価値の高い高価な貨物，もしくは容積が小さく軽い貨物が多い。

航空フォワーダーは，荷主から引き受けた多数の小さい貨物をひとまとめにして自らの名義の貨物にしたり，ULD（Unit Load Device：航空貨物輸送用のパレット積み貨物やコンテナ）に組み立てる。こうしてまとめた貨物の輸送を，航空会社に委託する。したがって，航空貨物は，航空フォワーダーによって多数の荷主の貨物から組み立てられた混載貨物となっている。

航空貨物の運賃は，重量逓減制により，重量が大きくなるほど重量当たりの単価が安くなる。そのため，航空フォワーダーは小ロット貨物を集めて大ロット化し，航空会社に委託することによって，その差益を得ることができる。

3） 海運フォワーダー

海運フォワーダーが第２種貨物利用運送事業に加えられたのは，平成15年(2003) の物流三法施行時である。それまでの海運フォワーダーは，NVOCC (Non-Vessel Operating Common Carrier：非船舶運航海上運送人) に限られていた。

このため現在でも，船社に直接ブッキングする荷主が多く，海運業界におけるフォワーダーはまだ十分には定着していない。

海運業界で定着していない別の理由には，海上コンテナ輸送ではFCL (Full Container Load：単一の荷主でコンテナを満載した貨物) が多いことである。LCL (Less than Container Load：単一荷主ではコンテナ１個に満たない量の貨物) は，多くの荷主の貨物を集め，混載して１個のコンテナに仕立てるため，集荷配送を自ら行う海運フォワーダーに適した貨物である。しかし，大手フォワーダーでも取扱量全体に占めるLCL 貨物の比率は一桁台後半といわれている。

5-7 倉庫業

5-7-1 営業倉庫と施設設備基準

倉庫は，物品を保管する建物や施設の総称なので，大きな家や工場でも倉庫がある。しかし業務としての倉庫は別で，倉庫業者が寄託（当事者の一方が相手方のために保管をすることを約してある物を受け取ることによって，その効力を生ずる契約。民法第657条）を受けた物品を保管するための施設である。これを，家庭の倉庫と区別するために，営業倉庫と呼んでいる。

倉庫業法では，倉庫業を「寄託を受けた物品の倉庫における保管を行う営業」として登録制とし，倉庫を「物品の滅失もしくは損傷を防止するための工作物，またはそのための工作を施した土地もしくは水面であって，物品の保管の用に供するもの」と定めている。

図５－７－１　普通倉庫の事業者数と所管面積の推移[2]

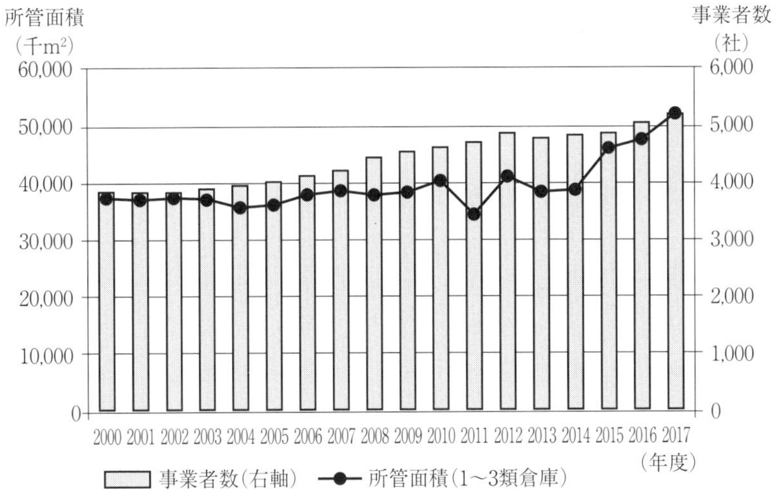

そして，倉庫業者の受託責任を明確にするため，営業倉庫の工作について規定し，そのために倉庫業の登録において適合すべき倉庫の施設または設備に関する基準（施設設備基準）を定めている。この施設設備基準は，倉庫の種類ごとに定められており，建築基準法その他法令の規定に適合していることに加えて，構造強度，耐火性能，消火器具の設置，浸水防止性能等，多岐にわたって細かに規定されている[17]。

倉庫業への参入が許可制から届出制に緩和された平成14年（2002）から平成29年（2017）まで，普通倉庫業者は3,842社から5,219社へ増加した。この理由は，事業領域の拡張を目指して，拠点を確保しようとするトラック運送事業者の新規参入があると考えられている（図５－７－１）。

５－７－２　倉庫の料金体系

営業倉庫の料金は，大きく保管料と荷役料からなる。保管料は貨物の保管に対する対価であり，荷役料は貨物の入出庫などの荷役の対価である。このほか，流通加工などを請け負えば，その料金が別に発生する。

保管料の料金体系は期数制にもとづいている。つまり，普通倉庫の場合，

1期を10日とする期数に応じた料金となっている。冷蔵倉庫の場合は，1期を15日とする期数制になっている。倉庫の機能が，貯蔵型から流通型へ変わっているにもかかわらず，保管料は寄託契約をもとに，依然として長期保管を前提とした料金体系が主流となっている。

5－7－3　貯蔵型から流通型の倉庫へ

倉庫では，原材料を大量に保管し生産に合わせて出庫したり，収穫した農作物を保管して1年を通じて出荷したりする。またクリスマスケーキのように，特定の販売時期に向けて事前に生産した物品を保管することもある。このように倉庫は，保管を通じて，需要と供給の時間的な隔たりを埋める役割がある。そして，保管されている商品や物資は，財務上では在庫となるため，財務の健全化のためにも在庫の削減が課題となる。

近年，調達・生産・販売を一貫して短期間に行い，効率的に在庫を減らすことが期待されている。このため倉庫の目的も，「品質を保ちながら，いかに長期的に保管するか」から，「原材料を一時的に保管し，生産に合わせて必要な時間に，必要な量をいかに納品するか」，「工場で生産された製品を小売店の販売動向に合わせて，いかに効率的に配送するか」に変化している。

5－7－4　倉庫管理システム

倉庫の役割の変化にともない，保管貨物の梱包や値札付けなどの，流通加工や包装機能が重視されるようになっている。また，在庫管理の精度の向上（リアルタイムな管理）が求められるようになっている。このため，倉庫は，正確な出庫のためのピッキングや仕分けなどを包含し，在庫管理と一体となった倉庫管理システム（WMS：Warehouse Management System）により，運営されている。

第5章の参考文献

1）　公益社団法人 全日本トラック協会：「日本のトラック輸送産業2019」，2019
2）　社団法人日本物流団体連合会：「数字でみる物流」，各年版
3）　国土交通省：「トラック運送業における下請・荷主適正取引推進ガイドライン（改

訂版)」, 2017
4) 最低車両台数・適正運賃収受ワーキンググループ:「最低車両台数・適正運賃収受ワーキンググループ報告書」, 2012
5) 国土交通省:「令和元年度宅配便等取扱実績について」, 2020
6) 齊藤実:「宅配便の秘密」, 御茶の水書房, 2007
7) 国土交通省鉄道局 HP:http://www.mlit.go.jp/tetudo/
8) 国土交通省:「鉄道輸送統計年報」, 各年版
9) モーダルシフト等推進官民協議会:「モーダルシフト等推進官民協議会 中間取りまとめ」, 2011
10) 公益財団法人日本海事広報協会:「日本の海運 SHIPPING NOW2012-2013(データ編)」, 2013,「日本の海運 SHIPPING NOW2019-2020(データ編)」, 2020
11) 国土交通省海事局:「海事レポート2017」, 2017,「海事レポート2019」, 2019
12) 国土交通省海事局:「内航海運を取り巻く現状及びこれまでの取組み」, 交通政策審議会海事分科会, 第9回基本政策部会, 資料5, p.15, 2019
13) 内航海運代替建造対策検討会:「内航海運における代替建造促進に向けた施策の方向性」, 2011
14) 国土交通省航空局:「航空を取り巻く状況と今後の課題」, 第9回交通政策審議会航空分科会, p.39, 2020
15) 国土交通省航空局:「平成20年度航空物流市況」, 2009
16) 国土交通省,「航空輸送統計年報」, 各年版
17) 国土交通省:「倉庫業登録申請の手引き」, 2010

第6章

ロジスティクスとマーケティング

第6章のねらい

第6章の目的は，企業経営の目標のうちの売上の増加における，マーケティングとロジスティクスの関わり，および顧客サービスについて理解することである。

そこで本章では，企業の商品開発や販売戦略に重要なマーケティングとロジスティクスの関係について明らかにする。また，ロジスティクスの5Rの実現において求められる企業内・企業間の取り組みと物流業務のアウトソーシングについて明らかにし，物流業務に関わる法制度と規格について明らかにする（6-1）。

次に，物流における顧客サービスについて，その定義および様々な指標とその管理の方法について明らかにする（6-2）。

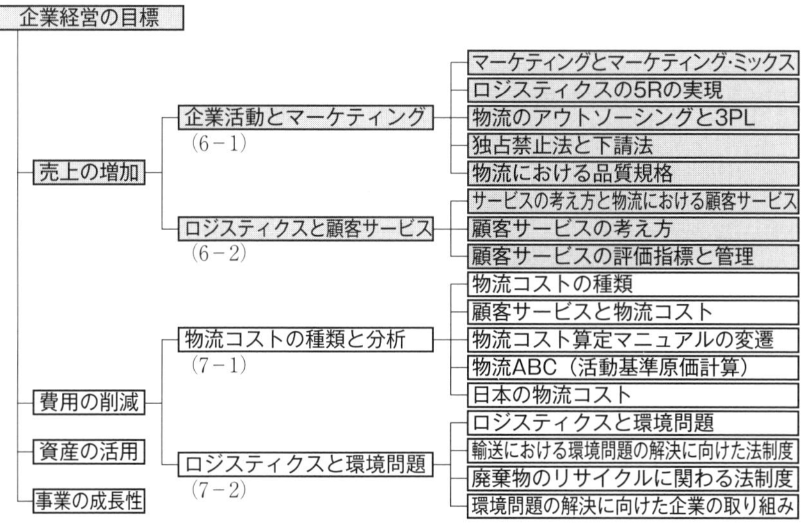

6-1　企業活動とマーケティング

6-1-1　マーケティングとマーケティング・ミックス

1）マーケティングの定義

製造業者や卸小売業者は，消費者のニーズにもとづいて様々な商品を供給している。たとえば，紡績業者はアパレル製造業者に生地を供給し，アパレル製造業者は卸売業者に衣服を供給し，最終的に消費者は小売業者から自分のニーズに合った衣服を購入している。このとき，紡績業者は新素材の生地を開発し，またアパレル製造業者は新製品を開発するように，企業は消費者の潜在的なニーズを獲得すべく新たな商品を生み出している。このように，マーケティングとは，「企業が市場を選択し，優れた顧客価値の創造，伝達，提供を通じて，顧客を獲得，維持，育成する技術」である[1)]。

マーケティングとロジスティクスの関係については，「ロジスティクスはマーケティングの一部」とする考え方[2)]と，「マーケティングはロジスティクスの一部」とする考え方の両方がある。前者はロジスティクスがマーケティング・ミックスの１つであるという考え方であり（本項３）参照)，後者はロジスティクスが企業のマーケティングと公共部門のインフラで構成されるという考え方である（8-1節参照)。

2）マーケティングの手順とマーケティング戦略

マーケティングの手順は，一般に７つの段階がある[3)]（表6-1-1）。

例として新しい調味料を発売する場合を考える。はじめに既存の調味料の種類と購入者層を調べるとともに，潜在的な市場を調べる（①リサーチ)。次に，購入が期待できる消費者の嗜好や特徴を属性（性別や年齢，居住地域など）ごとに分け（②セグメンテーション)，都会に住む一人暮らしの20代独身女性に狙いを定め（③ターゲティング)，低価格・おしゃれな容器・エスニック味をコンセプトとして絞り込む（④ポジショニング)。そのうえで具体的な商品として，細長いガラス瓶に入れたエスニック風調味料を250円で販売することを決め（⑤マーケティング・ミックス)，実際にスーパーや

表6-1-1　マーケティングの手順

項　　目		内　　容
①リサーチ		顕在的な市場（実際に購買している消費者）の内容と潜在的な市場（購買可能な消費者）の存在を調査する。
マーケティング戦略	②セグメンテーション	消費者の特性に応じて複数の市場に分割する。
	③ターゲティング	標的とする市場を決める。
	④ポジショニング	標的市場に提供する商品のコンセプトを決める。
⑤マーケティング・ミックス		標的市場に提供する具体的な商品・価格・流通チャネル・販売促進方法を決める。
⑥実施		標的市場に対して商品を提供する。
⑦管理		マーケティング内容について評価し，問題点を抽出し，必要な対策を行う。

コンビニで販売するとともに雑誌やインターネットで広告しながら商品を提供する（⑥実施）。そして，販売実績を計画と比較し，マーケティングの内容を評価して，販売が伸び悩んでいる場合は原因を把握し対策を行う（⑦管理）。実際には，この手順を繰り返し実践する。

なお，このマーケティングの手順のうち，②セグメンテーション・③ターゲティング・④ポジショニングを「マーケティング戦略」と呼ぶ。

3）　マーケティング・ミックスの4Pと4C

マーケティング・ミックスを売り手側（供給側）の視点で整理したものが「マーケティングの4P」である（図6-1-1）。すなわち，企業が顧客に対して，どのような商品を（Product），どの程度の価格で（Price），どのようなチャネルで提供し（Place），またどのように需要を喚起させるのか（Promotion）の4つである。

その一方で，マーケティング・ミックスを買い手側（需要側）の視点で整理したものが「マーケティングの4C」である。すなわち，企業から提供される商品によってどのような顧客価値が（Customer value），どの程度のコストと利便性で（Customer Cost，Convenience），どのようなコミュニケーションを通じて届くのか（Communication）の4つである。

あらゆる商品の販売にあたっては，マーケティングの4Pと4Cの両方を

図6-1-1　マーケティングの4Pと4C

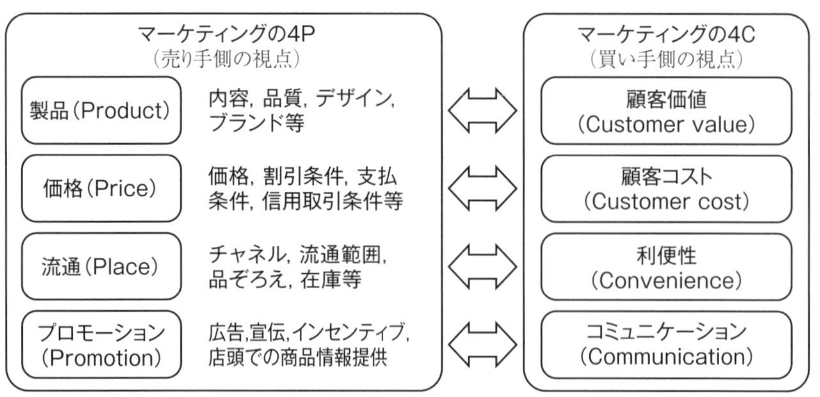

考慮して企画することが求められる。前述した「ロジスティクスはマーケティングの一部」の考え方では，ロジスティクスは4PのPlaceと4CのConvenienceに関わる要素として捉えられる[4)]。

6-1-2　ロジスティクスの5Rの実現

1）　企業内の取り組み

企業がマーケティングを行う際には，企業が開発した製品を消費者のもとに円滑に供給することが求められる。すなわち，ロジスティクスの目的は，顧客のニーズにもとづく商品や物資の供給であり，ロジスティクスの5R（Right Time，Place，Price，Quantity and Quality：必要な商品について，適切な時間に，適切な場所に，適切な価格のもとで，要求された数量と品質で供給すること）の実現が重要となる。しかし，この5Rの実現には，輸送や保管などの物流業務を担う物流部門以外の企業内の他部門も関わってくる[5)]（表6-1-2）。

たとえば，製品規格や包装仕様を決定する製品開発部門は，売上の増加を目的としてデザインを重視した形状の新商品を開発することがあるが，新商品がかさばれば輸送効率を低下させる可能性がある。需要予測にもとづき生産を実施する生産部門は，製造費用の低減を目的として大量生産を行うことがあるが，それは輸送量を大きくするだけでなく，在庫量を増加させる可能

表6-1-2　ロジスティクスに関わる企業内部門別の業務[6)]

部　　門	内　　容
物流部門	輸送，保管，流通加工，荷役，包装など
製品開発部門	製品規格，包装仕様，物流条件，保守仕様など
生産部門	需要予測・生産計画，材料発注，リサイクルなど
財務部門	在庫金額，費用，投資など
マーケティング・営業部門	受注，販促，サービス水準設定，返品管理など
情報部門	情報システムの企画・開発・保守など

性がある。また，販売促進を担当するマーケティング・営業部門は，販売機会損失を回避するために店頭に商品を多数並べることがあるが，それは結果的に廃棄する商品の輸送を増やすことになる可能性がある。

このように，企業内の各部門が個々の目的を果たそうとしたとき，そのしわ寄せが物流部門にくる場合がある。したがって物流部門は，常に他の部門と調整することが重要である。

2）企業間の取り組み

企業内の部門間の調整と同じように，企業間でも調整が必要である[7)]。

たとえば，製造業者は，納入業者から原材料や部品を調達し，生産した商品を卸売業者や小売業者に販売する。このとき，小売業者は，品切れが起きないことを望む一方で，自ら在庫を持ちたいとは考えない。そのため，卸売業者や製造業者に対して，発注した商品をただちに届けてもらうことを要求する。しかし製造業者も卸小売業者と同じく在庫を持ちたくはない。つまり，関係するどの企業も，在庫を持つことは避けたいのである。一方では，誰かが在庫を持たなければ，急な販売増や売れ筋商品の変化に対応できない。

したがって，過剰在庫による費用増や，品切れによる販売機会損失を避けるためには，製造業者と卸小売業者と物流事業者が，適正在庫の維持に協調して取り組む必要がある。

また同業他社の間では，物流コストの削減を目的として，輸送や保管などの物流機能ごとに，物流業務に共同で取り組む事例もある。

6-1-3　物流のアウトソーシングと3PL

1）　物流のアウトソーシングの内容と意義

企業が経営の効率化を目指すとき，自社のコア・コンピタンス（核心業務）に経営資源を集中するために，他の業務を外部の専門事業者に委託することがある[8)]。この外部への委託を，アウトソーシングという。

特に製造業者や卸売業者，小売業者にとって物流業務は，「自社よりも物流事業者（運送事業者や倉庫業者等）がより効率的にできる業務」であり，物流業務のアウトソーシングが増えている。

2）　物流のアウトソーシングの変遷と3PLの登場

従来のアウトソーシングは，荷主企業の物流部門が，輸送や保管などの物流機能ごとに物流事業者に対して委託を行っていた（図6-1-2）。

昭和50年代に入ると，物流コストの明確化や物流業務の合理化を目的として，物流部門を独立させ，子会社化する企業が増えてきた。物流子会社を持つ企業（親会社）は，自社倉庫などの売却，物流部門社員の削減など，企業

図6-1-2　アウトソーシングの形態の変遷

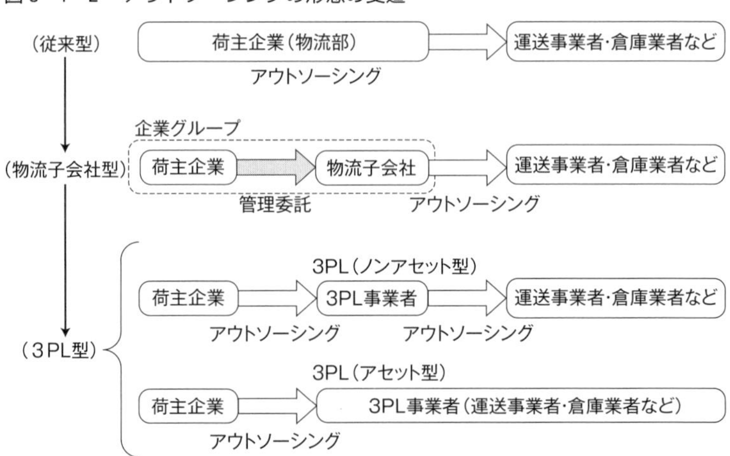

注：ノンアセット型：3PL事業者自身は物流事業を実施せず，物流事業者に再委託する形態
　　アセット型：3PL事業者が個々の物流事業も実施する形態

図6-1-3　3PLの業務内容

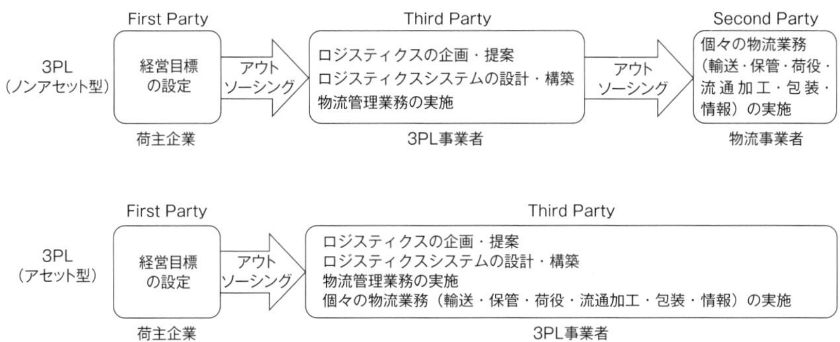

のスリム化が可能となる。その一方で，物流子会社は，コア・コンピタンスとしての物流業務に特化するとともに，親会社以外の荷主企業の開拓を目指す。なお，物流子会社の中には物流業務を他の物流事業者に再委託する企業もある。

平成に入ると，個々の物流業務だけでなく，その管理業務も含めて，アウトソーシングする傾向が高まってきた。荷主企業（First Party）でも物流事業者（Second Party）でもない第三者（Third Party）が，荷主の物流関連業務の全般を包括的に受託することを3PL（Third Party Logistics：サードパーティ・ロジスティクス）といい，受託した事業者を3PL事業者という。3PL事業者は，荷主に効率的なロジスティクスを提案し，物流業務を行うほか，輸送管理システムや作業管理システムなどロジスティクスシステムの設計・構築も行うことが一般的である[9)]（図6-1-3）。

3PL事業は，今後も成長すると見込まれている。このため，従来，物流業務を担ってきた物流事業者だけでなく，商社やコンサルタントなど異分野の企業も3PL事業に参入してきている。

3）サービスレベル・アグリーメント

荷主企業は多くの業務をアウトソーシングするなかで，委託先の業務内容を適切に管理することが求められる。

このため，荷主企業と委託先企業の間で，物流業務の評価指標と目標値，インセンティブや罰則などを記載したSLA（Service Level Agreement：サービスレベル・アグリーメント）を取り交わすことが重要である[10)]。

6－1－4　独占禁止法と下請法

1）　独占禁止法と下請法との関係

物流業務は，荷主企業と物流事業者もしくは大手の物流事業者と中小の物流事業者の間で，契約のもとに行われる。そのため，上下関係が発生しやすく，業務を請け負う側は代金の減額などの不利益を被る可能性がある。

このような不利益の発生を防止するための法律が，私的独占の禁止及び公正取引の確保に関する法律（独占禁止法，独禁法）と改正下請代金支払遅延等防止法（下請法）である（図6－1－4）。

2）　独占禁止法

公正取引委員会は，荷主企業が物流事業者との取引において優越的地位の濫用行為を規制するために，「特定荷主が物品の運送または保管を委託する場合の特定の不公正な取引方法の指定（物流特殊指定）」を通じて，8つの禁止事項を定めている[11)]（表6－1－3）。

なお，優越的地位の濫用の対象となる取引は，新たに「優越的地位に立つ事業者を特定荷主とし，取引の地位が劣っている事業者を特定物流事業者とみなす」こととなっている。このため，3PL事業者が物流事業者に委託する場合も，この法律の対象となる。

3）　下請法

下請法は，下請取引の公正化と下請事業者の利益保護を目的に，平成16年(2004）に独占禁止法の特別法として制定された[12)]。従来の対象は，「物品の製造委託や修理委託」が主であったが，新たに「役務提供委託（運送，倉庫保管等)」，「情報成果物作成委託（プログラム等)」が追加された。

これにより，貨物自動車運送事業者が請け負った貨物運送のうち，一部の経路の運送を他の貨物自動車運送事業者に委託する場合や，貨物運送とともに請け負った梱包業務を梱包業者に委託する場合なども下請法に該当するこ

図6-1-4　独占禁止法と下請法との関係

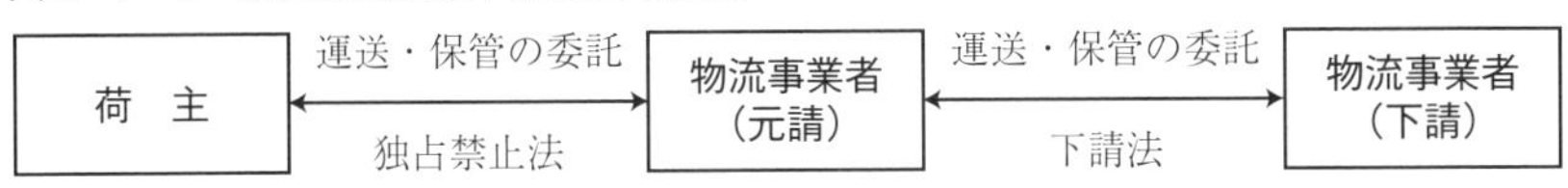

表6-1-3　独占禁止法における禁止事項[13)]

禁止事項	内　　容
①代金支払い遅延	特定物流事業者の責めに帰すべき理由がないのに，代金をあらかじめ定めた支払期日の経過後なお支払わないこと
②代金の減額	特定物流事業者の責めに帰すべき理由がないのに，あらかじめ定めた代金の額を減じること
③著しく低い対価を定める	特定物流事業者の運送または保管の内容と同種または類似の内容の運送または保管に対し，通常支払われる対価に比して著しく低い代金の額を不当に定めること
④物品の強制購入等	正当な理由がある場合を除き，自己の指定する物を強制して購入させ，また役務を強制して利用させること
⑤割引困難な手形の交付	代金の支払いにつき，当該代金の支払い期日までに一般の金融機関（預金または貯金の受け入れおよび資金の融通を業とする者をいう）による割引を受けることが困難であると認められる手形を交付することにより，特定物流事業者の利益を不当に害すること
⑥経済上の利益提供	自己のために金銭，役務その他の経済上の利益を提供させることにより，特定物流事業者の利益を不当に害すること
⑦やり直しの要請	特定物流事業者の運送もしくは保管の内容を変更させ，または運送もしくは保管を行った後に運送もしくは保管をやり直させることにより，特定物流事業者の利益を不当に害すること
⑧不利益取り扱い	特定物流事業者が上記①から⑦に掲げる事項の要求を拒否したことを理由として，特定物流事業者に対して，取引の量を減じ，取引を停止し，その他不利益な取扱いをすること

ととなった。

6-1-5　物流における品質規格

1）　品質管理の必要性

物流事業者は，荷主企業から依頼された商品または物資を運ぶ際，品質管理を徹底することが求められる。このため，物流事業者も，製造業者や卸売業者，小売業者と同様に，ISO（International Organization for Standardization：国際標準化機構)[14]が定める管理手法の国際規格（ISO9001)[15]を取得するようになっている。

ISO9001は，効率的な品質管理システムを運営する枠組みのための一連の規格を表す総称である。製品やサービスに関する消費者の知識は深まり，その要求も高度かつ多様になっている。この消費者の要求に応えるために，企業は優れた品質の製品とサービスを提供する必要がある。

2） 食品の品質管理手法

物流事業者の中には，食品の輸送や保管等を行う事業者もある。食品製造の分野においては，ISO9001とは別に，HACCP（Hazard Analysis and Critical Control Point：危害分析重要管理点)[16]と呼ばれる品質管理手法が取り入れられている。

平成5年（1993）の厚生省（現厚生労働省）による通知には，調理方法・運搬（配膳）方法・保管方法の要件が示されており，HACCPにもとづいて温度のモニタリングなどが義務付けられている[17]。これにより，原料の受け入れから生産・出荷までの工程において，危害の発生を防止するための重要なポイントを継続的に監視・記録する衛生管理手法が確立されている。

そのため，患者給食などの輸送や保管，荷役などの際には，製造過程においてHACCPにもとづいて管理された品質を損なうことないように配慮することが求められる。なお，平成10年（1998）から食品の製造過程の管理の高度化に関する臨時措置法（HACCP支援法）が制定され，食品製造業全般でHACCPの導入が進んだ。さらに，品質への配慮をより確実にするため，食品衛生法の改正により，令和2年（2020）からHACCPが義務化された。

6－2 ロジスティクスと顧客サービス

6－2－1 サービスの考え方と物流における顧客サービス

1） サービスの定義

サービスという用語は，様々な意味に用いられる。「あの店はサービスが良い」いう表現は，価格の割引に用いることもあれば，店員の接客態度や商品説明にも用いられている。

この「サービス」を，清水は次の4つに分類している[18]。

①精神的サービス（精神的なあり方）

②態度的サービス（接客に際しての，表情，動作，身だしなみなど）

③業務的サービス（現実の仕事として，無形財の販売・提供）

④犠牲的サービス（特定の有形財もしくは無形財の，低価格または無料提供）

①は「サービス精神が旺盛」などと表現する場合であり，②は飲食店のウェイターによる配慮の行き届いた接客態度である。③はサービス業に代表されるようにサービスという無形の財を有償の業務として行う場合であり，④は価格の割引やおまけである。

これを経済学の視点からみると，目に見える有形財で所有権が移転する財と，目に見えない無形財で所有権が移転しないサービスの2種類がある。

有形財の取引の例として日常的な買い物，無形財の取引の例として美容院でのカットや病院での治療などがある。美容院では髪を切ってもらうことに対価を払うが，髪の毛の所有権が移転するわけではない。髪を切る技術や病院での治療という無形のサービスの提供に対価を支払っているのである。

2） 顧客サービスの定義

顧客サービスには，商流のサービスと物流のサービスがある。商流のサービスには，取引前の商品説明や，取引後のアフターサービスなどがある。物流のサービスは，実施前，実施中および実施後に分けられる。たとえば輸送では，輸送前に配送時間帯や温度管理などについて顧客に説明する。また輸送中には，配送時間帯を遵守し，商品の温度を保つだけでなく，輸送中の商品の位置情報を顧客に伝えることがある。また輸送後には，輸送中の商品の状況を顧客に伝えたり，商品が到着したことを顧客（発送者）に連絡する。なお，輸送前と輸送後のサービス費用は輸送料金（運賃）に含まれているため，顧客からすると，それらが無料のサービスのように見えることがある。

本書では，「物流に関わる無形の財」を物流の顧客サービスとして定義し，「物流機能（輸送・保管・荷役・流通加工・包装・情報）そのもの」が，顧客サービスに相当すると考える。このとき，物流の顧客サービスは，物流事業者が有償で顧客に提供するものであり，その詳細は，場所（指定納品場所），時間（時間帯指定，時刻指定など），価格，数量，品質（温度，賞味期限など）の5Rで示すことができる取引条件で定められる。なお一般に，定められた取引条件を守ることで，「顧客サービスのレベルが高い」とか，「顧客サービスの品質が優れている」というように表現される。ただし，運転者が配送先で貨物自動車から荷物をおろしたり，陳列を手伝ったりする作業（荷役），商品を組み合わせるセット化（流通加工）や商品を保護するための工夫（包装）は，商品の販売や輸送・保管に付随して行われることが多かった。そのため無償サービス（犠牲的サービス）と扱われがちであった。

しかしながら，これら3つの物流機能，荷役・流通加工・包装が充実することで商品の付加価値が高まり，ひいては商品の価格も高くなる。たとえば，スーパーマーケットでの単位重量当たりの価格は，キャベツ1個よりも千切りキャベツの方が，塊のハムよりもスライスされてパック詰めされたハムの方が，いずれも高い。これは，流通加工や包装によって高まった付加価値が価格に含まれているからに他ならない。このことは，従来，無償で行っていた流通加工や包装が，有償の顧客サービスとして認識されていることを示している。

上述したように，物流の顧客サービス（物流機能の提供）は，有償でなければならない。しかしながら，我が国の商慣行では，運賃が商品価格に含まれていることや，荷主が陳列などの業務を無償で依頼することがあり，この考え方は定着していない。

6-2-2　顧客サービスの考え方

1）ロジスティクスの目的となる顧客サービス

ロジスティクスの目的は，必要な商品を，適切な時間・場所・価格のもとで，要求された数量と品質で届けること（ロジスティクスの5R，6-1-2参照）である。したがって，ロジスティクスにおける顧客サービスの意義は，「顧客の満足が得られるように，ロジスティクスのサービスを行うこと」である。このとき，顧客サービスは，様々な評価指標で表現できる。

2） 顧客サービスを示す様々な評価指標

阿保は，「ロジスティクスは，消費者にこそ財貨を到達せしめて，消費者がその財貨を利用可能な状態にすることの手段」と定義し，このロジスティクス・システムのアウトプットを「顧客サービス」としている[19]。そのうえで，主な顧客サービス要素として，アベイラビリティ，リードタイム，ロットサイズ，受注時刻，誤配率，アフターケア，クレーム処理，返品率などを示している。

クリストファーは，顧客サービスについて「究極的には顧客の期待に100%一致する基準だけを目指すべき」とし，そのためには「顧客の要求について明確で客観的な理解が必要である」としている[20]。そのうえで，基準が設定されるべき顧客サービス要素として，オーダー・サイクルタイム，ストック・アベイラビリティ，オーダーサイズの制約，配送の頻度，デリバリーの信頼度などを挙げている。また，企業がそれら顧客サービスを監視する枠組みの一例として，取引前・取引中・取引後の3時点で分ける枠組みを提示している。

唐澤は，顧客サービスについて，マーケティングサービス（提示する価格，商品，アフターサービスなど），物流サービス（誤送率や納期率等の納入サービス，時間指定等のタイムサービス，在庫サービスなど）および経営・技術サービス（資金援助や経営指導等の経営援助サービス，技術援助サービス，情報サービスなど）の3つの視点から考慮すべきとしている[21]。

ハリソンも，顧客サービス要素として，商品入手可能性（ラインアイテムや商品グループの入手可能性，インボイス補充など），注文サイクルタイム（注文登録，処理など），一貫性（注文サイクルタイムや輸送時間など），応答時間（注文の追跡，受注確認対応など），エラー率（配送遅れ，注文の間違いなど），商品・出荷関連の不良（商品の破損，返品など），特殊業務（緊急配送，顧客からの帰り荷など）を挙げている[22]。

これらの整理からは，顧客サービスの評価指標は多様であるだけでなく，6つの物流機能のすべてに及んでいることが分かる。

6-2-3　顧客サービスの評価指標と管理

物流の顧客サービスは，多種多様であるだけでなく，物流事業者が個別に管理・改善できないものもある。たとえば，工場における製造ミスにともなう欠品は，物流事業者では解決できないし，小売業者が発注締切時刻を守らなければ，指定時間に納品することは困難である。

このため，顧客から求められる顧客サービスを実行するためには，先述したサービスレベル・アグリーメントのように，顧客サービスの評価指標とそのサービスレベルを明確に取り決め，契約に明記することが重要である。

サービスレベルには，顧客サービスをある評価指標でみたときに，事前に達成すべき目標として定めるサービスレベルと，事後に実現した結果として測定するサービスレベルがある。たとえば，配送という物流の顧客サービスにおいて時間指定がどの程度守られているかを，時間指定遵守率という評価指標でみるとする。このとき，事前に「99％以上」というサービスレベルを取引条件として定めた上で，実際に商品の「99.5％」が指定時間に納品できれば，事前に計画した目標を達成したと評価できる。

評価指標とサービスレベルは，顧客ごとに異なる。たとえば，値札付け（流通加工）の作業効率を重視する顧客もいれば，配送（輸送）における車両の運行効率を重視する顧客もいる。したがって，①はじめに顧客ニーズに合わせて評価指標を選ぶ。②次に事前に目標としてのサービスレベルを定める。③そして事後に実現した結果としてのサービスレベルを測定し，事前に定めた目標と比べて評価する。たとえば，配送という顧客サービスについては，①はじめに誤配率，破損率，緊急出荷率，時間指定遵守率，当日配送達成率などの評価指標を選ぶ。②次に事前にこれらの評価指標における目標としてのサービスレベルを，誤配率や破損率などの評価指標であれば0.01％未満や0.1％未満，時間指定遵守率や当日配送達成率などの評価指標であれば95％以上や99％以上などと定める。③そして事後に実際のサービスレベルを測定し，評価する。

なお，このような評価指標ごとのサービスレベルの高低を決定する際には，自社における販売戦略や顧客の重要度を考慮する必要があり，これをサービスミックスと呼ぶことがある。

第６章の参考文献

1）　フィリップ・コトラー，恩藏直人監訳，大川修二訳：「コトラーのマーケティング・コンセプト」p. 5，東洋経済新報社，2003
2）　中田信哉・橋本雅隆・湯浅和夫・長峰太郎：「現代物流システム論」，pp. 66-70，有斐閣アルマ，2003
3）　古川一郎・守口剛・阿部誠：「マーケティング・サイエンス入門―市場対応の科学的マネジメント」，pp. 4－9，有斐閣アルマ，2011
4）　角井亮一：「よくわかる物流のすべて」，pp. 40-41，日本実業出版社，2007
5）　苦瀬博仁・梶田ひかる監修：「ロジスティクス管理３級（第２版）」，pp. 21-24，中央職業能力開発協会，2011
6）　前掲書５），p. 22
7）　前掲書５），pp. 25-26
8）　齊藤実・矢野裕児・林克彦：「現代ロジスティクス論」，pp. 175-178，中央経済社，2009
9）　苦瀬博仁・梶田ひかる監修：「ロジスティクス管理２級（第２版）」，pp. 30-35，中央職業能力開発協会，2012
10）　前掲書９），pp. 209-210
11）　苦瀬博仁・梶田ひかる監修：「ロジスティクス管理３級」，pp. 71-72，中央職業能力開発協会，2007
12）　前掲書11），pp. 69-70
13）　公正取引委員会HP：http://www.jftc.go.jp/dk/seido/tokusyushitei.html
14）　苦瀬博仁・梶田ひかる監修：「ロジスティクス管理２級」，pp. 51-52，中央職業能力開発協会，2007
15）　日本工業標準調査会 HP：http://www.jisc.go.jp/mss/qms-9000.html
16）　厚生労働省 HP：http://www.mhlw.go.jp/seisakunitsuite/bunya/kenkou_iryou/shokuhin/haccp/index.html
17）　一般財団法人食品産業センター HP：http://www.shokusan.or.jp/haccp/basis/
18）　清水滋：「サービスの話」，pp. 9－43，日経文庫（105），日本経済新聞社，1990
19）　阿保栄司：「物流からロジスティクスへ―15のキーポイント」，pp. 102-107，税務経理協会，1993
20）　マーチン・クリストファー，e-Logistics 研究会訳：「ロジスティクス・マネジメント戦略―e ビジネスのためのサプライチェーン構築手法」，pp. 58-62，ピアソンエデュケーション，2000
21）　唐澤豊：「現代ロジスティクス概論」，pp. 122-127，NTT 出版，2000
22）　アラン・ハリソン，水嶋康雅訳：「ロジスティクス 経営と戦略」，p. 70，ダイアモンド社，2005

第7章

ロジスティクスと経営

第7章のねらい

第7章の目的は，企業経営の目標のうちの費用の削減要因として，物流コストの削減と企業の環境問題への対応について理解することである。

そこで本章では，物流コストの種類と内容と算定方法，算定マニュアルの変遷，物流コストと顧客サービスとのトレードオフ関係を明らかにする。また，日本の企業における物流コストの実態を業種別，機能別に明らかにする（7-1）。

次に，ロジスティクスに関わる環境問題の内容と環境対策の基本法について明らかにする。そのうえで，輸送における環境問題と法制度，廃棄物の処理に関わる法制度，および環境問題の解決に向けた企業の取り組みについて明らかにする（7-2）。

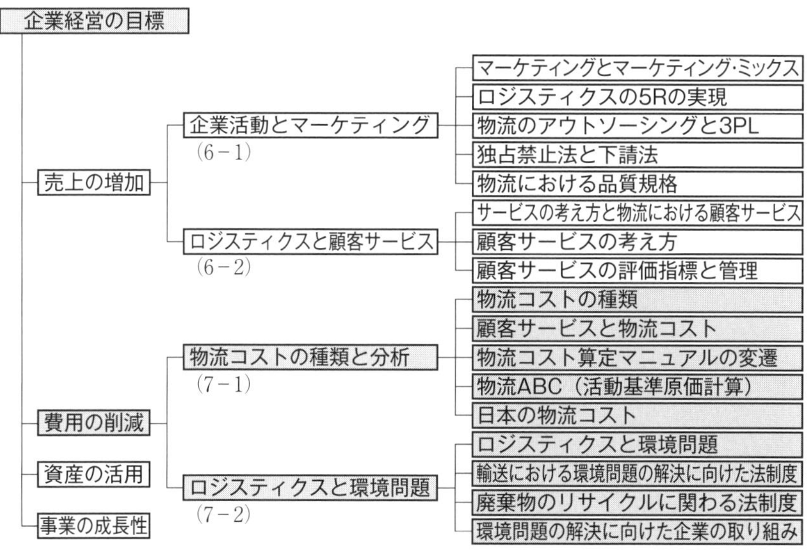

7-1 物流コストの種類と分析

7-1-1 物流コストの種類

1） 物流コストの内容

物流コストとは，物流活動を行うときにかかる費用である。商品価格に占める物流コストが高くなれば，得られる利益は減少する。このため物流コストは，企業の物流効率化や物流改善効果の評価基準であり，重要な管理対象である。

物流コストは，①領域別，②機能別，③主体別，④変固別に，それぞれ分類できる。

領域別の物流コスト（①）は，調達物流コスト，社内物流コスト，販売物流コスト，回収物流コストの４つに分類できる。

機能別の物流コスト（②）は，輸配送コスト，保管コスト，荷役コスト，包装コスト，流通加工コスト，情報処理コストの６つに分類できる。

主体別の物流コスト（③）は，自家物流コストと支払物流コストの２つに分けられる。このうち自家物流コストとは，荷主企業の営業部門や物流部門の社員が商品を届けるように，荷主企業が自ら物流活動を行った場合の物流コストであり，正確に算定するには材料費や人件費などの項目ごとに管理する必要がある。一方で，支払物流コストとは，荷主企業が物流事業者に対して物流業務を委託する際に支払った場合の物流コストである（図７-１-１）。

変固別の物流コスト（④）は，物流コストを変動費と固定費に分けて管理するものである。このうち変動費は，手当や燃料費のように，物流活動の多少によって変わる。一方で，固定費は，給与や固定資産税のように変わらない。

2） 物流コストの算定方法

物流コストを算定する際は，主体別の物流コストとして，自家物流コストと支払物流コストに分けることが一般的である。

たとえば輸送コストを算定する際，物流事業者に運賃を支払った場合は，支払物流コストとして算定する。一方で，自社で輸送した場合は自家物流コストとなり，輸送コストを変動費と固定費に分け，さらに人件費（手当などの変動費と給与や賞与などの固定費）や車両費（燃料費などの変動費と減価償却費や保険料などの固定費）などに分ける。

物流コストを区分して詳細に管理することは，物流の問題点の解明と，物流コストの削減につながる。たとえば，物流コストを領域別に管理すれば，調達物流コストと販売物流コストのいずれが高いかが明らかになる。また機能別に管理すれば，輸送コストと流通加工コストのいずれが高いかが明らかになる。これにより効率的な改善活動と物流コストの削減が可能になる。

図7-1-1　主体別に見た物流コスト

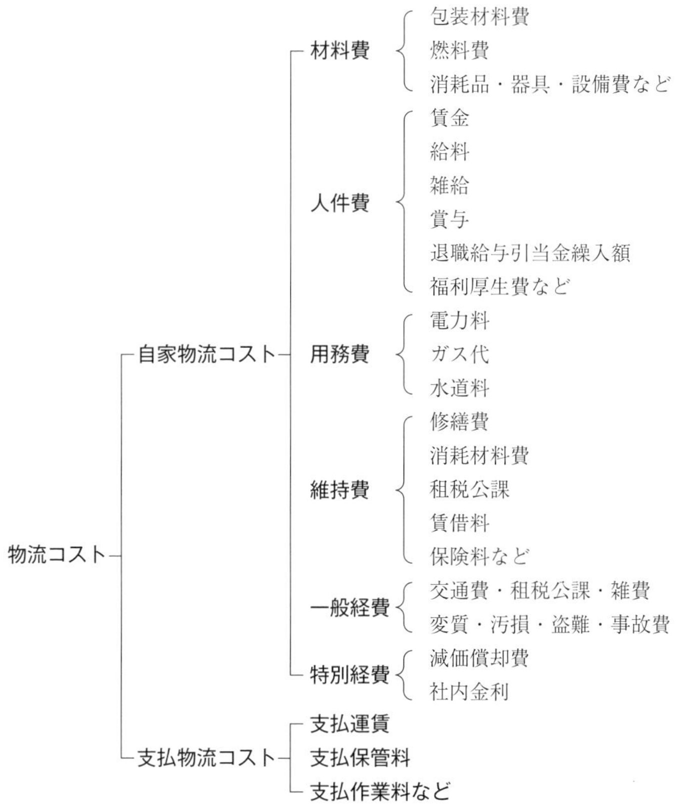

7-1-2　顧客サービスと物流コスト

1)　顧客サービスと物流コストの関係

顧客サービスレベルを向上させると，顧客満足が高まり売上の増加につながるが，物流コストが増加することが多い。たとえば，顧客のニーズに合わせて少量ずつ配送しようとすると，全体の物流コストは高くなる。また，指定時間に合わせて配送するためには，渋滞などによる遅延を避けるため，時間に余裕のある配送計画を立てる必要があり，結果として物流コストは高くなる。一方で，物流コストを削減するために顧客サービスレベルを低下させると，顧客を競争会社に奪われ，結果として売上が減少することもある。

つまり，顧客サービスレベルの向上により得られる売上の増加と，それにともなう物流コストの増加を算出し，両者の差である利益が最大になるように，顧客サービスレベルを決定する必要がある[1)]（図7-1-2）。

2)　物流におけるトレードオフ

トレードオフとは，ある一方を改善すると，もう一方が悪化する関係のことである。物流においても，様々なトレードオフが存在する。

上記の，顧客サービスと物流コストの関係は，代表的なトレードオフである。

また，在庫をたくさん保有しておくと，注文に合わせて商品を即座に届けられるため売上が増加する。一方で，在庫保有コストが増加する。在庫保有

図7-1-2　顧客サービスレベルと売上および物流コスト

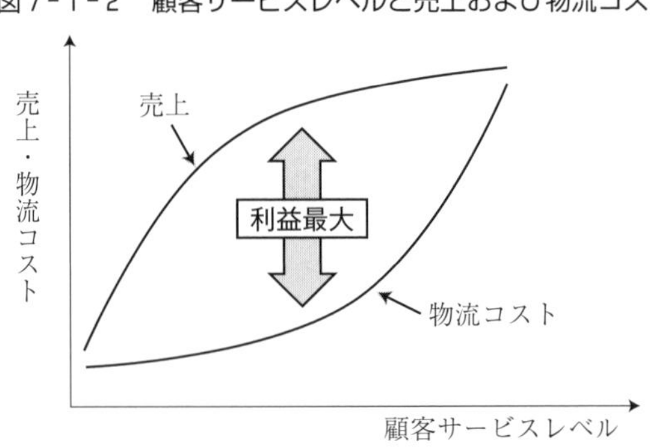

表7-1-1　在庫保有コスト

分　類	内　　　容
資本コスト	・在庫を持つことで固定化された資金にかかる金利
保管コスト	・自社倉庫にかかる費用 ・営業倉庫の賃貸料 ・保管管理にかかる費用など
在庫リスクコスト	・損傷リスク ・盗難リスクなど

コストには，金利の資本コスト，営業倉庫の賃貸料などの保管コスト，損傷や盗難による在庫リスクコストがある。在庫が多いほど，これらのコストが増加する（表7－1－1）。

さらに，多数あった物流拠点を数カ所に減らそうとすれば，物流拠点の維持費用や賃貸料などが減少する。一方で，配送距離が長くなるため配送費用が増加する。この関係もトレードオフである[2)]。

7－1－3　物流コスト算定マニュアルの変遷

1）　1970年代のマニュアル

物流コストを把握することは簡単ではないが，その重要性は古くから認識されていた。そのため，物流コストを活動別に分類するマニュアルが制定されてきた（表7－1－2）。

最初のマニュアルは，主に卸売業者の物流コスト把握を目的として昭和50年（1975）に中小企業庁が作成した「物流コスト算出マニュアル」である。その後，昭和52年（1977）に運輸省（現国土交通省）が大手企業向けに「物流コスト算定統一基準」を作成し公表している。

2）　1990年代のマニュアル

平成4年（1992）に通商産業省（現経済産業省）が公表した「物流コスト算定・活用マニュアル」は，標準的な物流コスト算定の基準として現在も利用されている。

表7-1-2　省庁による物流コスト算定マニュアル

マニュアル	作成年度	担当官庁	内　　容
物流コスト算出マニュアル	昭和50年（1975）	中小企業庁	中小の卸売業者向けに初めて制定した物流コスト算出のガイドライン
物流コスト算定統一基準	昭和52年（1977）	運輸省（現国土交通省）	大手企業向けに制定された物流コスト算定のガイドライン
物流コスト算定・活用マニュアル	平成4年（1992）	通商産業省（現経済産業省）	物流サービスの適正化をめざして作成されたものであり，物流コストの把握と物流コストの活用事例を記載
わかりやすい物流コストの算定マニュアル	平成8年（1996）	中小企業庁	物流コスト算定・活用マニュアルを中小企業向けに簡素化したガイドライン
物流ABC準拠による物流コスト算定・効率化マニュアル	平成15年（2003）	中小企業庁	活動基準原価計算による物流コスト把握モデル

平成8年（1996）には，平成4年（1992）に公表したマニュアルの簡易版として，中小企業庁が「わかりやすい物流コストの算定マニュアル」を作成・公表した。その目的は，中小企業が物流効率化のために自社の物流コストを把握することを支援することであった。そのため，物流コストの算定の精緻さに応じて4種類のマニュアルが用意され，各企業のニーズに応じて選択できるよう工夫されている。

3）　2000年代のマニュアル

平成15年（2003）には，中小企業庁が「物流ABC準拠による物流コスト算定・効率化マニュアル」を作成し，中小企業も容易に物流ABCによるコスト算定ができるようにした（物流ABCは7-1-4参照）。

このマニュアルでは，より容易に物流コストを算定できるように，エクセルによる計算ソフトも提供されており，ソフト上のメニューに従い入力するだけで，物流コストの計算結果を出すことができる。ソフトは輸配送業務用や倉庫業務用などがあり，中小企業庁のウェブサイトでダウンロードできる（図7-1-3）。

図7-1-3　物流 ABC 準拠による物流コスト算定・効率化マニュアルのエクセルソフト（倉庫業務用）[3)]

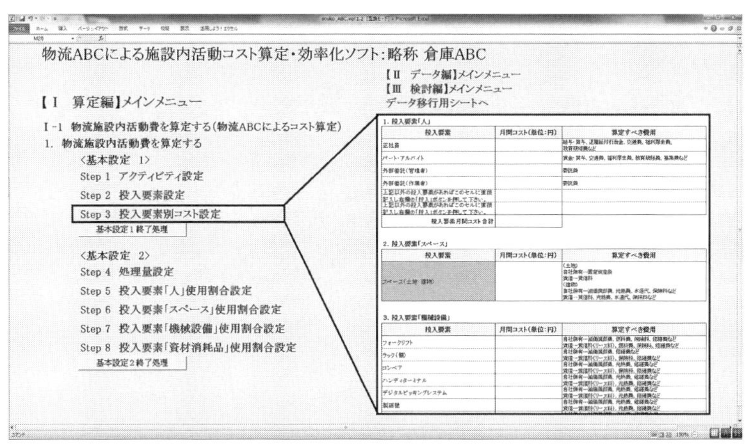

7-1-4　物流 ABC（活動基準原価計算）

1）物流活動別のコスト算定の必要性と物流 ABC

物流コストを活動別に算出できれば，改善すべき物流活動の優先順位を決めやすく，物流コストの削減につながるので，改善効果も正確に評価できる。

たとえば倉庫業者は，顧客の注文を受け，商品をピッキングし，値札を付け，検品し，包装して出荷する。このなかで，最もコストがかかっている活動こそ，コストの削減に向けて改善が必要な活動になる。

物流 ABC とは，物流活動別に，物流コストの単価を求めることである。物流 ABC では，①コストの集計単位となる活動（例，ピッキング，包装，積み込みなど）を設定し，②活動別の作業時間とその合計から，活動別の作業時間の構成比率を求める。次に，③物流活動全体でかかった費用（人件費，もしくは活動に要した人数と時間と時給）を算出し，④②で求めた構成比率から活動別の費用を算出する。そして，⑤活動別費用を活動別処理量（例，ピッキング回数の合計）で除すことにより，最終的に活動別の単価（例，ピッキング1回あたりの単価）を求める（表7-1-3）。

表7-1-3　物流 ABC の算定手順

手　　順	具　体　例
コスト単位となるアクティビティを設定	棚入れ，ピッキング，検品，梱包などを設定する。このとき，特別な取り扱いをする場合は，「ピッキング（a 品)」のように別途設定しても良い。
アクティビティごとの作業時間と構成比率を算出	1か月で，棚入れやピッキングなど費やした時間を入力し，さらに，合計作業時間に占める割合を算出する。
アクティビティごとにコストを算出	月間人件費の合計額を，上で算出した各活動の構成比別に按分して算出する。
アクティビティごとに処理量を把握	月間，棚入れは入荷リストの4,484行分，ピッキングはリストの171,449行分，値札付けは130,825点，などと入力する。
アクティビティごとに単価を算出	入荷リスト1行分の棚入れの単価は207.1円であり，値札付けの単価は24.6円である。

2）　物流 ABC の活用の例

物流 ABC を利用して，物流活動の改善を考えてみる。ここでは，表7-1-4に示すように，物流活動を，入荷棚入れ，ピッキング，補充，数量検品，梱包，値札付け，返品検品と設定する。これらの活動ごとに，作業時間と構成比率を求める。なお，ピッキングは3種類（通常，商品 A，商品 B)，梱包は2種類（通常，商品 A）とする。

最初に，余計な活動はないか検討する。そして単価が高い活動に着目し，改善方法を考える。たとえば表7-1-4では，ピッキング（通常）に比べ，ピッキング（商品 A）やピッキング（商品 B）の単価が約2倍高いので，これを改善する方法がないか考える。また，作業時間の構成比率が高い活動に着目し，改善方法を考える。たとえば，ピッキング（通常）が全体作業時間の21.70%を占めている。この活動を改善できれば，大幅なコスト削減が実現できる。

また，物流 ABC は，取引条件の改善にも活用できる。たとえば，売上高が同じ顧客 A と顧客 B がいるとして，顧客 A にはピース単位で1日3回納品し，顧客 B にはケース単位で1日1回納品するとする。当然，顧客 A に対する物流コストが高くなる。顧客別の物流 ABC を算定することで，顧客 A の負担している物流コストを明示し，物流サービスレベルの引き下げ（顧

表７－１－４　物流 ABC の算定例[4)]

アクティビティ（活動）	作業時間		月間人件費	月間処理量（件）	アクティビティ単価（円／件）
	合計（分）	構成比率	合計（円）		
	36, 600	100. 00%	33, 168, 000		
入荷棚入れ	1, 023	2. 80%	928, 704	4, 484	207. 1
ピッキング（通常）	7, 955	21. 70%	7, 197, 456	171, 449	42. 0
ピッキング（商品 A）	1, 840	5. 00%	1, 685, 400	19, 882	83. 4
ピッキング（商品 B）	395	1. 10%	364, 848	4, 389	83. 1
補充	963	2. 60%	862, 368	6, 720	128. 3
数量検品	1, 284	3. 50%	1, 160, 880	31, 495	36. 9
梱包（通常）	3, 219	8. 80%	2, 918, 784	31, 495	92. 7
梱包（商品 A）	824	2. 30%	762, 864	6, 153	124. 0
値札付け	3, 541	9. 70%	3, 217, 296	130, 825	24. 6
返品検品	3, 875	10. 60%	3, 515, 808	32, 975	106. 6
…	…	…	…	…	…

客Ｂと同じくケース単位で１日１回納品），または，支払い金額の引き上げなどを提案できる。

7－1－5　日本の物流コスト

1）　物流コスト調査

我が国における物流コストの調査は複数あるが，日本ロジスティクスシステム協会（JILS）の「物流コスト調査」が代表的である。

令和元年度（2019）の調査によると，日本企業の売上高に占める物流コストは約4. 91%（全業種）である。長期的には低下傾向にあるが，近年は概ね５%弱である（図７－１－４）。業種別には，製造業ではプラスチック・ゴムが最も高く（8. 52%），卸売業では日用雑貨系が高い（7. 43%）。また，小売業では生協（4. 67%）とその他の小売業（4. 21%）が高い。

また，機能別の物流コストの構成比をみると，輸送費が物流コストの約58% を占めており，次に保管費が約16% を占めている（令和元年度（2019））。この傾向は長期間あまり変わっていない（図７－１－５）。

図７－１－４　日本企業の売上高に対する物流コスト比率の推移（全業種）[5)]

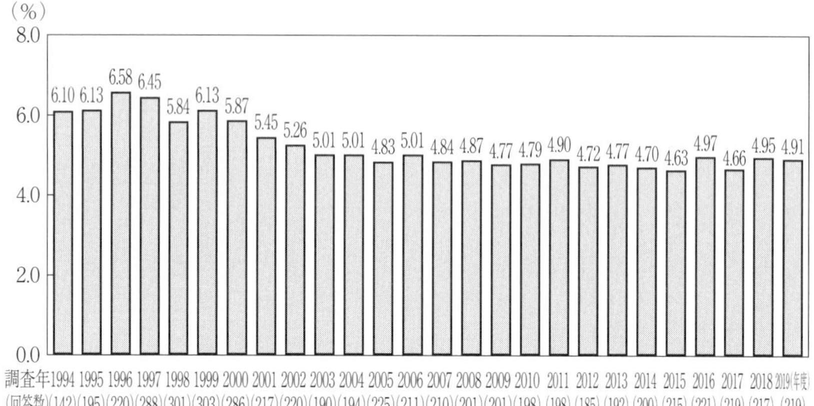

図７－１－５　機能別の物流コストにおける構成比の推移[5)]

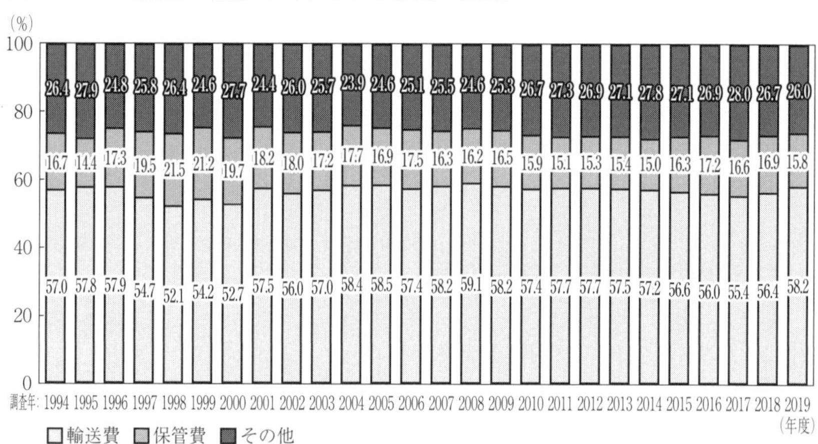

2）　物流コストの品目別特徴

売上高に占める物流コストの割合は，そもそも商品の価格に比例するものではなく，対象となる商品や物資の重量や容積に影響される。このため，売上高に対して物流コスト比率が低い商品を指して「物流コスト負担力が大きい商品」と表現する。

たとえば，百貨店で販売されている高級化粧品は，小さくて軽いが高価であり，多少の物流コストの変動があっても大きな影響がないため，「物流コスト負担力が大きい商品」である。それに比べると，コンビニで販売される低価格の化粧品は「物流コスト負担力が小さい商品」である。

さらに，コンビニで販売される化粧品と清涼飲料水を比較すると，清涼飲料水は化粧品より重くて大きいものの価格は化粧品の数分の1である。このことから，清涼飲料水は，コンビニで販売される化粧品よりも「物流コスト負担力がさらに小さい商品」である。

7-2　ロジスティクスと環境問題

7-2-1　ロジスティクスと環境問題

1)　ロジスティクスに関わる環境問題

原材料の調達から，生産と輸送・保管を経て消費者に届くまでの間，ロジスティクスには様々な環境問題が関わっている。

たとえば，生産や輸送時には二酸化炭素（CO_2）や窒素酸化物（NO_X）などが排出され，地球温暖化問題や大気汚染問題が起きる。また，燃料や包装資材に多くの資源が使われており，廃棄物問題や資源枯渇問題が生じる。さらには，船舶輸送中の事故によって海洋汚染問題も起きる（表7-2-1）。

環境保全のためには，ロジスティクスに関わる環境問題を正しく認識し，環境負荷の少ないロジスティクスを実現することが求められる。

表7-2-1　ロジスティクスに関わる環境問題と環境負荷の事例

環境問題	環境負荷の事例
地球温暖化	輸送機関からの二酸化炭素（CO_2）等の温室効果ガスの排出
大気汚染	排気ガス中の窒素酸化物（NO_X）・硫黄酸化物（SO_X）・粒子状物質（PM）等，有害物質の排出
オゾン層破壊	冷凍車・冷凍コンテナ等のフロン冷媒漏えい
海洋汚染	船舶の海難事故による油の流出汚染
資源の枯渇（熱帯林破壊）	輸送機関における石油燃料使用，過剰な多頻度配送，包装梱包資材の多用による有限資源の消費

2） 地球温暖化と国際条約

地球温暖化を防止するために，平成４年（1992）にUNFCCC（United Nations Framework Convention on Climate Change：気候変動枠組条約）が設置された。そして，平成９年（1997）には，条約の最高意思決定機関であるCOP（Conference of the Parties：気候変動枠組条約締約国会議）の第３回が京都で開催された。この会議（COP３）では，平成24年（2012）までに削減しなければならない温室効果ガス排出量の目標値を定めた「京都議定書」を採択した。これを受け，我が国では，平成10年（1998）に「地球温暖化対策推進大綱」と「地球温暖化対策推進法（温対法)」が制定された。

その後，第21回会議（COP21）では，令和12年度（2030）までに削減しなければならない温室効果ガス排出量の目標値を定めた「パリ協定」を採択し，我が国は，平成25年度（2013）の排出量から26％の削減が求められた。

3） 循環型社会の形成と基本法

我が国では，品質に厳しい消費者と企業が多いため，商品の品質を保持するための包装や梱包も丁寧である。しかし，丁寧な包装は過剰な包装，ひいては廃棄物の処理問題や資源の枯渇問題にもつながる。

資源の乏しい我が国では，資源の消費量を抑え，資源を再利用する必要がある。つまり，従来の大量生産・大量消費・大量廃棄から脱却した，循環型社会の形成が求められている。

このため，我が国では平成12年（2000）に「循環型社会形成推進基本法」を制定し，３R優先原則や拡大生産者責任原則などを設定した。３R優先原則とは，第１に消費量や廃棄物の発生を抑制し（Reduce)，第２に容器や包装資材を再利用し（Reuse)，第３に再利用できないものは別の商品の原材料として再生利用する（Recycle）原則である。また拡大生産者責任原則とは，製品を生産した企業に対して，製品の生産や販売の過程を越えて，製品の開発・生産・販売・使用後廃棄までの過程において，製品のリサイクルや適正な処理についても一定の責任を負わせることである。

循環型社会の形成には，資源の低コストで円滑な回収や，回収した廃棄物の適切な仕分けなどについて，静脈物流システムの構築が必要である。

7－2－2　輸送における環境問題の解決に向けた法制度

1）　輸送と地球温暖化

我が国のCO_2排出量は，平成29年度（2017）において，約12億トンである。そのうち，約18%が人と貨物の輸送に関わる輸送部門であり，さらにその約86%（全体の約15%）が自動車によるものである。

自動車には，人の移動に利用される乗用車やバスやタクシーと，貨物の輸送に利用される貨物自動車がある。このなかで，貨物自動車からの排出量は，自動車による排出量の37%（全体の７%）にすぎない。

輸送部門全体のCO_2排出量は，平成２年度（1990）から平成８年度（1996）までに23.0%増加したが，それから平成13年度（2001）まではわずか2.9%の増加にとどまり，平成13年度（2001）以降は減少している。貨物自動車からの排出量は，平成８年度（1996）までは増加したものの，相対的に増加率が低く，それ以降は減少しており減少率も他より高い[6)]。

2）　自動車 NO_X・PM 法

貨物自動車の多くは，軽油を燃料とするディーゼル車である。ディーゼル車の排気ガスには，二酸化炭素（CO_2），一酸化炭素（CO），炭化水素（HC），窒素酸化物（NO_X），粒子状物質（PM）などの大気汚染物質が含まれている。このうち，NO_X と PM は，発がん性との関連も指摘されるなど健康被害につながる有害物質である。

この有害物質の排出問題を解決するために，平成４年（1992）に，「自動車から排出される窒素酸化物及び粒子状物質の特定地域における総量の削減等に関する特別措置法（自動車 NO_X・PM 法）」が制定された。自動車 NO_X・PM 法は，大気汚染の厳しい大都市地域（首都圏，中部圏（愛知・三重），近畿圏（大阪・兵庫））を対象としている。

この法律では，①自動車等から排出される窒素酸化物及び粒子状物質に関する総量削減方針・総量削減計画（国及び地方公共団体で策定する総合的な対策の枠組み），②車両規制（対象地域のトラック，バス，ディーゼル乗用車などに適用される自動車の使用規制），③事業者排出抑制対策（一定規模以上の事業者の自動車使用管理計画の作成等により窒素酸化物及び粒子状物質の排出の抑制を行う仕組み）を定めている。

東京都は，平成15年（2003）に「都民の健康と安全を確保する環境に関する条例（環境確保条例）」を定め，PM に対する規制を施行した。条例に定める PM 排出基準を満たさないディーゼル車は，東京都内の走行が禁止された。この条例は他都市でも制定され，首都圏，近畿圏，中部圏で，許可を得ていない車両は流入できないようになっている。

3） 改正省エネルギー法

京都議定書の発効に伴い，「地球温暖化対策推進法」の改正に合わせて，「エネルギーの使用の合理化に関する法律（省エネルギー法）」が改正され，平成18年（2006）から実施された（改正省エネルギー法）。

改正省エネルギー法の特徴は，貨物輸送事業者および旅客輸送事業者だけでなく，荷主企業にも省エネルギーの具体的対策や削減目標の設定などを義務付けた点である。一定規模以上の輸送事業者と荷主企業を，特定輸送事業者，特定荷主（年間3,000万トンキロ以上の貨物輸送を有する企業）と定め，中長期の計画策定と結果報告を義務付けた（表７－２－２）。なお，取り組みが不十分な場合は，指導及び助言，罰則規定が適用されることとなった。

なお，CO_2排出量の算出方法には，燃料法，燃費法，改良トンキロ法，従来トンキロ法の４種類の算定式が示されている。

改正省エネルギー法は，平成30年（2018）にさらに改正され，企業間で省エネルギー量を分配して報告可能とすることや，ネット小売事業者も対象とすること，荷受け側を準荷主として位置づけることとされた。

表７－２－２　特定輸送事業者（貨物）の規模要件

輸送機関	基　準	規　模
鉄道	車両数	300両
自動車	台数	200台
海運	総船腹量	２万総 t
航空	総最大離陸質量	9,000 t

7-2-3　廃棄物のリサイクルに関わる法制度

1）　廃棄物とその分類

廃棄物とは「占有者が自ら利用または他人に有償で売却することができないために，不要となった固形状または液状のもの」であり，産業廃棄物と一般廃棄物に分類される。このうち産業廃棄物とは，製造業や建設業または商業や公共事業などの事業活動に伴って生じた廃棄物のなかで，法律で定めた20種類の廃棄物であり，廃プラスチックやゴムくずなどがある。それ以外の廃棄物を一般廃棄物という。

2）　リサイクル法

我が国では，３Ｒの考え方にもとづき平成13年（2001）に，「資源の有効な利用の促進に関する法律（資源有効利用促進法，リサイクル法)」を施行した。

このリサイクル法では，廃棄物の発生を抑制し，再生部品の利用を促すことを目的として，事業者，消費者，国・自治体それぞれの責務を定めている。生産や販売を行う事業者の責務は，長期使用可能な製品を開発するように努力すること，原材料を合理的に利用すること，再生資源や再生部品を回収し利用することである。

また消費者には，製品をなるべく長期間使用すること，リサイクルなどに協力することを責務としている。さらに国や自治体には，資源の有効な利用を促進するために必要な資金や技術を支援すること，事業者や消費者の理解と協力を求めるように努力することとしている（表７-２-３）。

表７-２-３　リサイクル法における関係者の責務

関係者	リサイクル法における責務
事業者	使用済み物品および副産物の発生抑制のための原材料使用の合理化 再生資源・再生部品の回収や利用促進など
消費者	製品の長期間使用，分別回収への協力など 再生資源を用いた製品の利用
国・自治体	物品調達における再生資源の利用などの促進 資金の確保，科学技術の振興，国民の理解を求める努力など

7-2-4　環境問題の解決に向けた企業の取り組み

1）　環境問題への対応と企業競争力

環境問題への意識の高まりや規制の強化は，荷主企業や物流事業者にとってコスト増となるが，一方で社会で環境意識が高まるなかで環境対策を行うことは，企業のイメージを改善し，競争力の向上にもつながる。

また，企業の計画・運用・管理体制としての環境マネジメントシステムが国際標準に適合する場合には，ISO14000シリーズの認証を取得できる。認証を取得した企業は，行政査察の簡素化や融資上の優遇などのメリットを享受できる。

2）　グリーン物流パートナーシップ会議

平成17年（2005）に策定された総合物流施策大綱（2005-2009）では，目標の１つとして，「グリーン物流」などの効率的で環境にやさしい物流の実現が掲げられた。その実現には，荷主企業・物流事業者・経済団体・行政などが互いに協力して取り組む必要がある。

この考え方に基づき，平成17年（2005）に「グリーン物流パートナーシップ会議」が設立された。この会議は，日本ロジスティクス・システム協会，日本物流団体連合会，経済産業省，国土交通省が主催し，日本経済団体連合会の協力で組織されている。

平成28年（2016）２月時点で，約3,400の企業や団体などが会員となっており，効率的で環境にやさしい物流の実現に向けて取り組んでいる[7)]。

この会議では，荷主企業と物流事業者の幅広い連携・協働により環境負荷の少ない物流を実現する事業を支援するとともに，その事業を広く普及させるための広報活動を行っている。認定された事業の一例としては，平成17年（2005）に，宅配便の長距離幹線輸送を鉄道にモーダルシフトする事業があり，年間7,000トン以上のCO_2排出量を削減している。

3）　エコレールマークとエコシップマーク

消費者が，環境にやさしい物流を実施している企業の商品を選ぼうとしても，その商品を知ることは容易ではない。なぜならば，商品のパッケージに

図７-２-１　エコレールマークとエコシップマーク[8)]

は商品の成分や生産者の情報はあっても，物流の情報がないためである。このため，ある企業が，商品を輸送する時に排出されるCO_2を削減するために，貨物自動車輸送から鉄道輸送または船舶輸送に切り替えるモーダルシフトを実施したとしても，消費者はそれを知る手段がない。

我が国では，環境にやさしい輸送を推進するために，荷主企業が環境対策の一環としてモーダルシフトを促進している。このためには，企業の環境対策の努力を消費者に知らせることで，消費者がその企業の商品を選択し，ひいては企業の売上増加につながる仕組みが考えられる。

このような視点から，平成17年（2005）にエコレールマークの認定制度が，また，平成20年（2008）にはエコシップマークの認定制度が始まった。商品を輸送する時に鉄道輸送または船舶輸送を一定割合以上利用している場合，エコレールマークまたはエコシップマークを商品などに貼付することが認められる。消費者は，これらのマークをみて，環境に配慮している企業やその商品を知り，その商品を選択することができるのである（図７-２-１）。

４）　持続可能な開発目標

SDGs（Sustainable Development Goals：持続可能な開発目標）とは，2030年までに持続可能でよりよい世界を目指す国際目標である。これは，2015年９月の国連サミットで，「持続可能な開発のための2030アジェンダ」として採択された。

SDGsのもとで，企業は，モーダルシフトの推進や環境対応車の導入促進などの環境対策や，物流活動における安全対策，労働条件の改善や多様な労働力の活用推進などの労働対策に取り組んでいる。

第7章の参考文献

1） 苦瀬博仁・梶田ひかる監修：「ロジスティクス管理3級」，pp. 32-34，中央職業能力開発協会，2010

2） 苦瀬博仁：「付加価値創造のロジスティクス」，pp. 144-145，税務経理協会，1999

3） 中小企業庁 HP：http://www.chusho.meti.go.jp/shogyo/shogyo/2004/040524butu_abc_zouho.htm

4） 湯浅和夫：「物流とロジスティクスの基本」，pp. 125-131，日本実業出版社，2012

5） 公益社団法人日本ロジスティクスシステム協会：「物流コスト調査」

6） 国土交通省HP：http://www.mlit.go.jp/sogoseisaku/environment/sosei_environment_tk_000007.html

7） グリーン物流パートナーシップ会議 HP：https://www.greenpartnership.jp/about/corpolist

8） 国土交通省 HP：http://www.mlit.go.jp/tetudo/tetudo_tk2_000008.html
http://www.mlit.go.jp/maritime/maritime_tk3_000031.html

第8章

ロジスティクスの管理

第8章のねらい

第8章の目的は，ロジスティクスに必要な管理のためのシステムについて，その具体的な内容を理解することである。

そこで本章では，最初にロジスティクス管理のためのシステムの内容を示すとともに，ロジスティクス・システムとインフラの概要について示す（8-1）。

次にノードに関わるロジスティクス・システムの内容として，受発注システム，在庫管理システム，作業管理システムの概要を示す。そのうえで，倉庫管理システムの内容，および在庫管理に関わる情報システムと分析手法を示す（8-2）。

リンクに関わるロジスティクス・システムの内容として，物資識別システム，貨物管理システム，輸送管理システムの概要を示す（8-3）。

	ノードに関わるロジスティクス・システム（8−2）	リンクに関わるロジスティクス・システム（8−3）
ロジスティクス・システム（8−1）	受発注システム（EOS，インターネット）	物資識別システム（バーコード，RFID）
	在庫管理システム（数量管理,品質管理,ロケーション管理）	貨物管理システム（貨物追跡，温度管理）
	作業管理システム（ピッキング作業管理,包装の外装における作業管理,荷役時の積み付けにおける作業管理）	輸送管理システム（運行管理，配送管理）
ロジスティクス・インフラ（8−1）	施設インフラ（ノード施設，リンク施設）（9−1）	
	技術インフラ（技術水準，物流技術，情報技術）（9−2）	
	制度インフラ（政策，法制度）（9−3）	

8-1　ロジスティクスの管理の概要

8-1-1　ロジスティクス管理のためのシステム

ロジスティクスの目的は，すでに述べているように，「必要な商品や物資を，適切な時間・場所・価格のもとで，要求された数量と品質（5R：Right Time, Place, Price, Quantity and Quality）で供給すること」である。この目的を実現するために，ロジスティクスを管理するシステムを，本書では「ロジスティクス・システム」と呼ぶことにする。

すなわち，ロジスティクス・システムは，商品や物資の数量を間違えたり破損したりすることを避け，顧客のニーズに合わせて商品や物資を届けるためのシステムである。

8-1-2　ロジスティクスのシステムとインフラ

1）ロジスティクス・システム

ロジスティクス・システムには，ノード（工場，倉庫，店舗など）でのシステムと，リンク（輸送中の貨物自動車，船舶など）でのシステムがある。ノードには，「受発注システム」，「在庫管理システム」，「作業管理システム」があり，リンクには「物資識別システム」，「貨物管理システム」，「輸送管理システム」がある（図8-1-1参照）。

このロジスティクス・システムは，主に民間企業が担うものである。

2）ロジスティクス・インフラ

インフラとは，インフラストラクチャー（Infrastructure）の略であり，「基盤」という意味である。インフラは，「産業や社会生活の基盤となる施設。道路・鉄道・港湾・ダムなどの産業基盤の社会資本，および学校・病院・公園・社会福祉施設などの生活関連の社会資本など」と，広辞苑に定義されている。この定義からもわかるように，インフラは，個人や個々の企業が自らの利益のために所有するものではなく，社会として共有するものである。

図8-1-1　ロジスティクス・システムとロジスティクス・インフラ

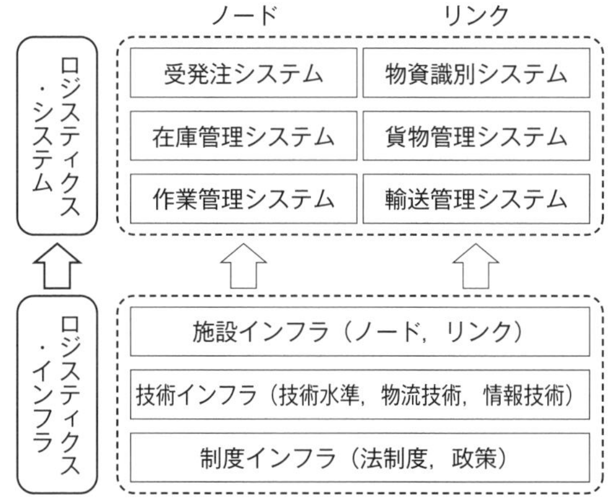

ロジスティクスのインフラは，ロジスティクスの様々な活動やロジスティクス・システムが円滑に働くようにする役割がある。ロジスティクス・インフラには，「施設インフラ」，「技術インフラ」，「制度インフラ」の3つがある。

このロジスティクス・インフラは，主に公共部門が担うものである。

3）ロジスティクスのシステム構築とインフラ整備の役割分担

ロジスティクスをサッカーでたとえるならば，ロジスティクス・システムがプレイヤーであり，インフラがグラウンド（基盤）である。良いプレイヤーでも，グラウンドが悪ければ良いパフォーマンスを見せるのが難しいが，プレイヤーがグラウンドを整備することは難しい。

そこで，プレイヤーである民間企業は，インフラに応じてロジスティクス・システムを構築するとともに，公共部門にインフラの改善を要望することで，より良いロジスティクスを実現できる。一方，公共部門は，プレイヤーのロジスティクスの活動をより効率化して国際競争力を高めるために，インフラの整備を行うことになる。

8-1-3　ロジスティクス・システムとインフラの概要

1）ノードに関わるロジスティクス・システム

第1に,「受発注システム」とは，工場や倉庫や店舗など（ノード）で，保管，流通加工，包装などの作業を行うとき，商品や物資の品目・数量・納期などの受発注内容を，企業間で収受するシステムである。

第2に,「在庫管理システム」とは，主に倉庫などで，保管されている商品や物資の，数量・品質・位置を管理するシステムである。

第3に,「作業管理システム」とは，主に倉庫などで，保管，流通加工，包装を行うときに生じる作業（仕分け，ピッキング，組み合わせなど）について，正確に迅速に行うためのシステムである。

2）リンクに関わるロジスティクス・システム

第1に,「物資識別システム」とは，商品や物資を，倉庫や流通センターなどから出荷し，貨物自動車や船舶などで輸送するときに，商品や物資の品目・型番・形状などを特定するためのシステムである。

第2に,「貨物管理システム」とは，貨物自動車などに積載されている商品や物資について，数量・品質・位置を管理するシステムである。

第3に,「輸送管理システム」とは，商品や物資を積載している貨物自動車などの位置と走行状況を管理するシステムである。

3）ロジスティクス・インフラ

第1に,「施設インフラ」とは，ロジスティクスにおける様々な作業が行われる場所として，倉庫や流通センターなどのノードと，道路などのリンクの2つを，施設インフラと考えるものである。

第2に,「技術インフラ」とは，ロジスティクスにおける様々な作業が，労働者の技術水準や，物流システムや機器の技術，情報技術に大きく左右されることから，これらの技術をインフラと考えるものである。

第3に,「制度インフラ」とは，行政機関が定める政策と，人や企業の責任や権利や義務を定めた法律を，制度インフラと考えるものである。

これらの3つのインフラの詳細は，次の第9章で述べることにする。

8－2　ノードに関わるロジスティクス・システム

8－2－1　受発注システム

1）受発注システムの概要

受発注システムの代表例には，スーパーやコンビニなどの小売業者が商品を発注し，卸売業者やメーカーなどが受注するシステムがある。このシステムを使用することで，小売業者は顧客のニーズに合わせて商品を揃えることができ，卸売業者やメーカーは受注に応じて商品を品揃えし届けることができる。

受発注システムには，EOS（Electronic Ordering System：電子発注システム）や，インターネット（Internet）がある。

2）EOS（Electronic Ordering System）による受発注システム

EOSとは，小売業者と卸売業者やメーカーなどの企業間で，情報ネットワークを利用し電子的に商品を発注するシステムである。EOSを導入することで，受発注の作業を，正確かつ迅速に行うことができる。

たとえば小売業者は，ハンディー・ターミナル（バーコードを読み取って注文できる機器）や，タブレットでペン入力できるEOS端末によって，仕入れたい商品の品目や数量などの発注情報を入力する。この入力された発注情報は，インターネットなどを通じて卸売業者に送られる。卸売業者は，発注情報と納品情報にもとづき品揃えし小売業者の店舗に届けるとともに，代金請求も行う。

なお，現代の小売店では，販売時点で商品を管理するために，レジにPOS（Point of Sales：販売時点管理）システムがある。POSは，顧客が商品を購入した時点で，商品名・数量・日時など販売実績をデータとして収集し，商品の売れ行きや在庫数量を管理している。このPOSとEOSを併用することで，店舗での売れ行き状態に応じて，商品を発注し補充することができる。

3） インターネット（Internet）による受発注システム

近年では，インターネットが普及し，スマートフォンやタブレットなどの進展もあって，消費者がインターネットを利用して店舗に行かずに商品を購入することが増えている。

このような商品の購入では，パソコンやスマートフォンなどから，購入したい商品を発注できるとともに決済もできる。そして，受注した卸小売業者やメーカーなどは，受注内容に応じて品揃えをしてから，宅配便などにより顧客に商品を届ける。

8－2－2　在庫管理システム

1）在庫管理システムの概要

在庫管理システムとは，受注した情報にもとづいて，卸売業者やメーカーなどが，倉庫や流通センターにある商品の，数量や期限（消費期限，賞味期限）などの品質，および位置を管理するシステムである。

在庫管理システムには，数量管理システム，品質管理システム，ロケーション管理システムの３つがある（図８－２－１）。

この在庫管理システムと作業管理システムを総合したものを倉庫管理システム（WMS：Warehouse Management System）と呼んでいる。

図８－２－１　在庫管理システムと管理項目

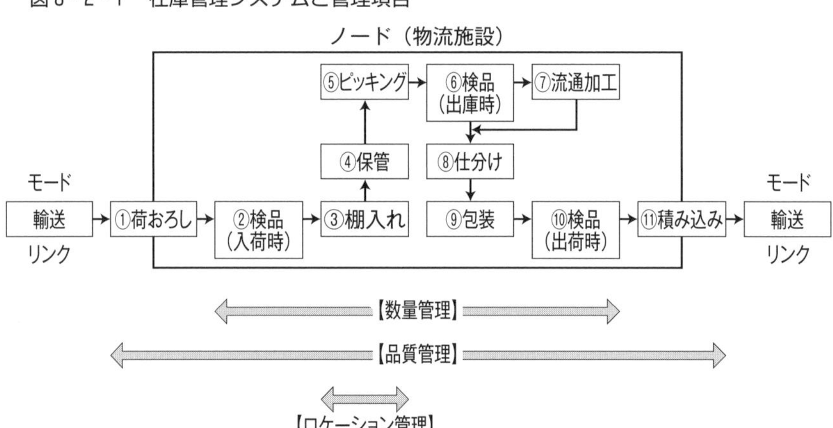

2） 数量管理システム

数量管理システムとは，商品の在庫数量を適正に保つためのシステムである。在庫が適正な数量以上になると，余分な在庫スペースを必要としたり，商品の購入資金を寝かす可能性がある。一方，在庫の数量が少ないと，注文を受けたときに品切れが生じ，販売機会を逃す可能性がある。これらの問題を未然に防ぐ役割が，在庫の数量管理システムにある。

在庫の数量は，入庫数量と出庫数量によって変化する。そのため，適正な在庫の数量を維持するためには，入出庫にともなって変動する在庫数量を把握する必要がある。

このとき在庫量が減ってくれば，適正な在庫数量を維持するために，商品を発注しなければならない。この発注にあたっては，1回当たりの発注時期と発注量を決める必要がある。このとき，在庫の発注時期（定期もしくは不

図 8-2-2　4つの発注方式

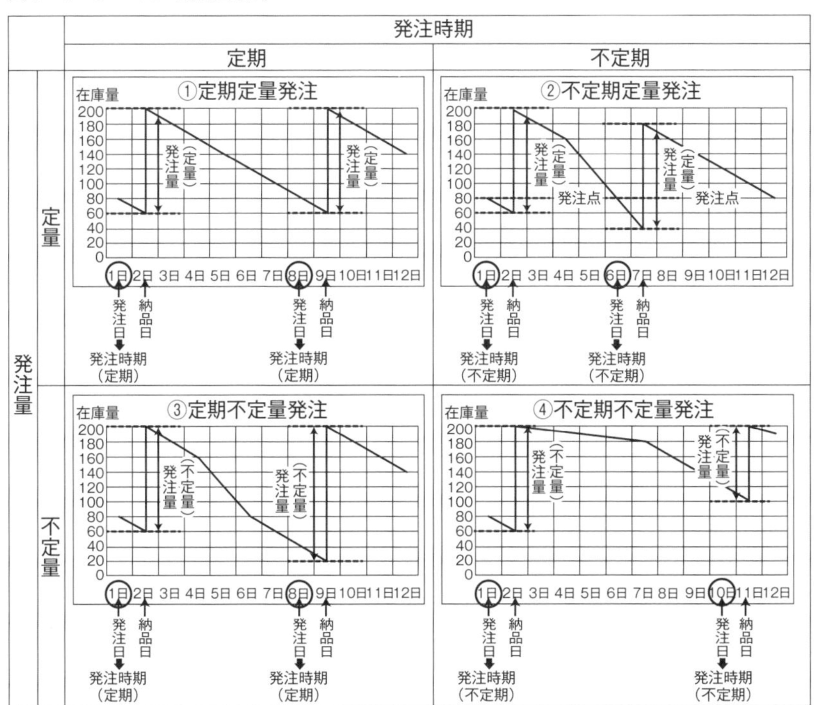

定期）と発注量（定量もしくは不定量）から，４つに分類できる。

①定期定量発注は，定期的にあらかじめ決められた量を（図８-２-２では，120個）発注する方式である。②不定期定量発注は，在庫量が基準値（図８-２-２では，80個）を下回ったら，あらかじめ定められた量（図８-２-２では，120個）を発注する方式である。③定期不定量発注は，定期的に，その度ごとに必要な発注量（図８-２-２では，在庫量200個に対する不足分）を発注する方式である。④不定期不定量発注は，発注時期や発注量を決めずに，必要に応じて発注する方式である（図８-２-２）。

なお，帳簿上の在庫と実際の倉庫や流通センターの在庫数量が合っているかを確かめるために，「棚卸」をする（図８-２-５参照）。

3） 品質管理システム

品質管理システムとは，商品や物資の保管温度と保管日数を監視することにより，品質の劣化を防ぐシステムである。

倉庫や流通センターに在庫されている商品や物資には，食品や医薬品などのように低温で保管されていないと品質が劣化するものがある。また，食品や医薬品などは，生産から消費されるまでの期限として消費期限や賞味期限があり，これらを過ぎた商品や物資も品質が劣化する。これらの品質が劣化した商品や物資が消費されることがないように，倉庫や流通センターでは，商品や物資の品目によって定められた温度で保管されているかを管理している。また，期限切れを起こさないために，保管日数を管理している。

特に，食品のうち加工食品では，「３分の１ルール」と呼ばれる商慣習がある。これは，製造から賞味期限までを６ヶ月とした場合，卸売業者やメーカーが小売業者に納品できる期限が，製造から２ヶ月以内（３分の１）とするものである。

4） ロケーション管理システム

ロケーション管理システムとは，商品が倉庫や流通センター内の，何階のどの通路にあるどの棚にあるか（ロケーション）を管理するシステムである。

倉庫や流通センターでは，棚番地と呼ばれる番号を棚に付けるが，これには棚方式と面方式の２つがある。棚方式とは，フロア，棚列番号，棚番号，棚段番号，間口の順番で棚番地を付ける方式である。面方式とは，柱間隔などを基準に施設の床を縦と横に座標として区切り，棚番地を付ける方式である（図８－２－３）。

商品の保管位置を決める方式には，固定ロケーション方式とフリーロケーション方式の２つがある。

固定ロケーション方式とは，商品の品目ごとに保管位置を決める方式である。商品が常に同じ場所にあるので，商品を探すことが容易である。しかし，商品数が増えて棚に収納できなくなると別の棚に仮置きしたり，発注頻度が少ない商品でも特定の棚を占有することになる。フリーロケーション方式とは，空いている場所や棚に自由に商品を置く方式である。空いている場所や棚を使用するので，施設の保管効率を高めることができる。しかし，同一の商品が複数箇所で保管されると，商品を探すときに手間がかかる。

図８－２－３　棚方式による番地設定例[1)]

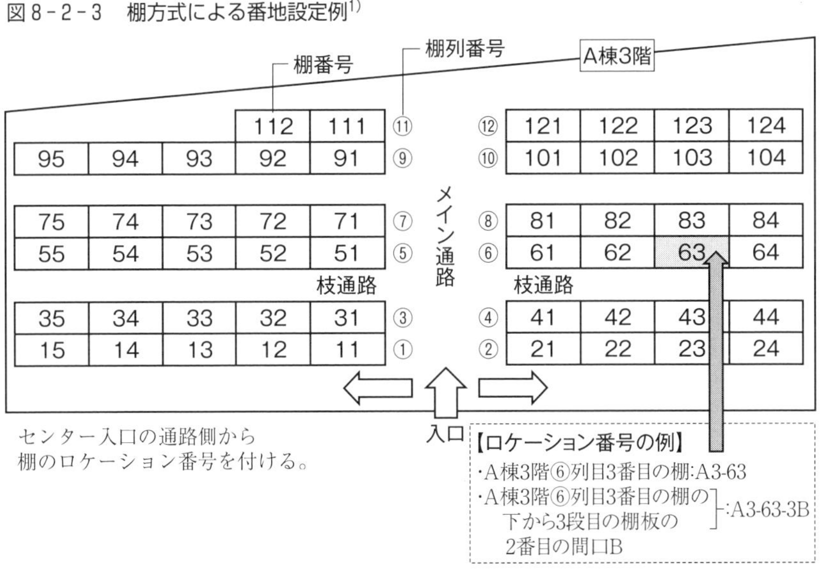

8－2－3　作業管理システム

1）　作業管理システムの概要

作業管理システムは，倉庫や流通センターなどで，保管，流通加工，包装などの作業が，適切な時間，場所，数量などで行われるように作業を指示し，その結果を確認するシステムである。

作業管理システムには，ピッキング作業でのデジタル表示や音声での指示，外装の荷扱い図記号（平成27年（2015）に日本産業規格において荷扱い指示マークから名称変更），荷役時の積み付け指示システムなどがある。

2）　ピッキング作業における作業管理のシステム

ピッキング作業における作業管理システムとは，商品や物資がピッキング作業時に，正しい商品を正確な数だけ取り出せるように，デジタル表示やランプや音声で作業者に指示し，作業者が指示通りに作業したかを確認するためのシステムである。このピッキング作業は，出庫業務の一部であるが，作業員による荷役をともなう作業でもある。

ピッキング作業における作業管理システムを用いることで，作業者は，ピッキング作業時に，ピッキングする商品が保管されている棚の番号や品目名，数量が記入されたピッキング作業指示の書類や，ハンディー・ターミナルの携帯が不要となる。

3）　荷役における作業管理のシステム

荷役における作業管理のシステムでは，商品の品質保持のために，商品や物資が壊れやすく荷扱いに注意が必要であることを明示する記号やマークが用いられる。たとえば，「壊れ物」などの指示記号や，「天地無用」，「上乗厳禁」などの短文により指示を示す荷扱い図記号である（図８－２－４）。

しかし，これら荷扱い指示マークの意味を理解し忠実に作業を行うと，作業の手間が増え，余分な時間がかかることもある。

4）　荷役時の積み付けにおける作業管理システム

荷役時の積み付けにおける作業管理システムとは，貨物自動車などに商品

図 8 - 2 - 4　荷扱い図記号の例[2]

壊れ物　　手かぎ禁止　　熱遮蔽

や物資を積み付ける際に，積み付け位置を指示するシステムである。

代表的なものには，コンテナ内に商品や物資を積み込む際に，無駄なく効率的に積み込むための積み付け指示システムがある。

また，海上コンテナをコンテナ船に積むときには，重量のバランスとともに寄港地の到着順が早い港のコンテナを先に取り出せるように後から積むことが必要である。このように，海上コンテナをコンテナ船に積み込むときも，重量のバランスや取り出し順序を含めて積み付けを最適化するシステムがある。

8 - 2 - 4　倉庫管理システム

1）　倉庫管理システムの概要

倉庫管理システム（WMS：Warehouse Management System）とは，「在庫管理システム」と「作業管理システム」が統合したシステムの総称である。

2）　倉庫管理システムの内容

WMS の一例として，メーカーの倉庫における WMS を以下に示す。

倉庫や流通センターでは，商品や物資の入出庫数量と在庫数量を在庫管理システムで確認する。

このとき，在庫数量や保管されている位置や品質を適切に管理するために，商品や物資の入荷時の品目と数量を発注情報にもとづき確認する「入荷検品」と，入荷した商品や物資の保管した棚の位置と保管した品目と数量のデータを登録する「入荷処理」をする。そして，ピッキング作業または仕分け作業後に，誤出荷を無くすために，ピッキングした商品や物資の品目と数量を確認する「出荷検品」が行われる。

なお，「入荷処理」と「出荷検品」によって，WMSに登録されたデータは，棚卸にも用いられる（図8－2－5）。

保管されている商品や物資のピッキング作業指示や仕分け作業指示や，作業進捗の管理を作業管理システムで行う。

ピッキング作業指示では，作業者に，商品や物資が保管されている棚の位置や，効率的にピッキング作業を行うための，商品や物資の取り出し順番などを指示する。仕分け作業の指示では，ピッキングされた商品や物資を輸送や配送する方面別，店舗別，車両別に仕分けるために必要となる情報を指示する。

また，作業進捗管理では，入庫検品，棚入れ，ピッキング作業などがどのくらい進捗しているのかを予定されている作業量と比較して管理する。なお，予定された作業量に対する作業の進捗を作業者別に確認できるため，各作業者の作業精度や作業生産性を分析することができる。そして，各作業者の作業精度および作業生産性から作業者の配置場所を決めたり，翌日以降の予定されている作業量予測の結果から必要な作業者数を求めることができる。

図8－2－5　倉庫管理システムの在庫管理機能の画面例[3]

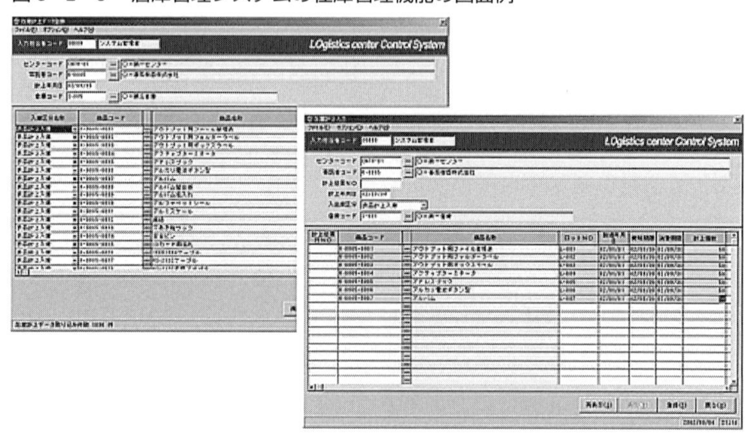

8-2-5　在庫管理で得た情報の活用と分析手法

1）EDI（Electronic Data Interchange：電子データ交換）

EDIとは，企業間において統一した書式のもとでデータを電子的に交換することである。受発注，見積もり，請求，決済，入出荷などの書式を統一して電子化しておけば，これらの情報は通信回線を通じて企業間で送受信できる。

EDIを用いることで，発注書，納品書，請求書，受領確認書，請求データを企業間で収受できるため，紙の帳票への記入，伝票の受け渡しや転記などの作業がなくなり，作業の軽減と入力ミスがなくなる。

2）ASN（Advanced Shipping Notice：事前出荷通知）

ASNとは，卸売業者やメーカーが，小売業者の店舗などに商品を納める前に，あらかじめ納品に関わる情報（納品時刻，品目，数量など）を，送信することである[4)]。

ASNにより，小売業者は，商品が到着する前に納品に関わる情報が送られてくるため，納品当日の作業計画を立てやすくなる。また，納品前にデータとして送られてくるため，検品ミスの軽減やデータ入力作業の省略ができる。

3）ABC分析

ABC分析とは，品目別の商品の出荷数量と比率にもとづいて，商品を3つに大別する方法である。

分析にあたっては，出荷数量の多い品目から順に並べ，品目ごとの出荷数量を棒グラフで示し，出荷比率の累計を折れ線グラフで示す。その出荷比率累計をもとに，品目をAランク，Bランク，Cランクに分類する。なお，一般的な各ランクの分類の目安は，出荷比率累計が70%以内をAランク，90%以内をBランク，それ以外がCランクである（図8-2-6）。

ABC分析を行うことで，出荷数の少ない品目を見つけ出すことができる。

図8-2-6　ABC分析の事例

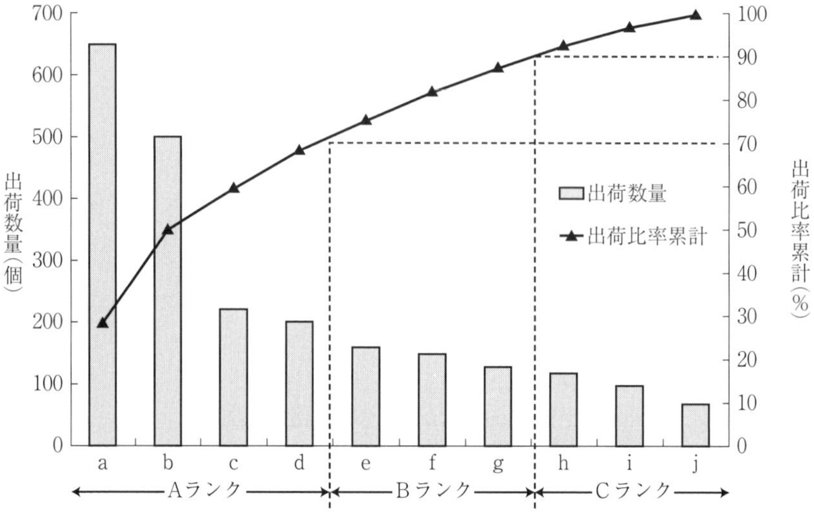

4）　棚卸

棚卸とは，倉庫等で保管している商品や物資を品目ごとに数量を数えることである。棚卸には，帳簿やデータに記載されている在庫数量を求める「帳簿棚卸」と，倉庫内の実際の在庫数量を求める「現品棚卸（実地棚卸）」がある。また「現品棚卸（実地棚卸）」には，「一斉棚卸」と「循環棚卸」がある（表8-2-1）。

帳簿棚卸では，入出庫時の記録台帳から，在庫の増減を計算し，在庫量を求める方法である。現品棚卸とは，倉庫内に保管されている商品や物資の数量を，目視で数える方法や，商品や物資に貼り付けてあるバーコードを機器で読み取って数える方法がある。

表8-2-1　棚卸の分類

分　類		内　容
帳簿棚卸		在庫受払台帳による在庫残高把握
実地棚卸（現品棚卸）		在庫商品の品目ごとの数量把握
	一斉棚卸	全品目の入出荷を止め品目ごとに数量把握
	循環棚卸	在庫品目を分割し時期を分け品目ごとに数量把握

8－3　リンクに関わるロジスティクス・システム

8－3－1　物資識別システム

1）　物資識別システムの概要

物資識別システムとは，商品や物資を開封せず中身を確認するために，外側から内容物や数量，届け先などを特定するためのシステムである。

物資識別システムの代表例に，ピッキング作業や検品時に用いられるバーコードやRFIDがある。たとえば，工場や倉庫や店舗では，商品の外装に印刷されているバーコードを読み取り，商品の品目や数量をデジタルデータとして読み込み，在庫管理や作業管理をしている。このように，物資識別システムを用いることで，施設内や輸配送中の商品や物資の数量の管理を行っている。

2）　バーコードによる識別システム

バーコードによる識別システムとは，商品や荷物に貼付されたバーコードを，読み取り装置で読み取るものである。

バーコードでは，線の組み合わせで数値や文字を表すことができる。読み取り装置を使えば，国やメーカーや商品名などが分かるが，読み取り装置を使用せずにバーコードを見るだけでは内容を理解できない。バーコードは，店舗で販売されている商品だけでなく宅配便の送り状（伝票）や，各種会員証やポイントカードなどにも使われている。

バーコードの表記方法には，1次元と2次元の2種類がある。1次元のものは，横方向の線のみで構成されている。2次元のものは，正方形の中に白と黒の模様で縦横2次元の状態でデータを表示している。1次元バーコードと比較して，2次元バーコードは，同じスペースであれば多くのデータを書き込むことができ，同一のデータ量であれば小さなスペースで済む（図8－3－1）。

図8-3-1　バーコードの例[5)]

1次元バーコード

2次元バーコード
（QRコード）

3） RFIDによる識別システム

RFID（Radio Frequency Identification：電波による個体識別）による識別システムとは，商品や荷物に埋め込まれた微少なICチップ（RFID）とRFIDに記録された数字と文字を読み取る装置からなる。RFIDは，POSやEDIの端末でも利用される。

RFIDは，図書館での資料の貸し出し返却の管理や，SuicaなどのICカードなどでも利用されている。

鉄道コンテナ輸送では，コンテナ，集配用の貨物自動車，フォークリフト，貨車などにRFIDを取り付けている。そして，操車場のゲートのアンテナやGPS（Global Positioning System：全地球測位システム）などを利用して，最終的に配達を完了し，コンテナを回収するまでのコンテナの位置管理に用いている。

RFIDは，電波を利用しているため，周波数によって，近距離でのみ反応したり，長距離でも読み取れるなどの特徴があるため，様々な用途・用法がある。各周波数帯に共通する特徴は，バーコードと比較すると，①情報量が多い，②書き込み・更新が可能，③読み取り距離が長い，④一度に複数の

図8-3-2　RFIDの例[6)]

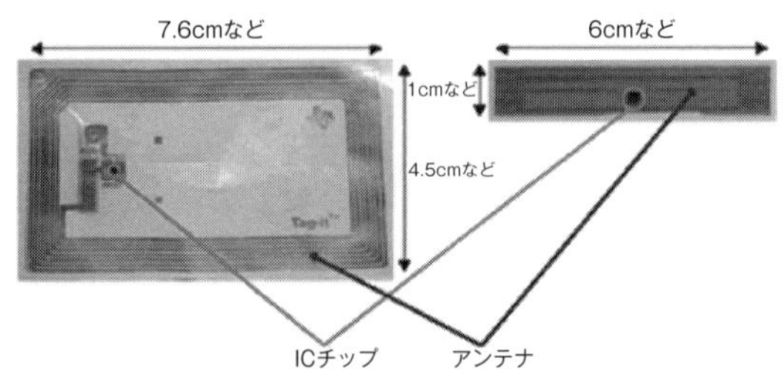

RFIDを読むことができる，⑤データを短時間で取得できる，⑥被覆されている場合でも透過してデータ取得できること，などがある（図8－3－2）。

8－3－2 貨物管理システム

1） 貨物管理システムの概要

貨物管理システムは，輸送中の商品や物資の数量と品質と位置を管理するシステムである。

このとき，倉庫や流通センターで積み込まれた商品や物資は，輸送中には数量は変化しない。このため代表的な貨物管理システムには，「温度管理システム」と「貨物追跡システム」がある。

2） 温度管理システム

温度管理システムとは，冷凍冷蔵品などの商品を輸送するとき，品質を損なわずに低温・定温を保つように，車両やコンテナ内部の温度や商品の温度を管理するシステムである。

貨物自動車などでは，荷室の温度を運転席でモニタリングしたり，また計測した温度を携帯電話回線を使って，倉庫や流通センターに報告できる。また，貨物自動車のなかに冷蔵庫を設けたり，冷蔵専用のコンテナを使用することもある。

3） 貨物追跡システム

貨物追跡システムとは，車両や船舶などで輸送中の商品や物資の位置を管理するシステムである。

このとき，貨物の位置は，輸送の発地と到着地までの間で，倉庫や流通センターを経由するたびに伝票のバーコードを読み取ることで把握する。

なお，この貨物追跡システムにより消費者は，宅配便の伝票番号を運送事業者に照会すると，その荷物が輸配送中なのか，どこの施設にとどまっているかを把握できる。

8-3-3　輸送管理システム

1）　輸送管理システムの概要

輸送管理システムとは，輸送中の車両と運転者の運転状況と貨物自動車の配送経路と配送時間を管理するシステムである。輸送管理システムを使って，車両の走行状況と運転者の運転状況が分かる。また，事前に計画した経路で走行しているか，納品時間帯に商品や物資が届けられるかが分かる。

なお，輸送管理システムには，「運行管理システム」と「配送管理システム」がある。

2）　運行管理システム

運行管理システムとは，輸送中の車両の運行状況と運転者の労務状況を管理するシステムである。運行管理システムでは，事前の計画と実際の運行との照合，輸送中の事故の有無，運転者による改善基準告示（9-3-4参照）の違反の有無を管理することができる。

この運行管理システムに使われる機器として，デジタルタコグラフやドライブレコーダーがある。

図8-3-3　配車配送計画支援システムの実施画面例[7)]

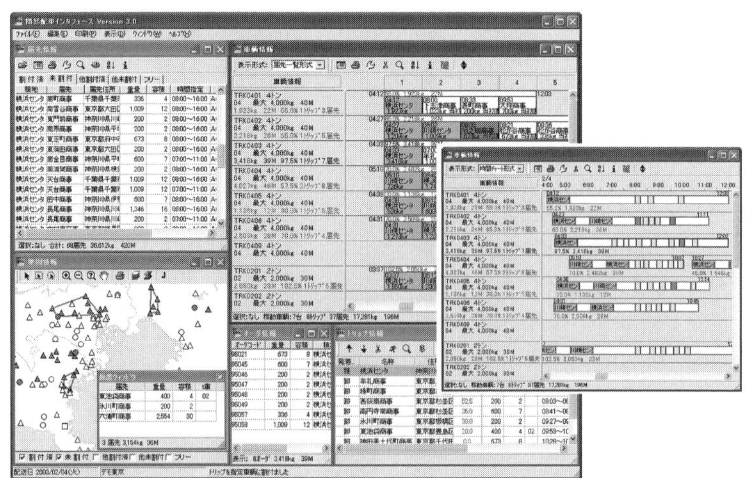

3） 配送管理システム

配送管理システムとは，配送経路と，配送時の流通センターや届け先の出発時刻と到着時刻を管理するシステムである。

この配送管理システムで使われる機器として，ＧＰＳやＭＣＡ無線などがある。

配送管理システムを利用すると，配送方法を直送から共同配送に変更した場合の配送車両削減効果の検討や，制約条件を守りながら配送車両台数を減らす場合の配送ルートの検討が可能となる（図８－３－３）。

第８章の参考文献

1） 苦瀬博仁・梶田ひかる監修：「ロジスティクス・管理３級（第２版）」，p. 125，中央職業能力開発協会，2011

2） 段ボール屋 HP：http://www.danbo-ru.com/benri/keama-ku.html

3） ㈳交通工学研究会，「交通工学ハンドブック」，p. 15-３-11，2008

4） 苦瀬博仁・梶田ひかる監修：「ロジスティクス・管理２級（第２版）」，p. 279，中央職業能力開発協会，2007

5） 株式会社 KEYENCE HP：http://www.keyence.co.jp/

6） 株式会社エフエイオープン HP：http://www.faopen.jp/

7） 前掲書３），p. 15-３-９

第9章

ロジスティクスの施設・技術・制度

第9章のねらい

第9章の目的は，ロジスティクスを支えるインフラに着目して，その重要性と役割を理解することである。

そこで本章では，ロジスティクスを支える施設インフラとして，倉庫や流通センターなどのノード（交通結節点）施設と，道路などのリンク（交通路）施設の2つがあることを示す（9-1）。

次に，ロジスティクスを支える技術インフラとして，技術水準，物流技術，情報技術の3つを示す（9-2）。

ロジスティクスを支える制度インフラとして，行政機関が定める政策と法制度を示す（9-3）。

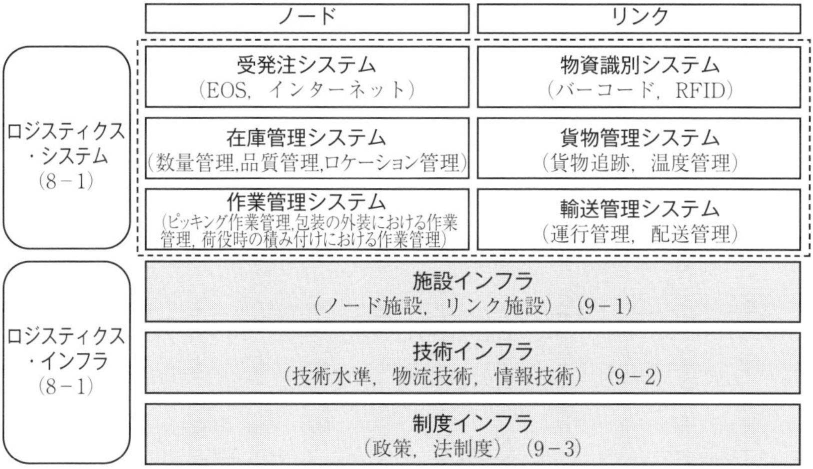

	ノード	リンク
ロジスティクス・システム（8－1）	受発注システム（EOS，インターネット）	物資識別システム（バーコード，RFID）
	在庫管理システム（数量管理,品質管理,ロケーション管理）	貨物管理システム（貨物追跡，温度管理）
	作業管理システム（ピッキング作業管理,包装の外装における作業管理，荷役時の積み付けにおける作業管理）	輸送管理システム（運行管理，配送管理）
ロジスティクス・インフラ（8－1）	施設インフラ（ノード施設，リンク施設）（9－1）	
	技術インフラ（技術水準，物流技術，情報技術）（9－2）	
	制度インフラ（政策，法制度）（9－3）	

9-1　ロジスティクスを支える施設インフラ

9-1-1　施設インフラの内容

第８章でも述べたように，ロジスティクスのための施設と技術と制度は，ロジスティクス・システムを支えるために必要不可欠な基盤（インフラ）である。

本書では，これらを，「施設インフラ」，「技術インフラ」，「制度インフラ」と呼ぶことにする。

このうち「施設インフラ」には，倉庫や港湾などのノード（交通結節点）施設と，道路などのリンク（交通路）施設の２つがある[1)]（表９-１-１）。

たとえば商品や物資を輸送するとき，港湾における倉庫や流通センターなどの施設（ノード）から，道路（リンク）上を貨物自動車（モード）が走行することを考えてみる。このとき，ノードのうち倉庫や流通センターは，民間企業（荷主企業と物流事業者）が自ら建設したり借りることができる。しかし，ノードのうちの港湾や，リンクとしての道路は，公共部門（国，自治体など）が整備することになる。さらには，倉庫や物流センターなどを建設するときは都市計画法や建築基準法により，道路を走行するときは道路交通法などにより公的な規制を受ける。

このように，ロジスティクスに関わる施設は，大きくノード施設とリンク施設に分類されるが，それぞれに公共部門が関与している。

表9-1-1　施設インフラの構成要素

項　目	内　　　容
①ノード	産業施設（工場，倉庫等）
	交通施設（港湾，空港，自動車ターミナル等）
	最終届け先（店舗，オフィス，住宅等）
②リンク	航路，航空路，鉄路，道路等
③モード	船舶，航空機，列車，自動車等　　（３-１参照）

9-1-2　ノード施設の内容

1）産業施設（工場，倉庫など）

産業施設には，メーカーなどの工場や倉庫がある。

工場は，産業分野によって立地が異なる。食品などは消費地に近い場所に立地し，水産加工工場などは水揚げする漁港近くに立地する。

工場で生産された商品や物資を保管する倉庫は，工場近くに立地する。また，海外からの輸入品を取り扱う倉庫は，空港や港湾周辺に立地する。

2）交通施設（港湾，空港，自動車ターミナルなど）

交通施設には，港湾，空港，自動車ターミナルがある。

鉄道・海運・航空など2地点間の輸送を行う地域間物流と，貨物自動車による面的な輸送を行う都市内物流を行うための積み替え機能を持つ施設がある。これらの代表的な施設が，港湾・埠頭・空港，鉄道貨物操車場，自動車ターミナル，流通業務団地，倉庫などである。これら施設の中には，物資の積み替えや保管だけではなく，流通加工機能や商取引機能を併せ持つ流通センターなどもある。

また，自動車ターミナルとは，物流事業者の貨物自動車が商品や物資を積み替えるための施設である。幹線輸送をする大型貨物自動車と配送を行う中型・小型貨物自動車の間で積み替えが行われる。

都市内配送拠点には，都市内の集荷配送に関わる配送センターや，より狭い地区の配送を受け持つデポなどがある。

3）最終届け先（店舗・オフィス・住宅など）

商品や物資の最終届け先には，店舗・オフィス・住宅などがある。

店舗を持つ施設には，スーパーやコンビニや百貨店やショッピングセンターや八百屋などがある。これらの店舗には消費者に販売するための商品が届けられる。

オフィスのある施設には，複数のオフィスが集まったオフィスビルや個別の建物などがある。オフィスには，文房具やコピー用紙などの事務用品や，書類などが届けられる。

住宅には，アパートやマンションのような集合住宅と，戸建ての住宅がある。住宅には，個人が店舗で購入した商品が運び込まれたり，インターネット通販で購入した商品が届けられる。

9-1-3　リンク施設の内容

リンク施設は，輸送機関に合わせて，貨物自動車輸送のための道路，鉄道輸送のための鉄路，海上輸送のための航路，航空機輸送のための航空路である。ここでは，都市内の配送を含めてネットワークとして整備しなければならない道路を取り上げる。

都市において円滑な輸送が行われるためには，広域物流・都市内物流・端末物流の交通ネットワークが，体系的かつ段階的に結ばれる必要がある。

輸送ネットワークとは，長距離の1地点と1地点を結ぶ輸送であり，陸上交通では幹線道路に相当する。このとき，自動車ターミナル・倉庫・流通業務団地などの施設は，幹線道路を利用しやすい場所で，かつ貨物自動車が住宅地や商業業務地区内を通過しないように計画する必要がある。

配送ネットワークとは，都市内で商品や物資を届けるものなので，道路も幹線道路とともに市街地内の区画街路や地区街路も対象となる。よって，市街地内では大型車やコンテナ車などの走行を禁止し，配送に限った小型の貨物自動車やバンの通行に限定する必要がある。

搬送ネットワークとは，配送先に到着し貨物自動車を駐車させて荷おろしした後に，最終届け先まで搬送の通路である。このため敷地内の通路や建物内のエレベーターや階段が含まれる。これらの搬送ネットワークは個々の建築物・敷地内のシステムであるが，環境悪化を防いだり効率性を確保するために，複数の建物での共同荷さばきや共同搬送を行うことがある。

9-2　ロジスティクスを支える技術インフラ

9-2-1　技術インフラの内容

「技術インフラ」には，技術水準，物流技術，情報技術の3つがある（表9-2-1）。

表9-2-1　技術インフラの内容

分　　類	項　　目	内　　容
技術水準	技術レベル	熟練度，技量等
	技術意識	教育水準，国民性，文化，宗教等
物流技術 （9-2-3参照）	ユニットロードシステム	パレチゼーション，コンテナリゼーション等
	コールドチェーンシステム	冷凍冷蔵車両，冷凍冷蔵倉庫等
	複合一貫輸送	Lift on/Lift off，Roll on/Roll off 等
情報技術 （9-2-4参照）	情報通信技術	電話，ファックス，Internet，POS，EDI 等
	情報ネットワーク	インターネット，企業間ネットワーク

9-2-2　技術水準の内容

1）労働者の技術レベル

技術水準には，労働者の「技術レベル」と，労働者の「技術意識」がある。ロジスティクスは，輸送や荷役などで人手による作業が多いため，労働者の技術レベルがロジスティクスの品質に影響を与えることは多い。それゆえ，労働者の技術水準は，インフラの1つになる。

労働者の技術レベルとは，技術の熟練度や高い品質を保つための十分な技量である。高度な技術に優れた労働者が多いほど，物流作業で高い品質を保つことができる。

たとえば，安全運転の技術は，商品や物資を確実に届けるために必要な技術である。ガソリンなどの危険物を輸送するときには，危険物取扱者の資格と技術を身につけた運転者が必要である。倉庫や流通センターでも，フォークリフトの特性に応じた貨物の積み方などを熟知した運転資格を持つ者がいることで，転倒や事故が防止でき，安全で適切な荷役が可能となる。また正確なピッキングや誤配率の減少は，労働者の熟練度や技量に大きく依存している。

2）労働者の技術意識

ロジスティクスの品質を高めるためには，労働者の技術レベルだけではなく，労働者自身が業務を改善しようとする技術意識が重要である。技術意識が高い作業者が多いほど，また，作業者の技術レベルが高いほど正確で精密な作業と品質の高い製品を生み出すことができる。しかし，実際には，与えられた範囲しか作業しない労働者や，業務改善に積極的な労働者など，様々である。

このように，労働者の技術意識は，ロジスティクス教育だけでなく，教育水準や国民性，さらには文化や宗教にも大きく依存することが多い。

9-2-3　物流技術の内容

1）　ユニットロードシステム

物流技術とは，物流を効率的かつ高品質で行うために，物流作業を機械化・省力化・自動化するための技術のことである。代表的な例として，ユニットロードシステムとコールドチェーンシステムと複合一貫輸送がある[2)]。

ユニットロードシステムとは，荷役の省力化と輸送や保管中の荷傷みを防ぐために商品や物資を扱いやすいように，１つの輸送用具にまとめることである。輸送用具には，複数の荷物を載せるパレットや，コンテナなどがある。このとき，パレットにまとめることをパレチゼーション，コンテナにまとめることをコンテナリゼーションということもある。

さらには，コンビニで牛乳などを入れる容器や，おにぎりやサンドイッチをまとめて運ぶ通い函（かよいばこ，クレートとも呼ぶ）も，ユニットロードシステムの輸送用具の１つである。

2）コールドチェーンシステム

コールドチェーンシステムとは，低温に保つ必要のある商品を，生産から消費の間で，低温に保つことで品質を保持するものである。

コールドチェーンシステムでは，倉庫や流通センターなどの施設内で商品を低温に保つだけでなく，輸送や配送においても，冷蔵車両や冷凍車両を用いることで，商品を低温に保つことができる。

3）　複合一貫輸送

複合一貫輸送とは，船舶と自動車など異なる輸送機関の間で，コンテナやパレットのままで貨物を積み替えることにより，荷役の効率化を図り，貨物の破損を防いで品質を保持するものである[2)]。

海上コンテナを鉄道や貨物自動車から船舶に積み込むときのように，クレーンを使って荷役する方法を，上下に動かすことから，リフトオン・リフトオフ（Lift on/Lift off）方式と呼ぶ。海上コンテナを積載したトレーラーが，船舶のランプを利用して船内に入る方法を，車輪を転がしていくことから，ロールオン・ロールオフ（Roll on/Roll off）方式と呼ぶ。

複合一貫輸送は，単にコンテナに貨物を収納するだけでなく，様々な技術が必要である。たとえば，コンテナ内により多くの貨物をバランス良く積み込む技術や，振動などによって荷崩れしないように貨物を保護する包装技術が必要である。船舶に積み込むときには，航海の妨げにならないようにコンテナの重量のバランスを取ったり，先に到着する港で降ろすコンテナを取り出しやすい位置に置かなければならない。

このように，コンテナによる複合一貫輸送では，コンテナ内に貨物を詰める作業や船内にコンテナを積み込む作業においても，多くのノウハウが必要である。

9－2－4　情報技術の内容

1）　情報通信技術

情報技術とは，情報通信技術と情報ネットワークである。

情報通信技術とは，情報通信端末であるパソコンや電話，FAX などで情報を受け渡すものである[2)]。

スーパーやコンビニなどの店舗では，これらの情報通信技術を使った POS や EOS が普及し，瞬時に販売管理や在庫管理を行い，発注ミスや検品ミスを無くしている。これらを支えているのが情報通信技術であり，その前提として電力の安定供給が不可欠である。

2）　情報ネットワーク

情報ネットワークとは，異業種の企業間で情報交換を円滑に行うための通信網である。

インターネットで商品を発注するためには，インターネットの通信網が無ければならない。コンビニの店員が商品を発注するときには，情報ネットワークが必要である。物流においても，商品や物資を積んだ貨物自動車の到着時刻を知らせたり，在庫情報を工場と倉庫で共有するには，情報ネットワークが必要である。

このように，EDIやインターネットなどの情報ネットワークがインフラとして整備されているからこそ，効率的で円滑なロジスティクスが実現できる。

9-3　ロジスティクスを支える制度インフラ

9-3-1　制度インフラの内容

「制度インフラ」には，政策と法制度がある（表9-3-1）。

政策とは，行政機関が行う施政上の方針や方策である。一般的な政策には，経済政策や産業政策や通商政策そして環境政策などがあるが，ロジスティクスについては，閣議決定する「総合物流施策大綱」が我が国の代表的な物流政策である（表9-3-2）。

そして，ロジスティクスに関しても様々な法制度が制定されてきた。これらの制度を分類すると，①物流事業に関わる制度，②物流事業における労働安全に関わる制度，③物流施設整備に関わる制度，④貨物のセキュリティや関税に関する制度がある。

表9-3-1　制度インフラの内容

分類	項目	内　　容
政策	経済政策	金融政策，財政政策等
	産業政策	特定産業の育成・保護政策等
	通商政策	輸入代替政策，輸出促進政策等
	環境政策	環境負荷の削減対策等
法制度	法律	会社法，労働基準法，環境基本法等
	制度	税制，契約，金融，保険，通関等
	ルール	環境保全，約束履行等

表９－３－２　我が国における物流政策の変遷の概要

昭和24年（1949）：海上運送法
昭和26年（1951）：港湾運送事業法，道路運送法，道路運送車両法
昭和27年（1952）：航空法，内航海運業法
昭和31年（1963）：倉庫業法
昭和34年（1966）：自動車ターミナル法
昭和35年（1967）：道路交通法
昭和38年（1963）：大都市問題懇談会（流通業務市街地の形成）
昭和41年（1966）：流通業務市街地の整備に関する法律（流通業務団地）
昭和42年（1967）以降：運輸経済懇談会の物流対策の提案（ユニットロード，複合一貫輸送，複合ターミナル，流通業務団地）
昭和47年（1972）：労働安全衛生法
昭和48年（1973）：流通業務団地への疑問（局地的混雑，都市内拠点の必要性）
昭和49年（1974）：運輸政策審議会都市交通部会・貨物輸送小委員会報告（ターミナル・貨物自動車ベイ・共同配送センターなどの整備，道路容量と物流需要量の整合，大都市再開発，交通規制）
昭和60年（1985）：労働者派遣法
昭和61年（1986）：鉄道事業法
昭和62年（1987）：労働基準法改正
昭和62年（1987）：国鉄民営化
平成元年（1989）：貨物自動車運送事業法，貨物運送取扱事業法，自動車運転者の労働時間等のための改善の基準
平成２年（1990）：物流二法（貨物自動車運送事業法，貨物運送取扱事業法），宅配運賃届出受理基準
平成４年（1992）：都市計画中央審議会（広域・都市内拠点・端末物流施設）
平成５年（1993）：流市法の一部改正（入居基準の緩和）
平成５年（1993）：環境基本法
平成６年（1994）：駐車場法の一部改正（荷捌き駐車場の附置義務）
道路審議会（広域物流拠点の整備）
平成９年（1997）：総合物流施策大綱（1997-2001）（物流サービス，物流コスト，環境対策）
平成12年（2000）：大規模小売店舗立地法
平成13年（2001）：総合物流施策大綱（2001-2005）（物流の国際競争力，環境対策）
平成15年（2003）：物流三法（貨物自動車運送事業法，貨物運送取扱事業法，鉄道事業法）
平成16年（2004）：標準駐車場条例の改正
平成17年（2005）：総合物流施策大綱（2005-2009）（シームレスな物流，グリーン物流，ディマンドサイドの重視，安全・安心の物流）
平成17年（2005）：流通業務の総合化及び効率化の促進に関する法律（物流総合効率化法）（環境に配慮した物流体系の構築）
平成17年（2005）：エネルギー使用の合理化に関する法律の改正（省エネ計画策定とエネルギー使用量の定期報告が義務付け）
平成18年（2006）：道路交通法の一部を改正する法律（放置車両の取り締まり，道路交

通の円滑化や環境対策）
平成18年（2006）：航空自由化（オープンスカイ）
平成21年（2009）：総合物流施策大綱（2009-2013）（グローバル・サプライチェーン，環境負荷削減，安全・確実な物流）
平成21年（2009）：道路交通法の一部改正（中型自動車免許新設）
平成25年（2013）：総合物流施策大綱（2013-2017）（国際競争力，環境負荷，安全安心）
平成28年（2016）：物流総合効率化法の一部改正（輸送の効率化や共同化等のための枠組みの柔軟化）
平成29年（2017）：総合物流施策大綱（2017年度～2020年度）（繋がる，見える，支える，備える，革命的に変化する，育てる）
平成29年（2017）：道路交通法の一部改正（準中型自動車免許新設）
平成29年（2017）：標準貨物利用運送約款の改正（運賃及び料金が適正収受できる環境整備）
平成30年（2018）：道路法等の一部改正（重要物流道路制度の創設）
平成30年（2018）：エネルギーの使用の合理化等に関する法律の一部改正（荷主の定義の見直しと荷受側を準荷主と位置づけ）
令和元年（2019）：貨物自動車運送事業法の一部改正（規制の適正化，事業者が遵守できる事項の明確化，荷主対策の深度化，標準的な運賃の告示制度の導入）
令和２年（2020）：道路法等の一部改正（特殊車両の新たな通行制度の創設）
令和３年（2021）：総合物流施策大綱（2021年度～2025年度）（物流 DX や物流標準化の推進，労働力不足対策と物流構造改革，強靱性と持続可能性）

9－3－2　政府による物流政策

1）　総合物流施策大綱

日本の代表的なロジスティクス政策が，総合物流施策大綱である。平成９年（1997）に制定された後，４年ごとに策定されてきている。令和４年（2022）４月現在は，令和３年度（2021）から令和７年度（2025）を対象期間とする総合物流施策大綱（2021年度～2025年度）が実施されている。ここでは，大綱が掲げている目標の変遷を概観する（表９－３－３）[3)]。

平成９年の総合物流施策大綱では，物流サービスや物流コストそして環境対策の３つを目標に掲げていた。この背景には，国際分業が進んでいるなか，物流を国や地域における産業競争力の重要な要素の１つとして認識したことがある。また，物流に対する国民ニーズが高度かつ多様になってきたことも目標設定の背景にあった。

平成13年（2001）の総合物流施策大綱（2001～2005）では，最初の大綱の

表9-3-3　日本の総合物流施策大綱の目標の変遷

	内容
総合物流施策大綱（1997-2001）	①アジア太平洋地域で最も利便性が高く魅力的な物流サービスを提供 ②物流サービスが産業立地競争力の阻害要因とならない水準のコストで提供 ③物流に係るエネルギー問題，環境問題及び交通の安全等に対応
総合物流施策大綱（2001-2005）	①コストを含めて国際的に競争力のある水準の市場構築 ②環境負荷を低減させる物流体系の構築と循環型社会への貢献
総合物流施策大綱（2005-2009）	①スピーディでシームレスかつ低廉な国際・国内の一体となった物流の実現 ②「グリーン物流」など効率的で環境にやさしい物流の実現 ③ディマンドサイドを重視した効率的物流システムの実現 ④国民生活の安全・安心を支える物流システムの実現
総合物流施策大綱（2009-2013）	①グローバル・サプライチェーンを支える効率的物流の実現 ②環境負荷の少ない物流の実現等 ③安全・確実な物流の確保等
総合物流施策大綱（2013-2017）	①産業活動と国民生活を支える効率的な物流の実現 ②さらなる環境負荷の低減に向けた取組 ③安全・安心の確保に向けた取組
総合物流施策大綱（2017年度～2020年度）	①繋がる：サプライチェーン全体の効率化・価値創造に資するとともにそれ自体が高い付加価値を生み出す物流への変革 ②見える：物流の透明化・効率化とそれを通じた働き方改革の実現 ③支える：ストック効果発現等のインフラの機能強化による効率的な物流の実現 ④備える：災害等のリスク・地球環境問題に対応するサステイナブルな物流の構築 ⑤革命的に変化する：新技術（IoT，BD，AI 等）の活用による“物流革命” ⑥育てる：人材の確保・育成，物流への理解を深めるための国民への啓発活動等
総合物流施策大綱（2021年度～2025年度）	①物流 DX や物流標準化の推進によるサプライチェーン最適化 ②労働力不足対策と物流構造改革の推進 ③強靱性と持続可能性を確保した物流ネットワークの構築

目標が一定の効果をあげたものの，国際物流システムの効率化，物流拠点の強化，コスト削減，循環型社会の構築などが依然として問題であるとして，修正の必要性が示されている。このような必要性から，平成13年（2001）の

新総合物流施策大綱には，物流の国際競争力と環境対策の２つの目標が設定された。

平成17年（2005）の総合物流施策大綱（2005-2009）では，関係省庁や地方公共団体との連携をさらに強化すること，官民連携や民間の業種を超えた連携，そして国民の理解と協力を得ていくことの重要性が示されている。そこで，総合物流施策大綱（2005-2009）には，シームレスな物流，グリーン物流，ディマンドサイドの重視，安全・安心の物流という４つの目標が設定された。

平成21年（2009）の総合物流施策大綱（2009-2013）では，グローバル・サプライチェーンを支える効率的物流の実現，環境負荷の少ない物流の実現，安全・確実な物流の確保の３つの目標が設定された。

平成25年（2013）の総合物流施策大綱（2013-2017）では，物流の国際競争力の強化とさらなる環境負荷低減を目指すとともに，平成23年（2011）に発生した東日本大震災の経験も踏まえて，安全・安心に配慮したロジスティクスを重要視している。

平成29年（2017）の総合物流施策大綱（2017年度～2020年度）では，物流の生産性向上に向けた６つの視点（繋がる，見える，支える，備える，革命的に変化する，育てる）からの取組が示されている。

そして，令和３年（2021）の総合物流施策大綱（2021年度～2025年度）では，物流DXや物流標準化の推進によるサプライチェーン最適化，労働力不足対策と物流構造改革の推進，強靱性と持続可能性を確保した物流ネットワークの構築の３つが，目標として掲げられている。

2） 総合物流施策推進プログラム

平成31年（2019）には，総合物流施策大綱（2017年度～2020年度）の６つの視点について今後推進すべき具体的な物流施策をとりまとめた施策集（総合物流施策推進プログラム）の見直しがおこなわれ，「ホワイト物流」国民運動の展開，ホワイト経営の「見える化」などの７施策が追加された。

9-3-3　物流事業に関わる法律

1）　物流事業全般に関わる法律

我が国の物流事業に関する法律には，貨物自動車運送事業法（平成元年（1989）），鉄道事業法（昭和61年（1986）），海上運送法（昭和24年（1949）），港湾運送事業法（昭和26年（1951）），航空法（昭和27年（1952）），貨物利用運送事業法（平成元年（1989）），そして倉庫業法（昭和31年（1956））などがある（第5章参照）。

2）　輸送事業に関わる法律

物流事業のうち輸送に関する主な法律は，道路運送車両法，道路交通法（道交法），消防法の3つである。

道路運送車両法（昭和26年（1951））とは，自動車などの道路運送車両の整備によって，公共の福祉を推進することを目的とした法律であり，所有権の公証（公的な機関に公に証明してもらうこと），保安基準などが決められている。このため，保有する車両が多い場合には，物流事業者は車両の整備工場を保有しなければならない。

道路交通法（昭和35年（1960））とは，交通事故の防止，交通の安全と円滑化を目的とした法律であり，違法駐車対策や運転する上でのルールが決められている。このため物流事業者は，配達などで短時間駐車する場合でも時間貸の路外駐車場を利用することがある。

消防法（昭和23年（1948））とは，火災予防や鎮圧などによって国民の生命や財産の保護を目的とした法律であり，消防組織と建築物など，危険物の取り扱いが決められている。このため，物流事業者は，危険物の輸送や保管にあたり，消防法にのっとった手続きや設備を整える必要がある。

9-3-4　物流事業における労働に関する法律・告示

1）　労働基準法

労働者の権利や安全を守るための法律と告示などには，労働基準法，労働者派遣法，労働安全衛生法，改善基準告示がある（図9-3-1）。

「労働基準法（労基法）」は，労働者の最低基準の労働条件（賃金・就業時

図９－３－１　労働者の権利と安全を守る法律と告示の関係

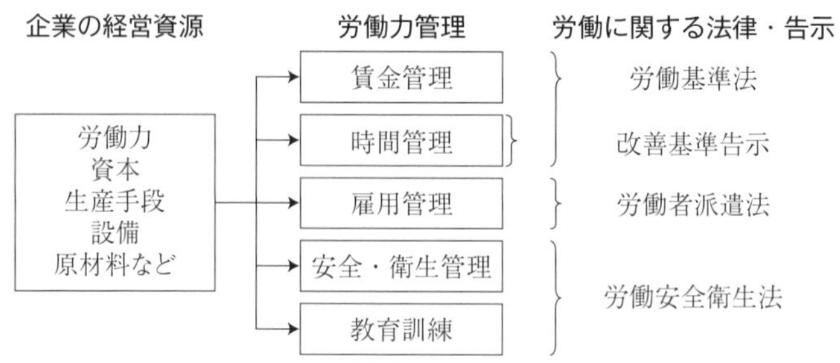

間・休息・解雇・休業補償等），労働者の権利と会社の義務を定めた法律である[5)]。この法律は，正社員だけではなく，パート・アルバイト・嘱託等を含めた全労働者，および労働者を一人でも雇用する全ての事業所に適用され，物流事業者や運送事業者にも適用される。

昭和62年（1987）の改正では，週40時間制・変形労働制・裁量労働制・フレックスタイム制などを導入し，平成16年（2004）の改正では，有期労働契約の期間延長・解雇における基本的ルール明示・裁量労働制の要件の見直しなどが行われた。

また，平成31年（2019）４月に施行された「改正労働基準法」により，自動車運転業務については，令和６年（2024）４月から時間外労働の上限規制（年960時間）が適用されることとなった[4)]。

２）　労働者派遣法

「労働者派遣事業の適正な運営の確保及び派遣労働者の就業条件の整備等に関する法律（労働者派遣法）」は，昭和60年（1985）に，人材派遣会社から派遣される派遣労働者の雇用の安定化を図る目的で，派遣元会社や派遣先企業が守るルールを定めた法律である[5)]。そして平成24年（2012）までに，改正が重ねられている。

通常の雇用は，事業主が労働者との間で雇用関係を結び，双方は指揮命令関係となる。しかし派遣労働の場合は，労働者が派遣元（人材派遣会社）と雇用関係を結び，派遣元と実際に働く事業所が労働者派遣契約を結び，労働者が事業所で業務に従事する。このように複雑な関係にあることから，労働基準法とは別に労働者派遣法がある。

物流事業では，年末や年度末に商品が多く販売されるように，季節変動が大きい。このため，ピーク時に必要な労働者数を常に雇用することは，費用増につながる。また，労働力不足により，社員だけでは労働力が不足することもある。このため，人材派遣会社などを通じて労働者を確保することがある。

3） 労働安全衛生法

「労働安全衛生法（労安衛法，安衛法）」は，昭和47年（1972）に，労働災害の防止と快適な作業環境の確保を図ることを目的に，労働基準法の労働安全衛生部分が独立する形で策定された。この法律は，全産業の労働者の安全・衛生と快適な職場環境の形成を対象としているため適用範囲が広い。そのため，業種や規模による措置すべき内容や，行政官庁への報告・届出・申請などが定められるとともに，事業者に対して広範な予防措置を要求している。

物流業界では，運送業，倉庫業をはじめ重量物・危険物の取り扱いが多い。さらに保管・荷役・輸送時のフォークリフトや貨物自動車の運転業務などは常に事故と隣り合わせであることから，労働安全衛生法を厳守することが求められている。

4） 改善基準告示

貨物自動車の長時間運転による事故防止のための告示に，平成元年（1989）２月９日の「自動車運転者の労働時間等の改善の基準」がある[6)]。この基準は，改善基準告示，もしくは日付けから通称29告示ともいわれている。

この告示では，１日の拘束時間や休息期間，運転時間などの基準が決められている。しかし，長距離輸送は，当然のことながら運転時間が長くなる。そのため，告示の基準に準拠して輸送しようとすると商品や物資を必要な時に必要な量だけ必要な場所に輸送することができなくなる。また，貨物の到着時間を間に合わせるためには，休憩を取らずに連続して運転しなければならない場合もあり，事故への危険が高まる。

これらを防止するために，この告示には，運転者の労働時間（拘束時間，休息期間，最大運転時間，連続運転時間）の特例基準が示されている。

5） 標準的な運賃の告示制度

「標準的な運賃の告示制度」は，令和元年（2019）の貨物自動車運送事業法の改正により設けられた制度であり，令和２年（2020）４月に告示された[7]。

「標準的な運賃の告示制度」の目的は，法令を遵守して持続的に事業を運営する際の参考となる運賃を示すことで，貨物自動車運送事業の取引の適正化や労働条件の改善を促すことである。

9－3－5 物流施設整備に関わる法律

1） 流通業務市街地の整備に関する法律

大都市の都心にトラックターミナルや倉庫などの物流施設が集中していると，都心での交通混雑の原因となる。そこで，市街地の外周部で，鉄道や道路などの利用が容易な場所に集約的に物流施設を整備することを目的に，昭和41年（1966）に，「流通市街地の整備に関する法律（流市法）」が制定された。

これにより，東京都市圏では，都心における交通混雑の原因となる交錯交通の削減や，渋滞による時間損失を軽減することができた。また郊外で大規模な施設が利用できることから，積み替え作業などができ，積載率の向上が図られた。一方で近年では施設の老朽化が目立つようになり，また貯蔵型倉庫が多いために，現代のニーズである流通型倉庫への転換が必要とされている。

2） 流通業務の総合化及び効率化の促進に関する法律

21世紀になって，物流コストの低減を通じた国際競争力の強化と，環境に配慮した物流体系の構築が必要となった。そこで，高速道路のインターチェンジ周辺で物流施設を集約的に立地させることを目的に，平成17年（2005）に「流通業務の総合化及び効率化の促進に関する法律（物流総合効率化法，物効法）」が施行された[6]（図９－３－２）。

図9－3－2　物流総合効率化法の概要[3)]

流通業務の総合化及び効率化の促進に関する法律 概要

■社会資本整備の進展と連携して，物流拠点施設の総合化と流通業務の効率化を促進することによって，**物流改革の推進**，**環境負荷の低減**，**地域の活性化**を図る。

非効率的な物流

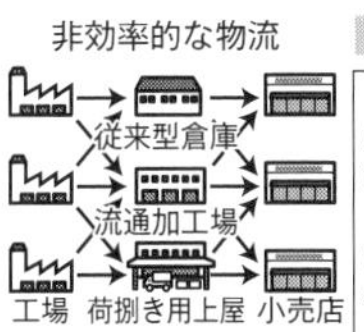

総合効率化計画の基本方針適合性を審査・認定

基本方針
○輸配送・保管・流通加工を総合的に実施
○物流拠点施設の集約化,高速道路・港湾等周辺への立地促進
○輸送距離短縮・共同輸配送促進等
○インターネットEDIの導入等による情報処理システムの活用

総合効率化計画
○事業の内容,実施時期,物流施設の概要等を記載
○CO_2排出量の削減効果を定量的に記載

効率的で環境負荷の小さい物流

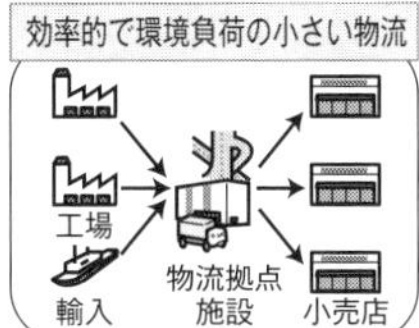

支援措置

物流事業の総合的実施の促進
○事業許可等の一括取得
倉庫業，貨物自動車運送事業等の許可等のみなし

社会資本と連携した物流拠点施設の整備
○営業倉庫に関する税制特例
法人税・固定資産税等の特例
○施設の立地規制に関する配慮
市街化調整区域の開発許可に係る配慮

中小企業者等に対する支援
○資金面等の支援
中小企業信用保険の限度額の拡充
○政策金融
低利融資，高度化融資

社会資本整備の進展（国際物流基幹ネットワークの構築，国際拠点港湾・空港の機能向上等）

効果1：物流改革の推進
○国際競争力強化
○コストの削減

効果2：環境負荷の低減
○CO_2排出量が2割程度削減

効果3：地域の活性化
○低未利用地の活用
○地域雇用の創出

この法律では，効率的で環境負荷の少ない物流業務を実現する施設を特定流通業務施設とし，この施設を中核に物流事業を行うことで，流通業務総合効率化事業として認定される。この事業に認定されることにより，運送・倉庫などの事業許可の一括取得，物流拠点・施設の税制上の特例，立地規制（市街化調整区域）に関する配慮，中小企業に対する資金面の支援措置を受けることができる。

3）　大規模小売店舗立地法

小売業者の店舗に関わる法律には，大規模小売店舗立地法と駐車場法の2つがある。

平成12年（2000）に制定された「大規模小売店舗立地法（大店立地法）」は，店舗面積1,000m^{2}以上の大規模小売店舗の出店・増設を行う際に，駐車場の整備や騒音・廃棄物の抑制等，周辺地域の環境への配慮を求めている。そのなかで店舗設置者に対して，駐車施設や駐輪場とともに，物流対策として荷さばき駐車場の整備を求めている。

4） 駐車場法

平成6年（1994）の「駐車場法」の一部改正により，大規模建築物に対する荷さばき駐車場が附置義務化された。さらに，平成16年（2004）に標準駐車場条例が改正され，大規模建築物には荷さばきのための駐車施設附置が明確に位置づけられた[8)]。

しかし，標準駐車場条例をもとに貨物自動車のための荷さばき駐車場の附置義務駐車条例を定めた自治体は少ない。

9-3-6 貨物のセキュリティと関税の法律

貨物を輸出入する際には，貨物のセキュリティや関税が重要となる。

貨物のセキュリティとして有名なのが，2001年の9-11の米国同時多発テロ以降米国での取り組みであるC-TPAT（テロ行為防止のための税関・産業界パートナーシップ）などである（10-3参照）。

また，TAPA（Transported Asset Protection Association）による，製品の製造，保管，輸送の安全性が確保されていることを担保する認証制度（TAPA認証）などがある。

セキュリティと同時に貨物の輸出入で重要なのが，関税である。関税とは，国内産業の保護のために，国外から輸入した貨物に課される税金である。これら関税の確定，納付，徴収や手続きなどを定めた法律に関税法がある。そして，関税法にもとづいて関税を徴収するのが税関である。税関は，国際的にロジスティクスを行う場合には必須の機関である。

第9章の参考文献

1） 苦瀬博仁：「付加価値創造のロジスティクス」，p. 56，税務経理協会，1999

2） 苦瀬博仁・坂直登監修：「ロジスティクス・オペレーション3級」，pp. 208-213，pp. 27-52，pp. 190-194，中央職業能力開発協会，2007

3） 国土交通省HP：http://www.mlit.go.jp/seisakutokatsu/freight/index.html

4） 厚生労働省HP：https://www.mhlw.go.jp/stf/seisakunitsuite/bunya/0000148322.html

5） 厚生労働省 HP：http://www.mhlw.go.jp/seisakunitsuite/bunya/koyou_roudou/roudoukijun/
http://www.mhlw.go.jp/seisakunitsuite/bunya/koyou_roudou/koyou/haken-shoukai/
6） 厚生労働省 HP：http://www.mhlw.go.jp/bunya/roudoukijun/roudoujouken05/
7） 国土交通省 HP：https://www.mlit.go.jp/report/press/jidosha04_hh_000213.html
8） 苦瀬博仁・高田邦道・高橋洋二編著：「都市の物流マネジメント」，勁草書房，pp. 63-126, 2006

第10章

ロジスティクスの国際化と物流政策

第10章のねらい

第10章の目的は，ロジスティクスの国際化の実態と，世界各国の物流政策について理解することである。

そこで本章では，ロジスティクスの国際化による輸送量の二極化と日本企業の海外進出におけるロジスティクスの課題，および日本の国際物流政策について明らかにする（10-1）。

次に，韓国の国家物流基本計画と中国の物流産業調整振興計画を通じて，両国における総合物流政策を明らかにするとともに，東アジア3国の物流政策を比較する（10-2）。

そして，ASEAN，アメリカ，EU，イギリスの物流政策を，貨物自動車交通に関する政策を中心に明らかにする（10-3）。

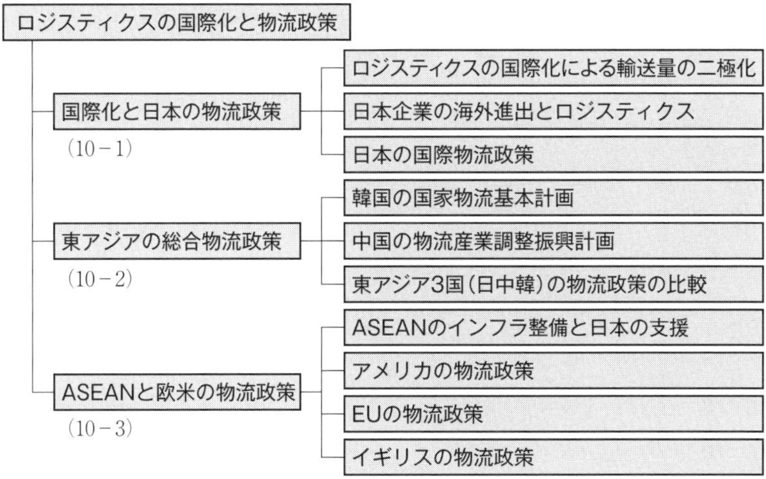

10-1　国際化と日本の物流政策

10-1-1　ロジスティクスの国際化による輸送量の二極化

情報通信技術の発展にともない，瞬時に受発注ができるようになったため，商取引の範囲が全世界各地に広がっている。このため，商品の販売だけでなく，原材料や部品の調達も，世界各国間で取引されている[1)]。

一般に，経済成長にともない貨物輸送量は増加する。国際通貨基金のデータによれば，先進諸国の実質GDP成長率が1980年代に3.2％，1990年代に2.8％，2000年代に1.8％と低下してきた。この一方で，アジア新興諸国の実質GDP成長率は1980年代に0.3％，1990年代に7.2％，2000年代に10.5％と大幅に上昇してきた[2), 3)]。その後，アジア新興諸国の実質GDP成長率は，2015年に4.3％，2019年に3.7％と低下している。

この経済成長の傾向が貨物輸送に反映されている。たとえば，平成2年（1990）と平成22年（2010）の海上コンテナ輸送量の比較からは，東アジアを発着する貨物の増加率が，他の地域を発着する貨物の増加率よりはるかに高いことが分かる[3)]（図10-1-1）。欧州・北米間の海上コンテナ輸送量は20年間で約2倍に増加したものの，世界全体に占めるシェアは13.0％から5.3％へと大幅に減少した。一方で，東アジア・欧州間の海上コンテナ輸送量は同期間に約6.6倍，東アジア・北米間の輸送量も約3.6倍増加した。また，東アジア域内の輸送量も約6.3倍増加し，そのシェアは20.7％になった。

そして，令和元年（2019）についても，東アジア発着の輸送量は他の地域に比して活発であり，東アジア・北米間，東アジア・欧州間の輸送量は伸びている。また，東アジア域内の輸送量はさらに伸びており，そのシェアは25.9％に達している。

また，平成11年（1999）から平成21年（2009）までの10年間の航空貨物輸送量は，北米域内や，欧州・北米間で減少する一方，アジア域内や，アジア・欧州間，アジア・北米間で増加した[3)]。そして，平成19年（2007）から平成29年（2017）までの10年間の航空貨物輸送量の年平均増加率の推移を見ると，概ねアジア発着は世界平均の2.6％を超える値となっており，特に中

図10-1-1　海上コンテナ輸送量[3)]

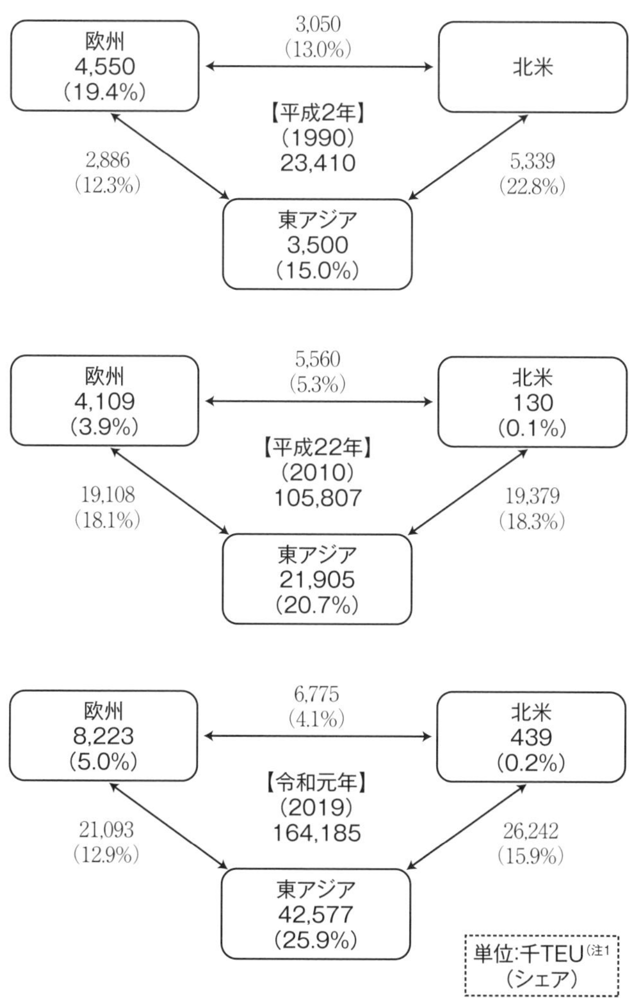

注１：数値は，千TEU（Twenty-foot equivalent unit)。TEUとは，20フィートコンテナに換算したコンテナ個数。この数値は，日本海運集会所「世界のコンテナ輸送と就航状況」による推計値である。

注２：%は，図にある域間・域内のコンテナ個数と，図以外の地域でのコンテナ個数の合計を分母としたときの，上図の域間および域内の比率である。

表10-1-1　航空貨物輸送量の地域別増加率の推移と予測[4)]
平成22年（2010）時点での実績値と予測値

	年平均増加率の実績値（1999年から2009年）	年平均増加率の予測値（2009年から2029年）
世界平均	1.9%	5.9%
アジア域内	3.4%	7.9%
アジア・北米間	1.4%	6.7%
アジア・欧州間	4.1%	6.6%
欧州・北米間	−1.5%	4.2%
北米域内	−2.5%	3.0%

平成30年（2018）時点での実績値と予測値

	年平均増加率の実績値（2007年から2017年	年平均増加率の予測値（2018年から2037年）
世界平均	2.6%	4.2%
東アジア域内	3.8%	5.8%
東アジア・北米間	1.2%	4.7%
東アジア・欧州間	4.2%	4.7%
欧州・北米間	0.0%	2.5%
北米域内	2.3%	2.3%
中国国内	5.0%	6.3%
中南米・欧州間	3.0%	4.0%
中南米・北米間	−0.3%	4.1%
アフリカ・欧州間	−1.0%	3.7%
南アジア・欧州間	2.4%	4.2%
中東・欧州間	3.3%	3.2%
欧州域内	3.1%	2.3%

国国内の増加率は5.0%の増加率である。平成29年（2017）時点の航空貨物輸送量は，東アジア・北米間が最も多く，次いで東アジア・欧州間，北米域内となっている。さらに，平成30年（2018）から20年間の将来予測においても，アジアおよび新興諸国発着の輸送量は，他の地域内・地域間の輸送量に比べて高い増加率が見込まれている（表10-１-１）。

10-1-2　日本企業の海外進出とロジスティクス

1）日本企業の海外進出と物流事業者の海外展開

従来の日本の産業構造は，原材料の輸入，国内での生産，製品の輸出だった。しかし，昭和60年代の円高を契機に，韓国や台湾，タイやマレーシアなどへ，工場や流通センターなどを移転するかたちで進出した。その後，平成に入った頃からは，中国に進出する企業が急増した。近年では，インドやベトナムに進出する企業も増えている[5)]。

物流事業者も，荷主企業の海外進出にともなって，アジア諸国に進出している。

2）インフラ未整備の事例とロジスティクスへの影響

日本の物流事業者は，我が国の高度なインフラに対応して，優れたロジスティクス・システムを構築している。しかし，進出先や輸出先のインフラの整備水準が低ければ，優れたロジスティクス・システムも十分に役立たないこともあり，円滑で効率的なロジスティクスの実現は難しい。

特に日本企業が海外進出する際，進出先の状況を十分に調査しなかったがために問題が生じ，海外進出に失敗する例もある（表10-1-2）。

施設インフラでは，インフラ整備が遅れている国での，物流コストの高さと品質管理の難しさが問題である。道路が未整備であれば輸送中の振動に備えて包装を厳重にする必要があるし，港湾に冷凍倉庫がなければ冷凍品は輸送できない。

技術インフラでは，技術水準が低い国での物流効率化や品質管理は難しい。時間に厳格な国もあればそうでない国もあるし，段ボール箱が汚れているだけで返品する国もあれば，多少破けていても問題とされない国もある。そのため，物流技術が未熟で品質管理が不十分な場合，不良品の発生などによって損失をもたらすことも考えられる。

制度インフラでは，国ごとに異なる法制度の複雑さや運用の多様性が課題である。企業が事業を行うとき，それぞれの国の法制度に従わなければならないが，国によっては規制が厳しかったり，制度の運用が不透明だったり，手続きが煩雑なことがある。そのため，当初想定していない余計な時間やコ

表10-1-2　海外進出先での失敗事例

分　　類	事例の概要
施設インフラ	道路の舗装状態が悪く，商品が破損する。
	列車の出発時間が守られず，納品時間に遅れる。
技術インフラ	コンテナ貨物を荷役するとき，クレーン操縦技術のレベルが低く，日本の数倍の時間がかかる。
	商品を荷役するとき，商品を踏み台にして荷役する。
	コールドチェーンシステムが未熟で，流通段階において高い割合で商品が破棄される。
	作業員が作業ミスを隠したため，事後処理が余計に大変になる。
	受発注に電話と伝票しか使えず，要員と時間が多く必要となる。
制度インフラ	税制優遇策が突然変更され，想定していた優遇策が受けられない。
	進出先の通関担当者によって，手続きに時間が非常に長くかかる。

図10-1-2　ロジスティクス・システムの目的達成の水準

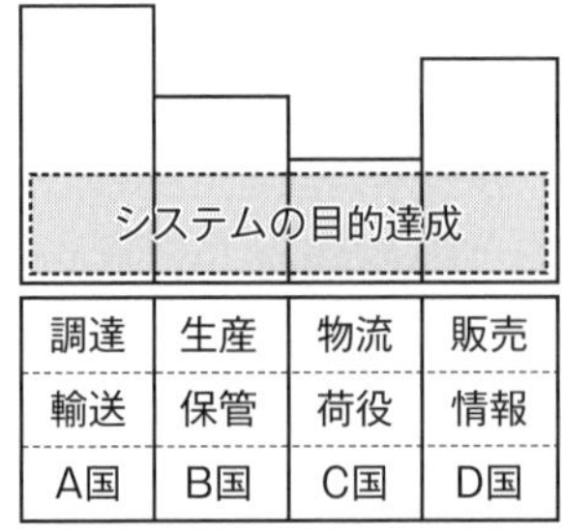

ストがかかることも多い。

3）企業の国際化におけるロジスティクスの課題

ロジスティクスは，その国や地域の特色が反映されるので，海外に進出する企業は，各国に適合する製品を生産するだけでなく，各国の３つのインフラの状況を考慮し，国ごとに適応したロジスティクス・システムを構築する必要がある。なぜならば，海外の工場でいくら安く生産しても，乱暴な輸送や荷役によって商品が破損したり品質が低下すれば，利益につながらないからである。

また，国際化のなかで複数の国にわたるロジスティクス・システムを構築する場合には，ある国での生産が効率的であっても，他の国での輸送や保管や荷役が非効率的であれば，ロジスティクスの目的が達成できない。調達・生産・物流・販売のいずれかだけが優れていても，また物流のなかで１つの機能だけが優れていても，全体として効率的なロジスティクスは実現できないからである（図10-１-２）。

10-１-３　日本の国際物流政策

１）　総合物流施策大綱における国際物流政策

我が国の総合物流施策大綱では，国際物流拠点の形成，国際競争力のある物流システムの構築，国際・国内ネットワークの形成，グローバル・サプライチェーンを支える効率的物流の実現などが継続して取り上げられてきた。そして第９章でも示したように，平成25年（2013）の総合物流施策大綱（2013-2017）では，環境と安全・安心とともに，物流の国際競争力の強化が挙げられている[6)]。

すなわち我が国は，アジア諸国とのロジスティクス・ネットワークを構築し，国際競争力の強化を目指す必要がある。

２）日本の国際海上輸送の現状と課題

我が国は島国であり，海外との取引，すなわち国際貿易の約99％が船舶によって運ばれる。雑貨や工業製品などを運ぶコンテナ輸送では，アジアの経済発展や日本企業の進出を背景として，輸入の約６割がアジアからであり，輸出の７割以上がアジアに向かう（表10-１-３）。

一方で，石炭や石油のように，重くてかさばる貨物を運ぶバルク輸送で

表10-１-３　我が国の国際海上輸送における地域別のシェア[3)]

令和元年（2019），単位：％

		アジア	北米	欧州	オセアニア	中東	中南米	アフリカ
コンテナ輸送	輸入	63	15	12	3	2	4	1
	輸出	71	10	8	1	4	3	3
バルク輸送	輸入	12	13	6	35	24	8	2
	輸出	68	8	3	10	4	5	2

は，輸入の約６割がオセアニアと中東からである。また輸出の約７割がアジア向けの精製した石油の輸送であるが，量自体は少ない。

日本の国際海上輸送に関わる主な課題は，次の３点である。

第１に，45フィートコンテナの国内輸送の問題である。近年，輸送の効率化を目的として船舶の大型化とともにコンテナの大型化が進んでいる。コンテナの国際標準は20フィートと40フィートと45フィートであるが，最近では45フィートコンテナも増えている。しかし我が国では45フィートコンテナを載せた貨物自動車が走行できる道路はほとんどないのが現状である。

第２に，海上輸送のリスクの問題である。特に，海賊問題は貨物だけでなく人命にも関わる問題であり，対策が急務となっている。

第３に，我が国の少子高齢化にともなう海上輸送の労働力不足の問題がある。海上輸送を安全かつ確実に行うために，若い船員の育成が求められている。

3）選択と集中を進める港湾政策

我が国の港湾政策では，我が国の港湾の競争力の低下を背景として，平成13年（2001）の新総合物流施策大綱において，スーパー中枢港湾の整備が提起された。これは，我が国の港湾のうち，京浜港（東京港・横浜港），阪神港（大阪港・神戸港），伊勢湾（名古屋港・四日市港）をスーパー中枢港湾として選択し，官民の資源を集中させて国際競争力を高めることを目指したものである。平成22年（2010）には，さらなる港湾の選択と集中が必要であるとの認識から，京浜港と阪神港が国際コンテナ戦略港湾として選定され，「集貨」「創貨」「港湾の競争力強化」の３本柱を取組み内容とする国際コンテナ戦略港湾政策が進められている[7)]。

アジアの多くの国では，アジア地域における国際輸送の中継拠点であるハブ港湾になることを目指したインフラ整備が進められている。たとえば韓国では，釜山港をアジアのハブ港湾とすることを目指しており，欧州や北米からアジアへの貨物を釜山港に集め，釜山港から日本や東南アジアなどに輸送している。同様に，中国や香港，タイ，シンガポールでも少数の港湾に集中的に投資し，港湾施設の拡大や，情報化の推進などで競争力を高めている。

その結果，平成23年（2011）には，世界の貨物取扱量上位10港湾のうち，8位までをアジアの港湾が占める一方で，東京港をはじめとする我が国の各港湾は下位に低迷していた（図10-1-3）。

さらに，平成31年（2019）には，世界のコンテナ港湾の取扱量上位20港のうち，15港を東アジアの港湾が占めており（表10-1-4），我が国の各港湾の貨物取扱量（2018年速報値）は，東京港30位，横浜港58位，神戸港63位，名古屋港66位，大阪港75位となっている[9)]。

また，世界のコンテナターミナルでは，AI，IoT，自動化技術等の活用が進んでおり，平成31年（2019）時点で上位20港のうち13港で導入されている。なお，我が国では名古屋港が自動化技術を導入している。

4）自由化と物流機能拡大を進める航空物流政策

港湾とともに国際物流の拠点である空港と航空輸送については，平成25年（2013）の総合物流施策大綱（2013-2017）で，「首都圏空港等拠点空港の機能強化」や「オープンスカイの戦略的な推進」などが取り上げられた。そし

図10-1-3　アジア主要港湾のコンテナ取扱量と世界港湾のランキング[8)]

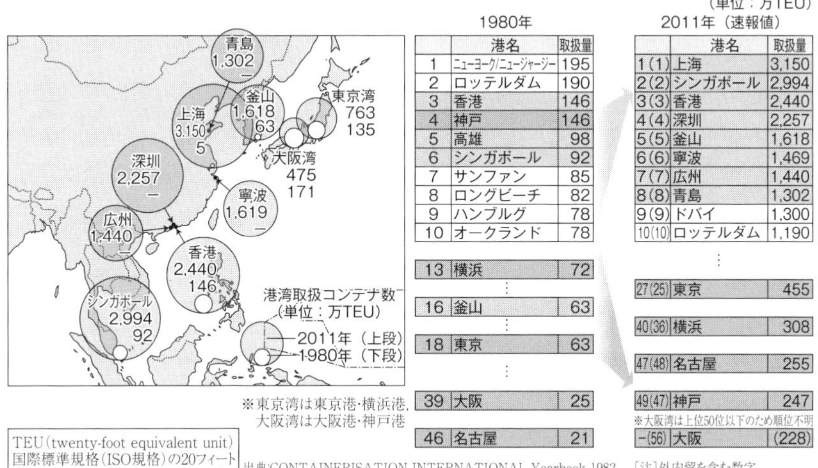

【世界の港湾別コンテナ取扱個数ランキング】
（単位：万TEU）

1980年

	港名	取扱量
1	ニューヨーク/ニュージャージー	195
2	ロッテルダム	190
3	香港	146
4	神戸	146
5	高雄	98
6	シンガポール	92
7	サンファン	85
8	ロングビーチ	82
9	ハンブルグ	78
10	オークランド	78
13	横浜	72
16	釜山	63
18	東京	63
39	大阪	25
46	名古屋	21

2011年（速報値）

	港名	取扱量
1(1)	上海	3,150
2(2)	シンガポール	2,994
3(3)	香港	2,440
4(4)	深圳	2,257
5(5)	釜山	1,618
6(6)	寧波	1,469
7(7)	広州	1,440
8(8)	青島	1,302
9(9)	ドバイ	1,300
10(10)	ロッテルダム	1,190
27(25)	東京	455
40(36)	横浜	308
47(48)	名古屋	255
49(47)	神戸	247
–(56)	大阪	(228)

※大阪湾は上位50位以下のため順位不明

出典:CONTAINERISATION INTERNATIONAL Yearbook 1982
CONTAINERISATION INTERNATIONAL September 2011, March 2012をもとに国土交通省港湾局作成

［注］外内貿を含む数字
（　）内は2010年の順位
大阪湾については2010年の取扱量

表10-1-4　世界のコンテナ港湾（上位20港）とコンテナ取扱量[10)]

順位	1980年		1990年		2000年	
	港湾名	取扱量	港湾名	取扱量	港湾名	取扱量
1	ニューヨーク/ニュージャージー	1,947	シンガポール	5,220	香港	18,100
2	ロッテルダム	1,901	香港	5,100	シンガポール	17,040
3	香港	1,465	ロッテルダム	3,670	釜山	7,540
4	神戸	1,456	高雄	3,490	高雄	7,426
5	高雄	979	神戸	2,600	ロッテルダム	6,280
6	シンガポール	917	釜山	2,350	上海	5,613
7	サンファン	852	ロサンゼルス	2,120	ロサンゼルス	4,879
8	ロングビーチ	825	ハンブルク	1,970	ロングビーチ	4,601
9	ハンブルグ	783	ニューヨーク/ニュージャージー	1,900	ハンブルグ	4,248
10	オークランド	782	基隆	1,810	アントワープ	4,082
11	シアトル	782	横浜	1,650	深圳	3,994
12	アントワープ	724	ロングビーチ	1,600	ポートケラン	3,207
13	横浜	722	東京	1,560	ドバイ	3,059
14	ブレーメン	703	アントワープ	1,550	ニューヨーク/ニュージャージー	3,050
15	基隆	660	フェリクストウ	1,420	東京	2,899
16	釜山	634	サンファン	1,380	フィリクストーエ	2,853
17	ロサンゼルス	633	シアトル	1,170	ブレーメン/ブレーメンハーフェン	2,712
18	東京	632	ブレーメン	1,160	ジオイアタウロ	2,653
19	ジュッダ	563	オークランド	1,120	タンジュンプリオク	2,476
20	バルチモア	523	マニラ	1,039	横浜	2,317

順位	2010年		2019年			自動化導入状況
	港湾名	取扱量	港湾名	取扱量	前年比	
1	上海	29,069	上海	43,303	3.1	○
2	シンガポール	28,431	シンガポール	37,196	1.6	○
3	香港	23,699	寧波舟山	27,535	4.5	×
4	深圳	22,510	深圳	25,772	0.1	×
5	釜山	14,195	広州	23,236	7.5	×
6	寧波	13,144	釜山	21,992	1.5	○
7	広州	12,550	青島	21,010	8.8	○
8	青島	12,012	香港	18,303	▲ 6.6	○
9	ドバイ	11,600	天津	17,301	8.1	○
10	ロッテルダム	11,146	ロサンゼルス/ロングビーチ	16,970	▲ 3.3	○
11	天津	10,080	ロッテルダム	14,811	2.1	○
12	高雄	9,181	ドバイ	14,111	▲ 5.6	○
13	ポートケラン	8,870	ポートケラン	13,581	10.3	×
14	アントワープ	8,468	アントワープ	11,860	6.8	○
15	ハンブルク	7,900	厦門	11,122	3.9	○
16	タンジュンペラパス	6,530	高雄	10,429	▲ 0.2	○
17	ロングビーチ	6,263	ハンブルグ	9,274	5.7	○
18	厦門	5,820	タンジュンペラパス	9,077	1.3	×
19	ニューヨーク/ニュージャージー	5,292	大連	8,760	▲ 10.3	×
20	大連	5,242	レムチャバン	7,981	▲ 1.2	○

単位；取扱量：千 TEU，前年比：%

注1：平成31年（2019）は速報値である。

注2：自動化導入状況は，RTG や RMG 等の遠隔操作化・自動化，ヤード内シャーシーの自動化を一部でも導入している場合である（大水深コンテナターミナル（水深16m 級）における2019年の導入状況）。

て，平成29年（2017）の総合物流施策大綱（2017年度～2020年度）では，「首都圏空港等拠点空港における機能強化」に加え，「国際航空貨物の国内輸送の円滑化等による航空物流の利便性向上」を図ることや，航空機の小型化の進展に対応し，ベリースペース用いた航空輸送力の確保について検討されている[6)]。

アジア諸国が拠点空港の整備に取り組み，我が国の空港が低迷している状況も港湾と同様である。平成22年（2010）に，成田空港の貨物取扱量は９位であり，アジアでは香港，上海，ソウルに続く４位であった。そして，平成31年（2019）には，成田空港の貨物取扱量は10位であり，アジアでは香港，上海，ソウル，台北に続く５位となっている。この状況からも，我が国の空港の競争力強化のために，首都圏空港の拡大と24時間対応が進められている（表10-１-５）。

アジア地域では，貿易額の拡大および国際分業の進展とともに，国境を越えたサプライチェーンが一体的に構築され深化している。我が国の国際航空貨物の主な品目は，輸出では自動車部品等の機械機器・半導体等の電子部品，輸入では機械機器・食料品・国際宅配便の占める割合が大きい。我が国は国際航空貨物取扱量を伸ばし健闘してきた。しかし，アジア諸国がさらに拠点空港の整備に取り組み，アジア地域が生産拠点のみならず消費市場として急成長を遂げているなかでは，今後の我が国の航空物流政策の指針を示すことは容易ではない。

また，航空自由化（オープンスカイ）は，航空会社の新規参入や増便，航空会社間の競争促進による運賃低下等のサービス水準の向上を図るため，国際航空輸送における企業数・路線・便数にかかる制約を２国間で自由に設定できるようにすることである。近年，世界各国で航空自由化の流れが加速しつつあり，この動向は航空物流ネットワークの拡大につながる。

5） これからの国際物流政策に関わる課題

これからの我が国の国際物流政策に関わる主な課題は，インフラの再整備，人材の育成，我が国における物流システムの国際展開の３点である[2)]。

第１に，インフラの再整備とは，成熟した我が国の社会を支えるロジステ

表10-1-5　世界の空港（上位20空港）と貨物取扱量[11]

平成22年（2010）時点での貨物取扱量

順位	都　　市	取扱量
1	香港	4,166
2	メンフィス	3,917
3	上海（浦東）	3,228
4	ソウル（仁川）	2,684
5	アンカレッジ	2,646
6	パリ（シャルルドゴール）	2,399
7	フランクフルト	2,275
8	ドバイ	2,270
9	東京（成田）	2,168
10	ルイスビル（スタンディフォード）	2,167
11	シンガポール（チャンギ）	1,841
12	マイアミ	1,836
13	台北（チャン　カイセキ）	1,767
14	ロサンゼルス	1,747
15	北京	1,551
16	ロンドン（ヒースロー）	1,551
17	アムステルダム（スキポール）	1,538
18	シカゴ（オヘア）	1,377
19	ニューヨーク（JFK）	1,344
20	バンコク	1,310

令和元年（2019）時点での貨物取扱量

順位	都　　市	取扱量
1	香港	4,809
2	メンフィス	4,322
3	上海（浦東）	3,634
4	ルイスビル（スタンディフォード）	2,790
5	ソウル（仁川）	2,764
6	アンカレッジ	2,745
7	ドバイ	2,514
8	ドーハ	2,215
9	台北	2,182
10	東京（成田）	2,104
11	パリ（シャルルドゴール）	2,102
12	マイアミ	2,092
13	ロサンゼルス	2,091
14	フランクフルト	2,091
15	シンガポール（チャンギ）	2,056
16	北京	1,957
17	広州	1,922
18	シカゴ（オヘア）	1,758
19	ロンドン（ヒースロー）	1,672
20	アムステルダム（スキポール）	1,592

単位：千 t

注）平成31年（2019）は速報値である。

ィクスの施設インフラを再整備することである。その対象は，港湾・空港にとどまらず，その周辺に立地する倉庫や流通センターなどの施設を含む。それらの倉庫や流通センターなどの施設は，戦後の経済成長の中で整備されたものが多く，老朽化が著しい。このため，国際物流の進展のためだけでなく，耐震性や省エネルギーの観点からも再開発・再整備が必要である。

第２に，少子高齢化社会が進むなかで，これからのロジスティクスを担う人材の育成が重要な課題である。人材育成とあわせ，輸出入における通関制度や検疫制度をより迅速化し，シームレスなロジスティクスの実現を図ることが重要である。

第３に，我が国の高度な物流システムをアジアで積極的に展開することで，グローバル化する日系企業をサポートし，また当該地域の産業発展や生活向上に資することが期待されている。

10-2　東アジアの総合物流政策

10-2-1　韓国の国家物流基本計画

1）2001年の国家物流基本計画

韓国では物流を国家戦略の１つとして位置付け，2001年に，個別の物流政策を連携させた総合的な政策として「国家物流基本計画」を公表した。以後，５年ごとに修正している[12)]（表10-2-1）。

2001年の基本計画では，「21世紀の超優良物流先進国家」をビジョンとして示し，2020年を目標年として，５つの目標を挙げている。

① 物流強国を目指した物流幹線ネットワークの構築
② 世界指向のグローバル物流ネットワークの構築
③ ハードとソフトの有機的調和のための物流技術の高度化
④ 物流産業の体質改善を通じた国際競争力の強化
⑤ 安全と環境を考慮した環境にやさしい物流環境の構築

2）2006年の国家物流基本計画

2001年の基本計画から５年後に，「国家物流基本計画」の修正計画

表10-2-1　韓国の国家物流基本計画におけるビジョン・目標・戦略

	計画2001-2020	計画2006-2020	計画2011-2020
ビジョン	21世紀の超優良物流先進国家	2020グローバル物流強国	21世紀のグリーン成長をリードするグローバル物流強国
目標と戦略（◇）	①物流幹線ネットワークの構築 ②グローバル物流ネットワークの構築 ③物流技術の高度化 ④物流産業の国際競争力の強化 ⑤環境にやさしい物流環境の造成 ※目標と戦略が区分されていない	①物流による国富の創出 ◇グローバル物流システムの構築 ◇高付加価値物流産業の育成 ②国家物流システムの効率性の強化 ◇ハードウェアの物流インフラの拡充 ◇ソフトウェアの物流システムの強化 ◇物流政策の統合推進システムの確立	①物流による国富の創出 ◇グローバル物流市場進出のための物流産業の競争力強化 ◇市場機能の回復を通じた物流産業の競争力強化 ②国家物流システムの効率性の強化 ◇陸海空の総合物流システム構築 ◇高品質の物流サービス提供のためのソフトインフラの確保 ③国家物流システムの持続可能性の確保 ◇グリーン物流と物流セキュリティの強化

2006-2020が公表された。東北アジアにおける物流ハブを目指した韓国は，ビジョンを「2020グローバル物流強国」に修正した。そして，最初の基本計画には，目標と戦略が混在していると指摘したうえで，修正計画では以下の２つの目標を設定した。

①　物流による国富の創出

②　国家物流システムの効率性の強化

そして，各目標を達成するための，「戦略」を立てた。つまり，目標①のために，グローバル物流システムの構築と，高付加価値の物流産業の育成の２つを戦略としている。目標②のために，ハードウェアの物流インフラの拡充，ソフトウェアの物流システムの強化，物流政策の統合推進システムの確立の３つを戦略としている。

３）　2011年の国家物流基本計画

韓国は，2008年に「物流政策基本法」を制定し，10年単位の国家物流基本計画を５年ごとに立てると規定した。それによって，2011年に，2020年を目標年とした修正計画が公表された。そこには「21世紀のグリーン成長をリードするグローバル物流強国」というビジョンがある。そこで，2006年の基本計画の目標に１つ追加し，３つの目標の戦略を示した。

① 物流による国富の創出

② 国家物流システムの効率性の強化

③ 国家物流システムの持続可能性の確保

まず，目標①のために，グローバル物流市場に進出するための物流産業の競争力強化と，市場機能の回復を通じた物流産業の競争力強化の２つを戦略としている。このときの市場機能の回復とは，物流産業の構造調整（リストラ）と市場規模の拡大を意味している。次に目標②のために，陸海空の総合物流システム構築と，高品質の物流サービス提供のためのソフトインフラの確保の２つを戦略としている。そして目標③のために，グリーン物流と物流セキュリティの強化の２つを戦略としている。

10-２-２ 中国の物流産業調整振興計画

１） 2009年の10大重点産業の指定

国際通貨基金のデータによると，1991年から2007年までの中国のGDPの成長率は，平均10.60％であり，世界の2.93％や日本の1.25％とは比べることができないほど，高い経済成長を見せていた。しかし，リーマンショックが起きた2008年（9.64％）には，前年（14.16％）より大幅に低下した。

そこで中国は，2009年１月から３月までに10大重点産業を指定し，各産業の「調整振興計画」を続々と公表した[13)]。指定された重点産業は，自動車・鉄鋼・繊維・設備製造・船舶工業・電子情報・軽工業・石油化学・非鉄金属・物流である。10大重点産業の調整振興計画は，経済成長の維持，内需の拡大，構造調整（リストラ）を核心としており，2011年まで実施することになった[14)15)]。

２） 物流産業調整振興計画の目標

10番目の重点産業を不動産産業とするか物流産業とするかで議論があったが，物流産業が選ばれた[16)]。物流産業を，他の産業を支える産業として位置付けたのである。そして，2009年３月に，「物流産業調整振興計画」が公表された。

この計画では，物流産業を「運送・倉庫・利用運送・情報などを融合した複合サービス産業」と定義しており，「物流産業は他の重点産業における生産と消費を促進する」と述べている。そのうえで，①国際競争力のある総合物流企業の養成，②物流市場規模の拡大，③物流効率の向上，の３つの目標を示した。

3） 物流産業調整振興計画における主要任務と重点工程

物流産業調整振興計画では，以下の10の「主要任務」を示している。

①先進的な物流管理手法を用いて物流需要を拡大する，②３PL とアウトソーシングなどにより物流を専業化する，③国際競争力のある総合物流企業を養成するために，M&A など物流産業の構造を調整する，④石油・石炭・農産物などの特定貨物の物流，災害のような緊急時の物流など，特定領域の物流を発展させる，⑤国際物流拠点などの整備により，国際物流と保税物流を発展させる，⑥９カ所の物流地域と10本の物流コリドー（回廊）を整備し，地域別に物流産業を発展させる，⑦各種物流インフラ施設の接続と連携を強化する，⑧物流情報化を推進する，⑨物流標準化を推進する，⑩新しい物流技術を開発する，の10項目である。

また，主要任務の他に，「重点工程（事業）」が示されているため，ここでは主要任務と重点工程の関係を明らかにする。

まず，製造業と物流業の連動発展事業が挙げられているが，これは，主要任務の②物流の専業化に対応する事業である。つまり，３PL 企業を育成することで，製造業は物流部門をアウトソーシングし，製造部門の競争力を高めると同時に，物流業を発展させることである。

次に，特定貨物（石炭・穀物）の物流・農業物流・都市物流・緊急物流の事業があり，主要任務の④特定領域の物流発展に対応する事業である。第３に，複合輸送と中継施設の整備事業，そして物流園区事業は，主要任務の⑦物流インフラの強化に関係がある。

そのほかに，公共情報のプラットホーム事業・物流標準と技術の普及事

表10-2-2　中国の物流産業調整振興計画における主要任務と重点工程

主要任務（10項目）	重点工程（9項目）注
①物流需要の拡大 ②物流の専業化 ③物流産業の構造調整	(1)製造業と物流業の連動発展
④特定領域の物流発展	(2)特定大量貨物の物流及び農業物流 (3)都市物流(4)緊急物流
⑤国際物流と保税物流の発展 ⑥物流産業の地域別発展	
⑦物流インフラの強化	(5)複合輸送と中継施設(6)物流園区
⑧物流情報化の推進	(7)公共情報のプラットホーム
⑨物流標準化の推進	(8)物流標準と技術の普及
⑩物流技術の開発	(9)物流新技術の研究開発

注：物流産業調整振興計画上の順番とは異なる

業・新技術の研究開発事業が，それぞれ，主要任務の物流の情報化・標準化・技術に対応する事業として挙げられている（表10-2-2）。

10-2-3　東アジア3国（日中韓）の物流政策の比較

1）日本の物流政策の特徴

第9章で述べた日本の総合物流施策大綱と，本節の韓国と中国の総合物流政策では，それぞれ政策目標と，その実現のための方法論が示されている。この方法論を，国際物流・国内物流・物流技術・物流産業・グリーン物流・国民生活の6つに分けることで，各国の物流政策の特徴を明らかにすることができる[17)]（表10-2-3）。

日本は，総合物流政策を策定した当初，国際物流と国内物流の拠点整備が主な対象となっていた。その後，平成13年（2001）からは，一貫して環境問題に配慮したグリーン物流と国民生活の安心安全に向けた戦略が重視されている。そして，平成23年（2011）の東日本大震災以後は，平成25年（2013）の総合物流施策大綱（2013-2017）から災害対応のための物流が強調されている。

一方，物流技術や産業に関する戦略はあまりみられない。日本の物流技術や産業が成熟しており，政策としては必要性が低いためだと考えられる。

表10-2-3　東アジア3国の総合物流政策における推進戦略の比較

	日本				韓国			中国
	'97	'01	'05	'09	'01	'06	'11	'09
国際物流	国際物流	国際競争力	国際・国内一体	GSMを支える	国際物流ネットワーク	グローバル物流	国際競争力	国際物流
国内物流	都市内,地域間				物流幹線ネットワーク	ハードウェア	陸海空統合物流	物流インフラ
物流技術					高度化	ソフトウェア	ソフトインフラ	情報化，標準化，技術開発
物流産業			ディマンドサイドを重視		物流産業の体質改善	高付加価値物流産業	物流産業競争力強化	物流需要の拡大，物流産業構造調整，物流産業専業化，特定領域物流，物流産業地域別発展
グリーン物流		社会問題対応	グリーン物流	環境負荷少ない	環境にやさしい		グリーン物流	
国民生活		国民生活	安全安心	安全確実				

2）韓国の物流政策の特徴

韓国は，総合物流政策の策定から一貫して，国際物流，国内物流，物流技術，物流産業のための戦略をとっている。

物流強国を目指す韓国として，国際・国内物流のためのインフラ整備，物流技術の高度化および物流産業の競争力強化を重視していることを意味している。一方で，国民生活に関する戦略は明示されていないが，平成23年（2011）には物流部門のCO_2排出量の削減が組み込まれている。

3）中国の物流政策の特徴

中国も，国際物流，国内物流，物流技術，物流産業のための戦略を提示している。いわゆる「世界の工場」とも呼ばれる中国において，沿岸部における港湾をはじめとする国際物流拠点の整備は必要不可欠である。今後は沿岸部だけでなく内陸部までインフラ整備を進める必要があるとともに，これまでは高くなかった物流技術の水準を引き上げることが重要な政策課題となっている。他方で，環境や国民生活のための政策は明確には提示されていないのが現状である。

4） 環境問題に対する日中韓の協調

東アジア3国の物流政策からも分かるように，同じ国でも時期によって，また同じ時期でも国によって，重点的に実施する物流政策は異なる。これは，国と時期による社会経済状況が異なることを反映していると考えられる。

一方で，今後もグローバル化は進み，環境問題も深刻化する。このようななかで東アジア3国は，社会経済状況の違いを超えて，協調しながら環境問題に対処していく必要がある。東アジア3国のなかでは，日本だけが京都議定書で定められた温室効果ガスの排出削減義務国であり，平成13年（2001）からグリーン物流の政策をとってきた。

しかしながら，今後は韓国も排出削減義務国になる可能性が高まっており，実際に平成23年（2011）から新たにグリーン物流の政策に取り組んでいる。中国もいずれ環境政策に積極的に取り組むことになると考えられる。

10-3 ASEANと欧米の物流政策

10-3-1 ASEANのインフラ整備と日本の支援

1） 東南アジアの経済統合の経緯

東南アジアにおける道路ネットワークの整備は，関税や投資などを自由化する「東南アジア域内の経済統合」に必要不可欠である。

ASEAN（Association of South-East Asian Nations：東南アジア諸国連合）は，昭和42年（1967）に東南アジアの5か国（インドネシア，フィリピン，マレーシア，シンガポール，タイ）により，経済統合を目的に発足した。その後，5か国（ブルネイ，ベトナム，ラオス，ミャンマー，カンボジア）が順次加盟し，現在は10か国で構成されている。

ASEANは，域内における貿易の自由化と投資促進などを目指し，域内で関税を撤廃するASEAN自由貿易地域を平成5年（1993）に発足させた。そして，平成15年（2003）には，ASEAN経済共同体を平成32年（2020）までに実現することを決定した。ASEAN経済共同体は，域内の関税撤廃だけでなく，サービス貿易の自由化や熟練労働力の移動の自由化，投資の自由化などを通じてASEAN全域が1つの市場となることを目指すものである。その後，ASEAN経済共同体は目標年次を前倒しして2015年に発足した[18]。

2） ASEANにおけるロジスティクスの重要性

ASEAN地域で経済統合を進めるにあたっては，重要な要素としてロジスティクスがある。なぜならば，ASEAN地域は海洋国家群と半島国家群があり，主要都市間の輸送で海運に依存するときにはリードタイムが長くなるし，陸上輸送に依存するときでも道路などのインフラの整備水準が低いためである[19]。

このため，経済統合を進める上で，ロジスティクスや物流の高度化が求められている。そして，これらを支えるために，日本や中国などがASEAN地域に支援している。

たとえば日本は，平成18年（2006）に官民が連携し「国際物流競争力パートナーシップ会議」を設立し，技術インフラとしての人材育成と，施設インフラとしての道路ネットワーク整備などの支援を行っている[20]（表10-3-1）。

3） 人材育成の支援

人材育成の例として，日本貿易振興機構と日本ロジスティクスシステム協会による人材育成プログラムがある。両者は，日本で行われているロジステ

表10-3-1　国際物流競争力パートナーシップ会議の行動計画の概要

分　　類	内　　容
アセアン広域物流網の整備	我が国企業のニーズに合わせたインフラ整備
物流及び輸出入通関手続き関連の人材育成	日本の物流資格プログラム等の輸出
物流資材の高度利活用	電子タグの導入等，日本の高度ノウハウの輸出
アセアン統合に向けた輸出入通関手続き電子化	各国のシングル・ウィンドウの構築や域内の相互接続の支援
日本輸出入制度の改革とシステム及びインフラの整備	国際物流のセキュリティ強化と円滑な物流の両立

ィクス人材育成プログラムのテキストを現地語に翻訳し，それをもとに日本の専門家が現地の専門家に技術移転をしている。

ASEAN 諸国でロジスティクス人材を育成することは，各国の生産流通のレベルの向上につながり，その結果，各国に進出している日本企業の製品を取り扱うロジスティクス技術の向上が図られる。

4） 道路ネットワーク整備の支援

ASEAN 地域の道路ネットワーク整備の例として，メコン河流域諸国（ミャンマー，ラオス，タイ，カンボジア，ベトナム）を結ぶ道路（回廊）がある（図10-３-１）。

この地域には，日本が支援した東西経済回廊（全長1,450km），中国が主に支援した南北経済回廊（全長1,200km）がある。また，第二東西経済回廊として新たに整備計画された南部経済回廊（全長1,150km）がある。

これらの回廊により，インドシナ半島やマレー半島を迂回していた海上輸

図10-３-１　インドシナ・マレー半島における回廊位置図[21)]

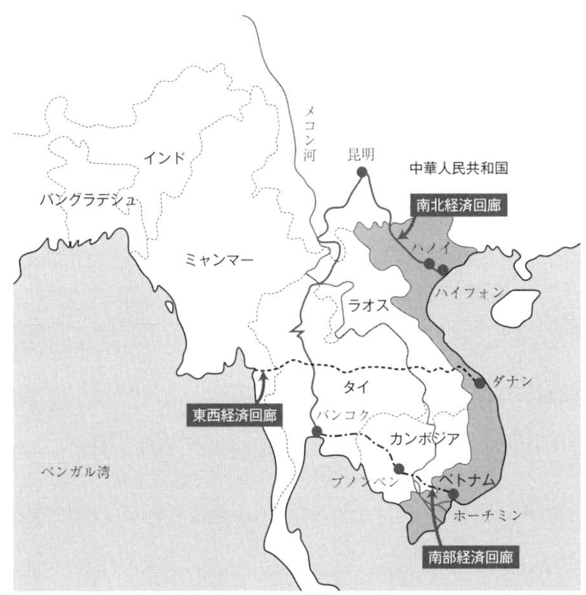

送が陸上輸送に転換でき，リードタイムの短縮が期待されている。

10-3-2　アメリカの物流政策

1）　安全な国際輸送の実現に向けた物流政策

アメリカにおける代表的な物流政策には，安全な国際輸送の実現に向けた安全対策および貨物自動車の流入規制などがある。

このうち安全対策は，平成13年（2001）9月11日のアメリカ同時多発テロを契機に，安全な国際間輸送の実現に向けて実施されている[22]。入港するコンテナ船の貨物の情報を船積みの時点で入手し，貨物に起因するテロのリスクを低減する。主な取り組みに，CSI，C-TPAT，24時間ルール，10+2ルールの4つがある（表10-3-2）。

2）　大都市の貨物車流入規制

都市における物流対策には，物流拠点の集約や貨物自動車台数を減らす共同配送とともに，貨物自動車の通行管理がある。この通行管理には，乗用車と貨物自動車の通行を，「空間で分ける」方法と「時間で分ける」方法がある[20]。

表10-3-2　アメリカにおける国際輸送の安全対策

対　策	概　要
CSI（コンテナ・セキュリティ・イニシアティブ，2002年3月開始）	米国税関の職員を海外の大型港湾に派遣し，当該国税関の協力の下にハイリスク・コンテナを識別・検査する制度。現在，日本を含む58の港で実施中であり，米国向けコンテナ量の86%をカバーしている。
C-TPAT（テロ行為防止のための税関・産業界パートナーシップ，2002年4月開始）	セキュリティ面の法令順守に優れた輸入者などに対し，検査率の減少や検査の優先実施などの優遇措置を施す制度。現在，約9,000社のメンバーが参加し，その取扱貨物は米国輸入貨物の半数に達している。
24時間ルール（2002年12月開始）	外国港での船積み24時間前までに船荷目録情報の提出を船会社などに義務付ける制度。対象を海上貨物のみから航空・陸上貨物に段階的に拡大して実施されている。
10+2ルール（2009年1月開始）	ハイリスク貨物の選別の精度を高めるため，24時間ルールの要求情報に加え，米国の輸入者に10項目，船会社に2項目の追加情報の提出を義務付ける制度。

写真10-3-1　ニューヨークにおける流入規制の看板

「空間で分ける」方法とは，住宅と物流施設の立地場所の分離や，乗用車と貨物自動車の通行路・駐車場所の分離である。具体例として，ニューヨークにおける貨物自動車の通行可能な道路（貨物自動車ルート）の指定などがある。ニューヨークでは，街中に流入規制を示す看板がある（写真10-3-1）。

「時間で分ける」方法とは，乗用車と貨物自動車の走行できる時間を分離することである。時間規制をともなった通行規制は，ニューヨークなどで導入されており，北京，ハノイ，パリ，ロンドンなどでも実施されている。

10-3-3　EUの物流政策

1）TEN-T

国際間の複合一貫輸送の促進と環境対策のために，EU（欧州連合）では，環境負荷の低減を目的として，EUにおける国際間の複合一貫輸送とモーダルシフトを促進している。その代表的な対策として，TEN-T（Trans-European Transport Network）とマルコポーロ計画がある。

TEN-Tとは，EUの施設インフラを総合的な交通ネットワークとして再構築する構想であり，平成5年（1993）に公表された。そして，平成6年（1994）に優先プロジェクトを決定し，その整備を進めてきた[20]。

平成16年（2004）には，平成32年（2020）までに9,030億ユーロを投資して，鉄道・道路・内陸水路・空港・港の交通ネットワークの整備を進める

表10-3-3　主なTEN-Tの優先プロジェクト[24)]

プロジェクト番号	輸送機関	区　　間
1	鉄道	ベルリン－ベローナ/ミラノ－ボローニャ－ナポリ－メッシーナ－パレルモ
2	高速鉄道	パリ－ブリュッセル－ケルン－アムステルダム－ロンドン
3	高速鉄道	欧州南西部
6	鉄道	リヨン－トリエステ－ディヴァーチャ/コペル－ディヴァーチャ－リュブリャナ－ブダペスト－ウクライナ国境
7	高速道路	イグメニツァ/パトラ－アテネ－ソフィア－ブダペスト
8	マルチモーダル	ポルトガル/スペイン－その他欧州
17	鉄道	パリ－ストラスブール－シュトゥットガルト－ウィーン－ブラチスラバ
19	高速鉄道	イベリア半島相互運行
22	鉄道	アテネ－ソフィア－ブダペスト－ウィーン－プラハ－ニュルンベルク/ドレスデン
24	鉄道	リヨン/ジェノヴァ－バーゼル－デュイスブルグ－ロッテルダム/アントワープ

「TEN-T・Europe2020計画」が策定された。現在は，TEN-T・Europe2020計画の下で，30の優先プロジェクトが進められている[23)]（表10-3-3）。

2）マルコポーロ計画

マルコポーロ計画（計画期間：2003～2006年）とは，道路混雑の緩和や貨物輸送にともなう環境負荷の低減のために，モーダルシフト等を実施する民間プロジェクトに資金援助するものである。

マルコポーロ計画終了後は，マルコポーロ計画Ⅱ（計画期間：2007～2013年）が実施された。マルコポーロ計画とマルコポーロ計画Ⅱをあわせて約200件の民間プロジェクトを支援した。

10-3-4　イギリスの物流政策

1）貨物自動車流入規制と走行ルート指定

イギリスにおける代表的な物流政策には，大都市中心部への貨物自動車の流入規制や走行ルートの指定および協議会制度の導入がある。

このうち，大都市中心部への貨物自動車の流入規制や走行ルートの指定は，円滑な都市内交通の確保を目的に実施されている。たとえば，ロンドンでは，平日の夜間と早朝および週末に，大型貨物自動車が市内を走行することを禁止するとともに，通行できるルートも指定している[25)]（表10-3-4）。

この他に，乗用車も含め，自動車のロンドン市内への流入を抑制するために，ロードプライシング（混雑課金）を実施している。平日の7時から18時までに課金区域を走行する場合，1日当たり10ポンド（2011年）を課していたが，2014年には11.5ポンドに引き上げられている[26)]。

2）駐停車禁止道路における荷さばき駐車

ロンドン市内の幹線道路の多くは，駐停車禁止である。路側に赤い線がペイントされていることから，通称レッドルートと呼ばれている。

この駐停車禁止道路であっても，部分的だが，荷さばきのための路上駐車が20分だけ許容されている。また車いすの人の車は3時間の路上駐車が許容されている。このように西欧では，貨物自動車用ないし荷さばき用の駐停車スペースが，路上や建物内の駐車場に設けられていることが多い（写真10-3-2）。

我が国でも，このような施設が少しずつ増えているものの，西欧諸国に比

表10-3-4　ロンドン貨物車走行規制の概要

分　　類	内　　　容
規制時間帯	平日21時～翌朝7時，土曜日13時～月曜7時
規制車両	総重量18トン以上の貨物車
対象地域	おおむねグレーターロンドン内
許可する走行ルート	目的地付近までは指定道路，指定道路を外れた後は沿道への影響が少ないルート
反則金	50～1,000ポンド

写真10-3-2　ロンドンのレッドルートにおける駐停車禁止の看板

20分以内の荷さばきは駐停車可能のレッドルート

べれば極めて少ない現状にある。

3） 協議会制度の導入

イギリスでは，物流を原因とする交通問題に対する理解を深め，物流の効率化と地域の環境問題などの解決のための協議会制度として，FQP（Freight Quality Partnership：貨物品質パートナーシップ）を導入している[27)]。

FQPとは，輸送事業者，荷主，警察，自治体，地域住民などの幅広い利害関係者で構成されており，イギリス国内で広く実施されている。たとえばロンドンでは，中央ロンドンFQPをはじめとしてロンドンの東部，西部，南部，北部の5地域でFQPがあり，視認性の向上に向けた標識の設置や，地域内を走行する大型貨物自動車に対して環境の影響が少ないルートを地図上の矢印で案内するプログラムを提供している（図10-3-2）。

第10章の参考文献

1） Thurow, L. C.:「Building Wealth: The New Rules for Individuals, Companies, and Nations in a Knowledge Based Economy」, Harper Business, 1999（山岡洋一訳「富のピラミッド」，TBSブリタニカ，1999）

2） IMF（国際通貨基金）HP：https://www.imf.org/external/datamapper/NGDP_

図10-3-2　南ロンドンFQPの特定施設への推奨ルート案内地図[28)]

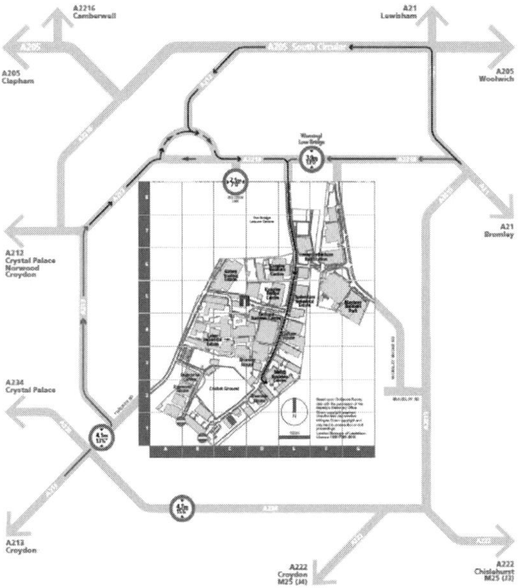

RPCH@WEO/OEMDC/ADVEC/WEOWORLD
3）国土交通省海事局：「海事レポート」平成23（2011）年版，公益社団法人日本海事広報協会：「SHIPPING NOW 2020-2021」，2020
4）Boeing：World Air Cargo Forecast 2010-2011, p. 8, 2010, World Air Cargo Forecast 2016-2017, p. 2, 2016
5）経済産業省：「通商白書」各年版
6）国土交通省：「総合物流施策大綱」，1997，2001，2005，2009，2013，2017
7）国土交通省：国際コンテナ戦略港湾政策推進委員会，「最終とりまとめフォローアップ」，2019
8）国土交通省：「海事レポート」，p.137, 2012
9）国土交通省：「物流を取り巻く動向と物流施策の現状について」，第1回2020年代の総合物流施策大綱に関する検討会，資料2, 2020
10）公益社団法人日本港湾協会：「港湾物流情報」，国土交通省海事局：「数字で見る海事2020」，国土交通省港湾局：国際コンテナ戦略港湾推進WG「港湾・海運を取り巻く近年の状況と変化」，2020
11）Airports Council International：Annual Traffic Data 2010, Airports Council

International HP：https://aci.aero/
12) 韓国国土海洋部：「国家物流基本計画」，2006，2011
13) 中国国務院：「物流産業調整振興計画」，2009
14) 中国唐山市：「中国の重大産業調整振興計画の概要」，2009
15) 魏際剛：「中国における重点産業の発展と競争力」，中国資本市場研究，2011春号，pp. 48-57，2011
16) 中村光男：「中国物流の現状・課題と将来」，東アジアレポート，都市化研究公室，2010
17) 権五京・李志明・苦瀬博仁：「日本・韓国・中国における総合物流政策の比較研究」，日本物流学会誌，第19号，pp. 25-32，2011
18) 石川幸一：「ASEAN 経済共同体とは何か―ブループリントから読めるもの」，国際貿易と投資，No. 72，pp. 30-55，2008
19) 根本敏則：「アジアを見据えた国際物流施策」，運輸政策研究，記念号，pp. 32-37，2010
20) 苦瀬博仁・梶田ひかる監修：「ロジスティクス管理２級（第２版）」，pp. 134-141，中央職業能力開発協会，2012
21) マシニスト出版：「インフラ整備事業を背景に急速に成長するベトナム国内産業 アマダ，将来を見据えテクニカルセンター設立」，Sheetmetal ましん＆そふと，2010年３月号，pp. 18-21，2010
http://www.machinist.co.jp/2010_1～6/2010_03/toku03_mar2010.htm
22) 日本貿易振興機構：「米国の物流に関する調査報告書―『10＋２ルール』の最新動向，米国産業界の対応を中心に」，2009
23) 国際協力銀行：「EU における交通インフラ整備の概要と中・東欧主要国による鉄道投資の現状」，2010
24) 欧州委員会 HP：http://ec.europa.eu/transport/themes/infrastructure/
25) ロンドン貨物車管理 HP：http://www.londonlorrycontrol.com/
26) ロンドン交通局 HP：http://www.tfl.gov.uk/roadusers/congestioncharging/
27) ロンドン FQP　HP：http://www.londonsfqps.co.uk/
28) 南ロンドンFQP　HP：http://www.londonsfqps.co.uk/FQPs/SouthLondonFQP.aspx

第11章

受発注システムと請求・支払システムの業務内容

第11章のねらい

第11章の目的は，受発注システムと請求・支払システムの業務内容を理解することである。

そこで本章では，ロジスティクス・システムの視点と内容について説明したうえで（11-1），受発注システムの業務について説明する（11-2）。そして，発注業務（11-3），受注業務（11-4）の順に，作業内容を説明する。

同様に，請求・支払システムの業務について説明したうえで（11-5），請求業務（11-6），支払業務（11-7）の順に，作業内容を説明する。

受発注システムと請求・支払システムの業務内容

- ロジスティクス・システムの視点と11章～13章の構成　(11－1)
  （視点，11章～13章の構成）
- 受発注システムの業務　(11－2)
  （位置づけ，業務内容）
- 発注業務の作業内容　(11－3)
  （販売予定・在庫情報の収集，発注内容の決定，情報の送付）
- 受注業務の作業内容　(11－4)
  （発注情報の受取，在庫確認，受注の調整・変更・確定）
- 請求・支払システムの業務　(11－5)
  （位置づけ，業務内容）
- 請求業務の作業内容　(11－6)
  （請求内容の決定，情報の送付，入金確認・支払情報の受取）
- 支払業務の作業内容　(11－7)
  （請求情報の受取，支払内容の確認，出金処理・支払情報の送付）

11-1　ロジスティクス・システムの視点と11章〜13章の構成

11-1-1　ロジスティクス・システムの視点

1）物流機能からみたロジスティクス

ロジスティクス・システムとは，5Rを実現するために，ロジスティクスを管理するシステムである（8-1-1参照）。そして，5Rとは，必要な商品や物資を，適切な時間・場所・価格（費用）のもとで，要求された数量と品質で供給することである。ロジスティクスを発注から入荷までの間で物流機能の視点から考えると図11-1-1のようになる（2-2-1参照）。

2）システムからみたロジスティクス

次に，ロジスティクス・システムの視点には，以下の2つがある。

第1は，ノード（工場，倉庫，店舗など）とリンク（輸送中の貨物自動車，船舶など）に分けてシステムを考えるものである（8-1-2参照）。ノードでのシステムには，3つのシステム（受発注システム，在庫管理システム，作業管理システム）がある。リンクでのシステムにも，3つのシステム（物資識別システム，貨物管理システム，輸送管理システム）がある（先出，図8-1-1参照）。

第2は，商流と物流に分けてシステムを考えるものである。商流システムには，2つのシステム（受発注システム，請求・支払システム）がある。物流システムは，施設内のシステムと施設間のシステムに分けることができる。施設内には2つのシステム（在庫管理システム，作業管理システム）があり，施設間にも2つのシステム（貨物管理システム，輸送管理システム）がある（図11-1-2）。本章以降では，第2の考え方にしたがってロジスティクス・システムを説明する。

3）業務の順序からみたロジスティクス・システム

ロジスティクス・システムは複数の業務から構成され，その業務手順はシステムごとに以下のとおりである（表11-1-1）。

図11-1-1　ロジスティクスの機能（図2-2-1，図3-4-1参照）

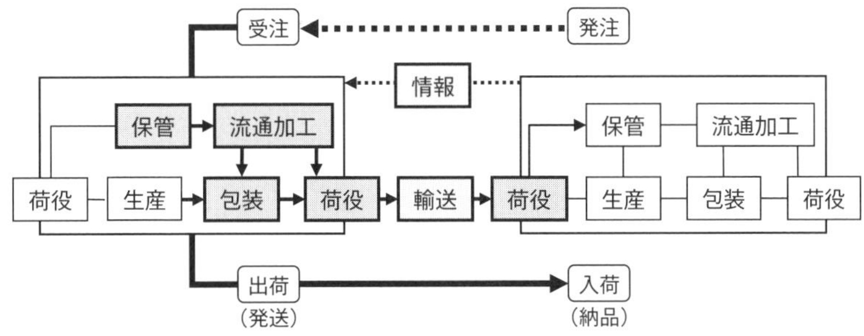

図11-1-2　ロジスティクス・システムにおける業務

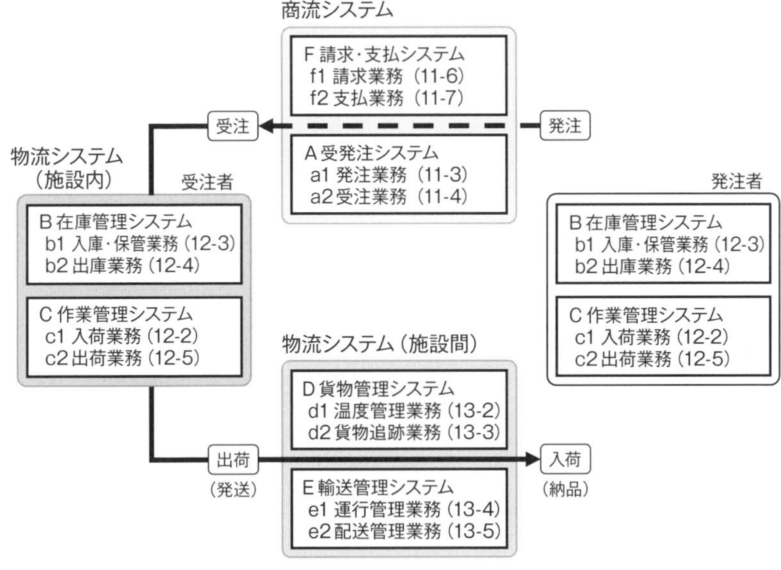

商流システムのうち，受発注システム（A）は発注業務（a1）と受注業務（a2）から構成される。

次に，物流システム（施設内）のうち，在庫管理システム（B）は入庫・保管業務（b1）と出庫業務（b2）から構成され，作業管理システム（C）

表11-1-1　ロジスティクス・システムにおける業務手順

商流システム（第11章）	
A 受発注システム	
a 1　発注業務（11-3）	：発注者による商品や物資の発注内容の決定と受注者への送付
a 2　受注業務（11-4）	：受注者による商品や物資の受注内容の確定と出荷指示
物流システム（施設内）（第12章）	
B 在庫管理システム	
b 1　入庫・保管業務（12-3）	：入荷した商品や物資の棚入れと保管
b 2　出庫業務（12-4）	：保管棚からの商品や物資のピッキングと検品（出庫時）
C 作業管理システム	
c 1　入荷業務（12-2）	：貨物自動車の到着後の荷おろしと検品（入荷時）
c 2　出荷業務（12-5）	：出庫された商品や物資の流通加工，包装，積み込みなど
物流システム（施設間）（第13章）	
D 貨物管理システム	
d 1　温度管理業務（13-2）	：輸送中の貨物自動車の荷室内の温度の計測と調整，貨物の品質の点検
d 2　貨物追跡業務（13-3）	：輸送中の貨物の通過位置と車両位置と移動経路の特定
E 輸送管理システム	
e 1　運行管理業務（13-4）	：輸送中の車両の運行状況と運転者の労務状況の管理
e 2　配送管理業務（13-5）	：貨物自動車の位置，配送経路，配送時刻の管理
商流システム（第11章）	
F 請求・支払システム	
f1　請求業務（11-6）	：受注者による請求内容の決定と発注者への送付，入金確認
f2　支払業務（11-7）	：発注者による支払内容の確認と受注者への出金処理

は入荷業務（c 1）と出荷業務（c 2）から構成される。

そして，物流システム（施設間）のうち，貨物管理システム（D）は温度管理業務（d 1）と貨物追跡業務（d 2）から構成され，輸送管理システム（E）は運行管理業務（e 1）と配送管理業務（e 2）から構成される。

最後に，商流システムのうち，請求・支払システム（F）は請求業務（f1）と支払業務（f2）から構成される。

11-1-2　11章〜13章の構成

本章以降では，商流システム（第11章），物流システム（施設内）（第12章），物流システム（施設間）（第13章）を取り上げ，ロジスティクス・システムの具体的な業務の作業手順とその内容を示す。

11-2　受発注システムの業務

11-2-1　商流システムにおける受発注システムの位置づけ

商流システムには，受発注システムと請求・支払システムがある。

ロジスティクス・システムは，受発注システムに始まり，在庫管理システムと作業管理システム，貨物管理システムと輸送管理システムを経て，請求・支払システムに終わる。

本節では，最初のロジスティクス・システムである，受発注システムについて取り上げる。

11-2-2　受発注システム（発注業務，受注業務）

1）受発注システムにおける業務

受発注システムとは，発注者が発注情報（商品名，品目番号，数量，納期など）を送付し，受注者が受け取るシステムである（8-1-3参照）。

受発注システムでは，以前は伝票を郵送することもあったが，現在ではインターネットが多く使われている。

一つの企業に着目すると，企業は調達先に商品や物資を発注するとともに，顧客から受注する。この受注と発注を企業間の取引として考えてみると，調達先に発注する企業（発注者）と，顧客から受注する企業（受注者）が存在する。たとえば，小売業者が卸売業者に発注するときは，発注者が小売業者であり，受注者が卸売業者になる。

受発注システムには２つの業務があり，発注業務と受注業務である。

2）　発注業務と受注業務の作業

発注業務には３つの作業があり，①販売予定情報・在庫情報の収集，②発

図11-2-1　受発注システムの業務と作業の位置づけ

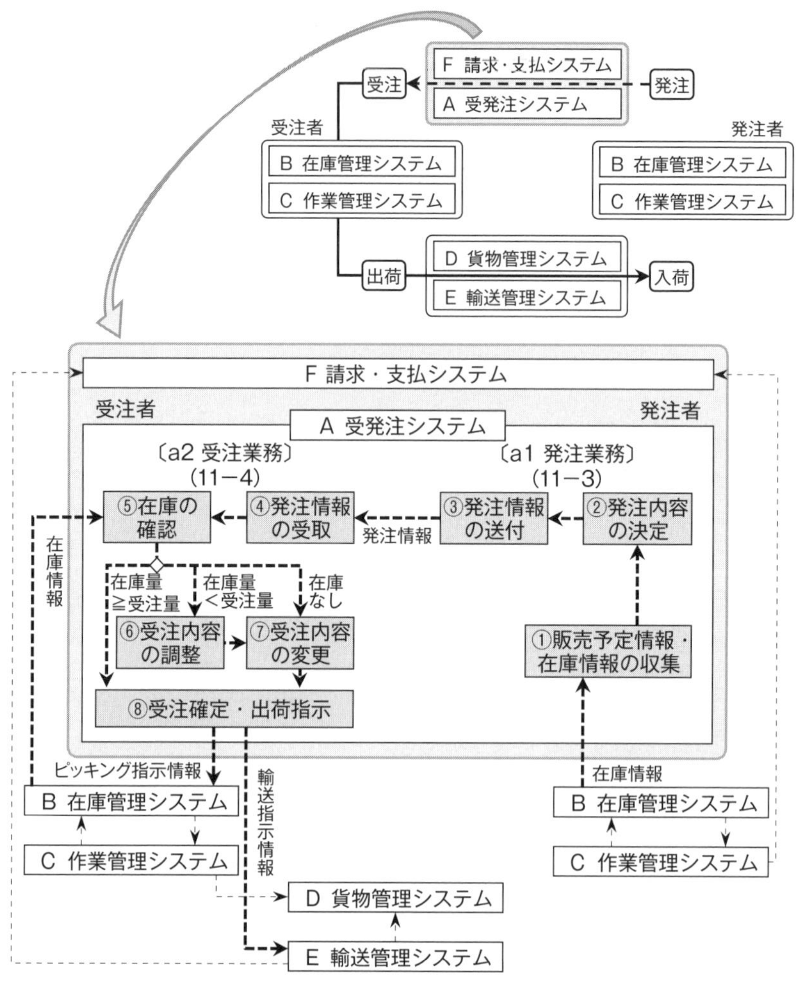

注内容の決定，③発注情報の送付である。また，受注業務には５つの作業があり，④発注情報の受取，⑤在庫の確認，⑥受注内容の調整，⑦受注内容の変更，⑧受注確定・出荷指示である[1)]（図11-２-１，表11-２-１）。

表11-2-1　受発注システムの業務と作業

A 受発注システム
a1 発注業務における作業（11-3） ①販売予定情報・在庫情報の収集 ②発注内容の決定 ③発注情報の送付
a2 受注業務における作業（11-4） ④発注情報の受取 ⑤在庫の確認 ⑥受注内容の調整 ⑦受注内容の変更 ⑧受注確定・出荷指示

注：丸数字は，作業の順序を示している。

11-3　発注業務の作業内容

11-3-1　販売予定情報・在庫情報の収集（①）

販売予定情報・在庫情報の収集（①）とは，発注内容（商品や物資の商品名，品目番号，数量，納期など）を決定するために，販売予定情報と在庫情報を集めることである。そして，販売予定情報には，商品や物資の商品名，品目番号，数量，日時などがあり，在庫情報には，在庫の数量，品質，保管場所などがある（表11-3-1）。

販売予定情報は，販売実績から予測したり，販売先への営業活動で収集する。販売実績情報を収集する代表的なシステムには2つあり，POS（Point of Sales：販売時点管理）システム（8-2-1参照）とCRM（Customer Relationship Management：顧客関係管理）システムである[2)]。このうち，CRMシステムとは，卸・小売業において顧客ごとに属性（性別，年齢，住所など）や商品の購入履歴を記録・管理するシステムである[3)]。

また，在庫情報は，在庫管理システムから入手する。

11-3-2　発注内容の決定（②）

発注内容の決定（②）とは，商品や物資の発注内容を，事前に定めた発注

表11-3-1　発注業務における作業の定義

作　業	定　義
①販売予定情報・在庫情報の収集	発注内容を決定するために，販売予定情報と在庫情報を集めること
②発注内容の決定	商品や物資の発注内容を，事前に定めた発注方式ごとに，販売予定情報と在庫情報にもとづき決めること
③発注情報の送付	発注者が，事前に定めた送付方法で，発注内容を受注者に送付すること

方式ごとに，販売予定情報と在庫情報にもとづき決めることである。

発注方式には4つあり，定期定量発注，不定期定量発注，定期不定量発注，不定期不定量発注である（8-2-2参照）。

11-3-3　発注情報の送付（③）

発注情報の送付（③）とは，発注者が，事前に定めた送付方法で，発注内容を受注者に送付することである。

発注情報の送付方法には，昔から郵便や電話やFAXがあり，現在ではインターネットも使われている。特に企業間の取引では，EDI（8-2-5参照）やEOS（8-2-1参照）などが使用されている[4),5)]。

11-4　受注業務の作業内容

11-4-1　発注情報の受取（④）

発注情報の受取（④）とは，受注者が，事前に定めた受取方法で，発注者から送付される発注情報を受け取ることである（表11-4-1）。

発注情報の受取方法には，発注情報の送付方法と同様に，電話やFAX，電子メールやEDIなどがある。

11-4-2　在庫の確認（⑤）

在庫の確認（⑤）とは，発注どおりの受注が可能か否かを判断するために，納品可能な在庫量を確かめることである。

在庫を確認した後，在庫量が受注量以上の場合には受注確定・出荷指示（⑧）をおこなう。在庫量が受注量を下回る場合には受注内容の調整（⑥）をおこない，その後に受注内容の変更（⑦）をおこなう。在庫が無い場合には受注内容の変更（⑦）をおこなう[1)]。

11-4-3　受注内容の調整（⑥）

受注内容の調整（⑥）とは，受注した商品や物資の在庫量が受注量を下回る場合に，受注者が，発注者ごとの受注内容について発注者と調整することである。なお，受注者からみた受注内容は，発注者からみた発注内容のことである（11-2-2参照）。

受注内容の調整には3つあり，数量の調整，納期の調整，品目の調整である。数量の調整とは，受注した商品や物資の受注量を減らすことである。納期の調整とは，受注した商品や物資の出荷時期を遅らせることである。品目の調整とは，受注した商品や物資を代替品に変更することである。

11-4-4　受注内容の変更（⑦）

受注内容の変更（⑦）とは，受注内容の調整をした場合や，受注した商品や物資の在庫がない場合に，発注者と受注者の合意のもとで，受注内容を変更することである。

受注内容の変更にも3つあり，数量の変更，納期の変更，品目の変更である。数量の変更とは，数量の調整と同様に，受注した商品や物資の受注量を減らすことである。納期の変更とは，納期の調整と同様に，受注した商品や物資の出荷時期を遅らせることである。品目の変更とは，品目の調整と同様に，受注した商品や物資を代替品に変更することである。そして，発注者の承認の後，受注確定・出荷指示（⑧）をおこなう。

11-4-5　受注確定・出荷指示（⑧）

受注確定・出荷指示（⑧）とは，受注内容を確定し，出荷のためのピッキング指示と輸送指示をおこなうことである。

表11-4-1　受注業務における作業の定義

作　業	定　義
④発注情報の受取	受注者が，事前に定めた受取方法で，発注者から送付される発注情報を受け取ること
⑤在庫の確認	発注どおりの受注が可能か否かを判断するために，納品可能な在庫量を確かめること
⑥受注内容の調整	受注した商品や物資の在庫量が受注量を下回る場合に，受注者が，発注者ごとの受注内容について発注者と調整すること
⑦受注内容の変更	受注内容の調整をした場合や，受注した商品や物資の在庫がない場合に，発注者と受注者の合意のもとで，受注内容を変更すること
⑧受注確定・出荷指示	受注内容を確定し，出荷のためのピッキング指示と輸送指示をおこなうこと

ピッキング指示では，商品名，品目番号，数量，棚番地などが在庫管理の担当者に伝えられ，ピッキング作業がおこなわれる。また，輸送指示では，商品や物資の数量，出発地，到着地，指定到着時間などが輸送管理の担当者に伝えられ，輸送前の業務がおこなわれる。

11-5　請求・支払システムの業務

11-5-1　商流システムにおける請求・支払システムの位置づけ

上述したように，商流システムには，受発注システムと請求・支払システムがある。本節では，最後のロジスティクス・システムである，請求・支払システムについて取り上げる。

11-5-2　請求・支払システム（請求業務，支払業務）

1）　請求・支払システムにおける業務

請求・支払システムとは，出荷者（受注者）が，納品（入荷）後に発注者に代金を請求し，発注者が出荷者（受注者）に代金を支払うシステムである。

図11-5-1　請求・支払システムの業務と作業の位置づけ

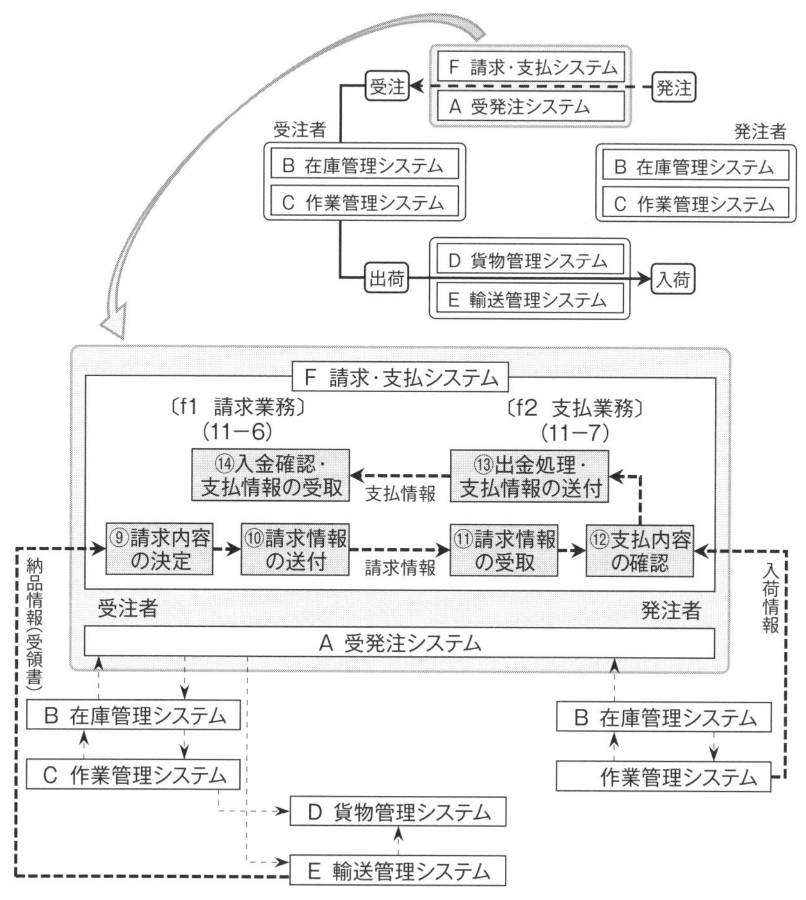

請求・支払システムには2つの業務があり，請求業務と支払業務である。

2）　請求業務と支払業務の作業

請求業務には3つの作業があり，⑨請求内容の決定，⑩請求情報の送付，⑭入金確認・支払情報の受取である。また，支払業務にも3つの作業があ

表11-5-1　請求・支払システムの業務と作業

F 請求・支払システム
f1 請求業務における作業（11-6） ⑨請求内容の決定 ⑩請求情報の送付 ⑭入金確認・支払情報の受取
f2 支払業務における作業（11-7） ⑪請求情報の受取 ⑫支払内容の確認 ⑬出金処理・支払情報の送付

注：丸数字は，作業の順序を示している。

り，⑪請求情報の受取，⑫支払内容の確認，⑬出金処理・支払情報の送付である[6)]（図11-5-1，表11-5-1）。

11-6　請求業務の作業内容

11-6-1　請求内容の決定（⑨）

請求内容の決定（⑨）とは，発注者に納品した商品や物資について，受注者が，その代金の請求内容を決定することである（表11-6-1）。

請求内容の決定手順は，発注者（納品先）から受け取った受領書で納品情報を確認し，請求内容（納品した商品や物資の単価と数量，支払方法，支払期限など）を確定する。

なお，複数の受領書がある場合の請求内容の決定方法には2つあり，契約で定めた期間ごとにまとめて請求内容を決定する方法（合計請求）と，受発注のたびに請求内容を決定する方法（都度請求）である[6)]。

11-6-2　請求情報の送付（⑩）

請求情報の送付（⑩）とは，受注者が，事前に定めた送付方法で，請求内容を発注者に送付することである。

請求情報の送付方法には郵便，電子メール，EDIなどがある。また，受注者は，商品や物資の代金の入金確認・支払情報の受取（⑭）のために，発

表11-6-1　請求業務における作業の定義

作　　業	定　　義
⑨請求内容の決定	発注者に納品した商品や物資について，受注者が，その代金の請求内容を決定すること
⑩請求情報の送付	受注者が，事前に定めた送付方法で，請求内容を発注者に送付すること
⑭入金確認・支払情報の受取	受注者が，支払情報を発注者から受け取るとともに，発注者からの入金を確認し，その金額が納品した商品や物資の請求内容と一致しているか否かを確かめること

注者に送付した請求書の写しなどを保存する。

11-6-3　入金確認・支払情報の受取（⑭）

入金確認・支払情報の受取（⑭）とは，受注者が，支払情報を発注者から受け取るとともに，発注者からの入金を確認し，その金額が納品した商品や物資の請求内容と一致しているか否かを確かめることである。

入金内容が請求内容と一致している場合には発注者に領収書を発行し，一致していない場合には不一致の内容について発注者に問い合わせる。

11-7　支払業務の作業内容

11-7-1　請求情報の受取（⑪）

請求情報の受取（⑪）とは，発注者が，事前に定めた受取方法で，請求内容を受注者から受け取ることである（表11-7-1）。

請求情報の受取方法には，請求情報の送付方法と同様に，郵便，電子メール，EDIなどがある。

11-7-2　支払内容の確認（⑫）

支払内容の確認（⑫）とは，発注者が，請求内容が入荷情報と一致しているか否かを確かめることである。そして，入荷情報とは，入荷した商品や物資の商品名，品目番号，数量，入荷日，入荷場所などであり，作業管理の担

表11-7-1　支払業務における作業の定義

作　業	定　義
⑪請求情報の受取	発注者が，事前に定めた受取方法で，請求内容を受注者から受け取ること
⑫支払内容の確認	発注者が，請求内容が入荷情報と一致しているか否かを確かめること
⑬出金処理・支払情報の送付	発注者が，請求内容にもとづき，納品された商品や物資の代金を受注者に支払うとともに，その支払情報を受注者に送付すること

当者から入手する。

請求内容が入荷情報と一致している場合には出金処理・支払情報の送付（⑬）をおこない，一致していない場合には不一致の内容について受注者に問い合わせる[6)]。

11-7-3　出金処理・支払情報の送付（⑬）

出金処理・支払情報の送付（⑬）とは，発注者が，請求内容にもとづき，納品された商品や物資の代金を受注者に支払うとともに，その支払情報を受注者に送付することである。

出金処理の方法には口座振込や手形での支払いなどがあり，これらの支払情報が受注者に送付される[7)]。

第11章の参考文献

1）苦瀬博仁・梶田ひかる監修：「ロジスティクス管理3級［第3版］」，pp. 129-131，中央能力開発協会，2017

2）原田英生・向山雅夫・渡辺達朗：「ベーシック流通と商業［新版］：現実から学ぶ理論と仕組み」，pp. 98-102，有斐閣，2010

3）苦瀬博仁編著：「サプライチェーン・マネジメント概論」，pp. 161-162，白桃書房，2017

4）苦瀬博仁・梶田ひかる監修：「ロジスティクス管理2級［第3版］」，pp. 261-264，中央能力開発協会，2017

5）前掲書2），pp. 102-107

6） ジャスネットコミュニケーションズ株式会社：「オールカラー　一番わかる！ 経理の教科書［第6版］」, pp. 100-113, 西東社, 2020
7） 島村髙嘉・中島真志：「金融読本［第30版］」, pp. 36-37, pp. 185-198, 東洋経済新報社, 2017

第12章

在庫管理システムと作業管理システムの業務内容

第12章のねらい

第12章の目的は，在庫管理システムと作業管理システムの業務内容を理解することである。

在庫管理システムには，入庫・保管業務（商品や物資の棚入れ，保管）と，出庫業務（保管棚からの商品や物資のピッキング，検品（出庫時））がある。また，作業管理システムには，入荷業務（到着した商品や物資の荷おろし，検品（入荷時））と，出荷業務（出庫した商品や物資の流通加工，仕分け，包装，検品（出荷時），積み込み）がある。

そこで本章では，はじめに在庫管理システムと作業管理システムの業務について説明する（12-1）。次に，作業の手順にしたがって，入荷業務（12-2），入庫・保管業務（12-3），出庫業務（12-4），出荷業務（12-5）の順に，その作業内容を説明する。

在庫管理システムと作業管理システムの業務内容

- 在庫管理システムと作業管理システムの業務（位置づけ，業務内容）　(12－1)
- 入荷業務の作業内容（荷おろし，検品（入荷時））　(12－2)
- 入庫・保管業務の作業内容（棚入れ，保管）　(12－3)
- 出庫業務の作業内容（ピッキング，検品（出庫時））　(12－4)
- 出荷業務の作業内容（流通加工，仕分け，包装，検品（出荷時），積み込み）　(12－5)

12-1　在庫管理システムと作業管理システムの業務

12-1-1　物流システム（施設内）における在庫管理システムと作業管理システムの位置づけ

物流システム（施設内）には，在庫管理システムと作業管理システムがある。

ロジスティクス・システムは，受発注システムに始まり，在庫管理システムと作業管理システム，貨物管理システムと輸送管理システムを経て，請求・支払システムに終わる。

本節では，受発注システムに続くロジスティクス・システムである，在庫管理システムと作業管理システムについて，これらを順に取り上げる。

12-1-2　在庫管理システム（入庫・保管業務，出庫業務）

1）在庫管理システムにおける業務

在庫管理システムとは，倉庫や流通センターなどで，保管されている商品や物資（在庫）の，数量と品質と位置を管理するシステムである。このうち，数量管理とは，倉庫や流通センターなどで保管されている商品や物資の数量を，適正な範囲に保つことである。品質管理とは，倉庫や流通センターなどで保管されている商品や物資の保管温度帯と消費期限や賞味期限を管理し，品質劣化を防ぐことである。位置管理とは，倉庫や流通センターなどで保管されている商品や物資が，倉庫や流通センターの何階のどの通路にあるどの棚にあるかを管理することである。

在庫管理システムには2つの業務があり，入庫・保管業務と出庫業務である。

2）入庫・保管業務と出庫業務の作業

入庫・保管業務には2つの作業があり，③棚入れ，④保管である。また，出庫業務にも2つの作業があり，⑤ピッキング，⑥検品（出庫時）である(図12-1-1，表12-1-1)。

図12-1-1　在庫管理システムと作業管理システムの業務と作業の位置づけ

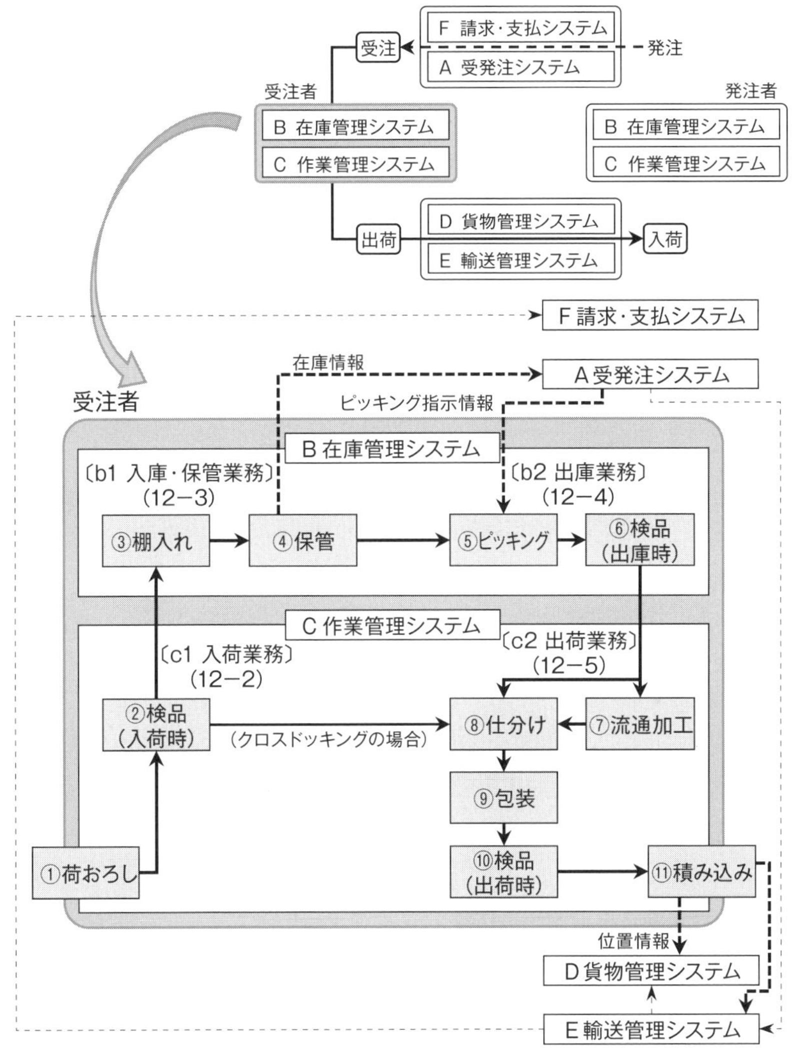

表12-１-１　在庫管理システムと作業管理システムの業務と作業

B 在庫管理システム
b１ 入庫・保管業務（12-３） ③棚入れ ④保管
b２ 出庫業務（12-４） ⑤ピッキング ⑥検品（出庫時）
C 作業管理システム
c１ 入荷業務（12-２） ①荷おろし ②検品（入荷時）
c２ 出荷業務（12-５） ⑦流通加工 ⑧仕分け ⑨包装 ⑩検品（出荷時） ⑪積み込み

注：丸数字は，作業の順序を示している。

12-１-３　作業管理システム（入荷業務，出荷業務）

１）　作業管理システムにおける業務

作業管理システムとは，倉庫や流通センターなどでおこなわれる，入荷時における荷おろし・検品（入荷時）と，出荷時における流通加工・包装・積み込みなどの各作業を管理するシステムである。

作業管理システムには２つの業務があり，入荷業務と出荷業務である。

２）　入荷業務と出荷業務の作業

入荷業務には２つの作業があり，①荷おろし，②検品（入荷時）である。また出荷業務には５つの作業があり，⑦流通加工，⑧仕分け，⑨包装，⑩検品（出荷時），⑪積み込みである（図12-１-１，表12-１-１）。

12-2　入荷業務の作業内容

12-2-1　荷おろし（①）

荷おろし（①）とは，貨物自動車から商品や物資をおろすことである。これは，輸送管理システムにおける荷おろし（⑮）に相当する（表12-2-1，13-5-4参照）。

荷おろし方法には2つあり，フォークリフトなどを用いた荷おろし（機械荷役）と，手作業での荷おろし（手荷役）である。

商品や物資がパレットに積み付けられていると，フォークリフトを用いてパレット単位で貨物自動車からおろすことができるため，荷おろし作業時間が短くなる。

12-2-2　検品（入荷時）（②）

検品（入荷時）（②）とは，商品名・品目番号・数量の照合（入荷した商品と納品書の記載内容の比較）と，品質の確認（消費期限や賞味期限，外装への破損・汚損の有無など）である。

検品（入荷時）の照合で，品目や数量等に間違いが無く，品質に問題が無ければ，受領書に受領印を押す。しかし，品目の間違いや数量の過不足がある場合には，返品や追加の納品を依頼する。また，品質を確認して，期限の超過や破損・汚損などがあった場合には，返品処理などをおこなう[1)]。

この検品（入荷時）の後，通常は棚入れ（③）に進むが，入荷した直後に入庫せずに，直ちに仕分け（⑧）に進み，出荷されることがある。これを，クロスドッキングという。

表12-2-1　入荷業務における作業の定義

作　業	定　義
①荷おろし	貨物自動車から商品や物資をおろすこと
②検品（入荷時）	商品名・品目番号・数量の照合（入荷した商品と納品書の記載内容の比較）と，品質の確認（消費期限や賞味期限，外装への破損・汚損の有無など）

12-3　入庫・保管業務の作業内容

12-3-1　棚入れ（③）

棚入れ（③）とは，入荷した商品や物資を保管位置に収めることである（表12-3-1）。

棚入れでは，保管位置を決める必要がある。保管位置を決める方式には2つあり，固定ロケーション方式とフリーロケーション方式である[2)]（8-2-2参照）。固定ロケーション方式では，商品や物資は，品目ごとに所定の保管位置に収める。フリーロケーション方式では，商品や物資は，空いている保管棚に収める。

そして，両方式ともに，保管棚に収めた商品や物資の商品名，品目番号，保管数量，保管品質，保管位置を，在庫受払台帳（入出庫した商品や物資の品目ごとの数量を記録する台帳）に記録するか，WMSに登録する（8-2-4，8-2-5参照）。

12-3-2　保管（④）

保管（④）とは，入庫した商品や物資を，ピッキング（⑤）までの間に，保管位置に収めておくことである。

保管時には，保管位置と数量と品質を管理する。保管中に移動する場合には，棚列番号，棚番号，棚段番号を再登録する。保管数量の管理では，商品や物資の入庫および出庫の際に数量を確認する。保管品質の管理では，保管中の商品や物資について，保管温度を維持し，消費期限や賞味期限を管理し，破損・汚損対策や防虫対策や濡損（水濡れ）防止対策などを実施する。

表12-3-1　入庫・保管業務における作業の定義

作　業	定　義
③棚入れ	入荷した商品や物資を保管位置に収めること
④保管	入庫した商品や物資を，ピッキングまでの間に，保管位置に収めておくこと

12-4　出庫業務の作業内容

12-4-1　ピッキング（⑤）

ピッキング（⑤）とは，保管位置から取り出す商品や物資の商品名や品目番号，数量，棚番地および出荷先に関する情報（ピッキング指示情報）にあわせて，商品や物資を取り出すことである（表12-4-1）。

ピッキング方法には2つあり，摘み取り方式と種まき方式である。このうち，摘み取り方式とは，商品や物資が保管された棚などから出荷先別に商品や物資を取り出す方式である。種まき方式とは，複数の出荷先に出荷される同一の商品や物資を一括して商品や物資が保管された棚などから取り出す方式である。種まき方式では，棚から商品を取り出した後に，出荷先別の仕分け（⑧）をおこなう[3)]。

12-4-2　検品（出庫時）（⑥）

検品（出庫時）（⑥）とは，ピッキングされた商品や物資の商品名，品目番号，数量と，ピッキング指示情報のうち，商品名，品目番号，数量を照合することである。

ただし，ピッキング方式が摘み取り方式の場合の照合は，出荷先別におこなう。ピッキング方式が種まき方式の場合の照合は，品目別におこなう[4)]。

表12-4-1　出庫業務における作業の定義

作　業	定　義
⑤ピッキング	保管位置から取り出す商品や物資の商品名や品目番号，数量，棚番地および出荷先に関する情報（ピッキング指示情報）にあわせて，商品や物資を取り出すこと
⑥検品（出庫時）	ピッキングされた商品や物資の商品名，品目番号，数量と，ピッキング指示情報のうち，商品名，品目番号，数量を照合すること

12- 5　出荷業務の作業内容

12- 5 - 1　流通加工（⑦）

流通加工（⑦）とは，製品の加工や組立てなど，商品の付加価値の向上や商取引上の利便性を高めることであり，生産加工と販売促進加工がある（表12- 5 - 1 ）。

このうち，販売促進加工には，商品や物資への値札付け（商品価格を表示する値札を商品に取り付けること），セット化（複数の商品や物資を１つの販売単位にまとめること），詰め合わせ（お中元やお歳暮などのギフト商品を１つの箱にまとめること）などがある。

12- 5 - 2　仕分け（⑧）

仕分け（⑧）とは，検品（出庫時）（⑥）や流通加工（⑦）が終わった商品や物資を，出荷先別に分けることである。

ピッキングを種まき方式で実施した場合には，品目別に商品や物資を取り出しているため，出荷先別の仕分けが必要である。ただし，ピッキングを摘み取り方式とした場合には，出荷先別に商品や物資を取り出しているため，出荷先別の仕分けは不要となる。

なお，仕分けには，出荷先別以外に，温度帯別，輸送する貨物自動車の方面別などに分ける場合もある。

入荷後に直ちに出荷する商品や物資の仕分けは，検品（入荷時）（②）が終わった後におこなわれる[5)]。

12- 5 - 3　包装（⑨）

包装（⑨）とは，商品や物資の，破損・汚損を避けるために，適切な包装材料で包むことや包装容器に入れることである。

包装の作業は，出荷する商品や物資の出荷単位で異なる。

出荷単位が，商品や物資の最小単位（例：ペットボトル１本単位）の場合には，破損・汚損防止や，輸送効率の向上を目的に，包装材料と包装容器と

表12-5-1　出荷業務における作業の定義

作　業	定　義
⑦流通加工	製品の加工や組立てなど，商品の付加価値の向上や商取引上の利便性を高めること
⑧仕分け	検品や流通加工が終わった商品や物資を，出荷先別に分けること
⑨包装	商品や物資の破損・汚損を避けるために，適切な包装材料で包むことや包装容器に入れること
⑩検品（出荷時）	出荷先別に分けた商品や物資の，商品名，品目番号，数量の照合（入荷した商品と納品書の記載内容の比較）と，品質の確認（消費期限や賞味期限，外装への破損・汚損の有無など）
⑪積み込み	貨物自動車へ商品や物資を積み込むこと

副資材を選び包装容器に収納する（4－4－4参照)。出荷単位が，段ボール箱単位（例：ペットボトル1ダースが1つの段ボール箱に入るときの単位）で，その段ボール箱が外装を兼ねている場合には，包装はしない。出荷単位が，パレット単位の場合には，パレットに積載する段ボール箱が荷崩れしないように，収縮フィルムを巻き付ける場合がある。一方，出荷単位が段ボール箱単位で，かつ段ボール箱が破損・汚損するおそれがある場合には，包装材料で包んだり包装容器に収納する。

なお，包装材料には，段ボール，プラスチック，金属，木材などがある。包装容器には，段ボール箱，プラスチック容器などがあり，副資材には，緩衝・固定材，表面保護材，封緘・結束材などがある（4－4－4参照)。

12-5-4　検品（出荷時）（⑩）

検品（出荷時）（⑩）とは，出荷先別に分けた商品や物資の，商品名，品目番号，数量の照合（入荷した商品と納品書の記載内容の比較）と，品質の確認（消費期限や賞味期限，外装への破損・汚損の有無など）である。

検品（出荷時）の照合で，品目や数量等に間違いが無く，品質に問題が無ければ，貨物自動車への積み込み（⑪）に進む。しかし，品目の間違いや数量の過不足がある場合には，受注内容を再確認して品目と数量を合わせる。

また，品質を確認して，期限切れや破損・汚損などの不良品があった場合には，良品に交換する。

12-5-5　積み込み（⑪）

積み込み（⑪）とは，貨物自動車へ商品や物資を積み込むことである。これは，輸送管理システムにおける積み込み（⑬）に相当する（13-5-2参照）。

積み込み方法には2つあり，機械荷役による積み込みと，手荷役による積み込みである。

商品や物資がパレットに積み付けられていると，フォークリフトを用いてパレット単位で貨物自動車に積み込むことができるため，積み込み作業時間が短くなる。

第12章の参考文献

1）苦瀬博仁・梶田ひかる監修：「ロジスティクス管理3級［第3版］」，p. 132，中央能力開発協会，2017

2）苦瀬博仁・坂直登監修：「ロジスティクス・オペレーション3級［第3版］」，pp. 136-137，中央能力開発協会，2017

3）臼井秀彰・田中彰夫著：「【ビジュアル図解】物流センターの仕組み」，pp. 104-105，同文舘出版，2011

4）前掲書1），pp. 132-133

5）前掲書1），p. 133

第13章

貨物管理システムと輸送管理システムの業務内容

第13章のねらい

第13章の目的は，貨物管理システムと輸送管理システムの業務内容を理解することである。

貨物管理システムには，温度管理業務（温度の計測，温度の調整，貨物の品質の点検）と，貨物追跡業務（貨物の通過地点の特定，車両位置の特定，貨物の移動経路の特定）がある。また，輸送管理システムには，運行管理業務（使用車両の選定，委託先の選定，運転者の選定，車両点検，出庫点呼，帰庫点呼，運転日報の作成・点検）と，配送管理業務（積み込み，輸送，荷おろし）がある。

そこで本章では，はじめに貨物管理システムと輸送管理システムの業務について説明する（13-１）。次に，作業の手順にしたがって，温度管理業務（13-２），貨物追跡業務（13-３），運行管理業務（13-４），配送管理業務（13-５）の順に，作業内容を説明する。

なお，貨物とは，輸送や保管について，物流事業者が荷主から受託した商品や物資を指すことが多い。

貨物管理システムと輸送管理システムの業務内容

- 貨物管理システムと輸送管理システムの業務（位置づけ，業務内容）　(13－1)
- 温度管理業務の作業内容（温度の計測，温度の調整，貨物の品質の点検）　(13－2)
- 貨物追跡業務の作業内容（貨物の通過地点，車両位置，貨物の移動経路の特定）　(13－3)
- 運行管理業務の作業内容（運行計画の業務，輸送前の業務，輸送後の業務）　(13－4)
- 配送管理業務の作業内容（配送計画の策定，積み込み，輸送，荷おろし）　(13－5)

13-1　貨物管理システムと輸送管理システムの業務

13-1-1　物流システム（施設間）における貨物管理システムと輸送管理システムの位置づけ

物流システム（施設間）には，貨物管理システムと輸送管理システムがある。

ロジスティクス・システムは，受発注システムに始まり，在庫管理システムと作業管理システム，貨物管理システムと輸送管理システムを経て，請求・支払システムに終わる。

本節では，在庫管理システムと作業管理システムに続くロジスティクス・システムである，貨物管理システムと輸送管理システムについて，これらを順に取り上げる。

13-1-2　貨物管理システム（温度管理業務，貨物追跡業務）

1）貨物管理システムにおける業務

貨物管理システムとは，貨物自動車などで輸送中の商品や物資の，数量と品質と位置を管理するシステムである（8-3-2参照）。このうち，数量管理とは，輸送中の商品や物資の数量を適正に把握するために，積みおろし数量を管理することである。品質管理とは，輸送中の商品や物資の品質を維持するために，温度や湿度，揺れ（振動）を管理することである。位置管理とは，輸送中の商品や物資が地理的にどの位置にあるかを管理することである。

貨物管理システムには2つの業務があり，温度管理業務と貨物追跡業務である。

2）温度管理業務と貨物追跡業務の作業

温度管理業務には3つの作業があり，①温度の計測，②温度の調整，③貨物の品質の点検である。また，貨物追跡業務にも3つの作業があり，④貨物の通過地点の特定，⑤車両位置の特定，⑥貨物の移動経路の特定である（図13-1-1，表13-1-1）。

図13-1-1　貨物管理システムと輸送管理システムの業務と作業の位置づけ

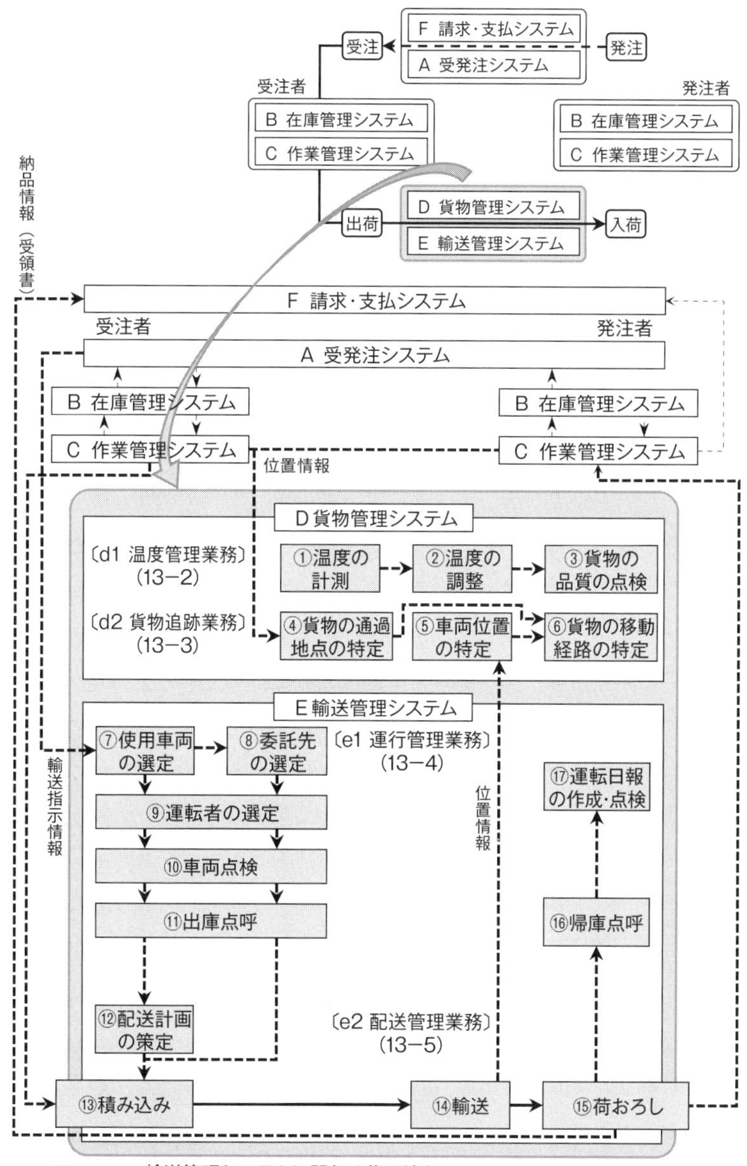

表13-1-1　貨物管理システムと輸送管理システムの業務と作業

D 貨物管理システム
d1 温度管理業務（13-2） ①温度の計測 ②温度の調整 ③貨物の品質の点検
d2 貨物追跡業務（13-3） ④貨物の通過地点の特定 ⑤車両位置の特定 ⑥貨物の移動経路の特定
E 輸送管理システム
e1 運行管理業務（13-4） ⑦使用車両の選定 ⑧委託先の選定 ⑨運転者の選定 ⑩車両点検 ⑪出庫点呼 ⑯帰庫点呼 ⑰運転日報の作成・点検
e2 配送管理業務（13-5） ⑫配送計画の策定 ⑬積み込み ⑭輸送 ⑮荷おろし

注：丸数字は，作業の順序を示している。

13-1-3　輸送管理システム（運行管理業務，配送管理業務）

1）輸送管理システムにおける業務

輸送管理システムとは，輸送中の貨物自動車（車両）の運行状況・運転者の労務状況と，貨物自動車の位置・配送経路・配送時刻を管理するシステムである。このうち，車両の運行状況と運転者の労務状況の管理とは，車両の配送先への割当や運行前の準備と運行後の報告，運転者の運転時間や拘束時間などを管理することである。貨物自動車の位置，配送経路，配送時刻の管理とは，貨物自動車が配送計画どおりに，配送経路や配送時刻で運行しているかを管理することである。

輸送管理システムには2つの業務があり，運行管理業務と配送管理業務である。

2） 運行管理業務と配送管理業務の作業

運行管理業務には７つの作業があり，３つの業務に細分できる。運行計画の業務には⑦使用車両の選定，⑧委託先の選定，⑨運転者の選定があり，輸送前の業務には⑩車両点検，⑪出庫点呼があり，輸送後の業務には⑯帰庫点呼，⑰運転日報の作成・点検がある。また，配送管理業務には４つの作業があり，⑫配送計画の策定，⑬積み込み，⑭輸送，⑮荷おろしである（図13-１-１，表13-１-１）。

13-２　温度管理業務の作業内容

13-２-１　温度の計測（①）

温度の計測（①）とは，輸送中の貨物自動車の荷室（商品や物資を積載するための荷物室）内の温度を，温度センサーで計測することである（表13-２-１）。

計測結果は，運転席の計器などに表示したり，運行管理者に送信する。なお，運行管理者とは，貨物自動車の安全運行の確保のため，運転者や車両を管理する責任者である。

温度管理が必要な品目には，食料品，医薬品，危険品などがある。これらの品目を輸送する場合には，適切な車両（冷蔵車，冷凍車など）や適切な輸送用具（冷凍コンテナなど）を利用するとともに，温度の計測のために温度センサーを装着する。

13-２-２　温度の調整（②）

温度の調整（②）とは，商品や物資の荷傷みを避けるために，貨物自動車の荷室内の温度を調整することである。

荷室内の温度が高くなる原因には，温度設定の誤りのほかに，荷室の扉の締め忘れや冷蔵設備の故障などがある。このうち，冷蔵設備の故障は，運転者では対応できないため，運行管理者が代替車両の手配などをおこなう。

表13-2-1　温度管理業務における作業の定義

作　　業	定　　義
①温度の計測	輸送中の貨物自動車の荷室（商品や物資を積載するための荷物室）内の温度を，温度センサーで計測すること
②温度の調整	商品や物資の荷傷みを避けるために，貨物自動車の荷室内の温度を調整すること
③貨物の品質の点検	貨物自動車の荷室内の温度が定められた温度帯にない場合に，荷室内の貨物の品質を点検すること

13-2-3　貨物の品質の点検（③）

貨物の品質の点検（③）とは，貨物自動車の荷室内の温度が定められた温度帯にない場合に，荷室内の貨物の品質を点検することである。

温度が高すぎたり低すぎたりする場合には，商品や物資が荷傷みしている可能性がある。そのため，運転者が荷室内の温度の異常に気づいた場合には，すみやかに貨物の品質を点検する。また，運行管理者が荷室内の温度の異常に気づいた場合には，すみやかに運転者に貨物の点検を指示する。

13-3　貨物追跡業務の作業内容

13-3-1　貨物の通過地点の特定（④）

貨物の通過地点の特定（④）とは，発地から着地の間で，トラックターミナルや操車場などで積み替えられる場合に，経由した地点や施設を特定することである（表13-3-1）。

たとえば，宅配便が，集荷されてからターミナルで積み替えられて輸送されるような場合，集荷時，ターミナル搬入時，ターミナル出発時などで，貨物のバーコードを読み取ることで，貨物が通過した地点・施設・時間の情報を得ることができる。また，鉄道貨物が，貨物自動車から鉄道車両などに積み替えられるときや，国際海上コンテナが船舶に積載されるときも，同様に情報を読み取ることで，特定できる。

表13-3-1　貨物追跡業務における作業の定義

作　　業	定　　義
④貨物の通過地点の特定	発地から着地の間で，トラックターミナルや操車場などで積み替えられる場合に，経由した地点や施設を特定すること
⑤車両位置の特定	輸送中の貨物自動車（車両）の位置を，GPSなどを用いて特定すること
⑥貨物の移動経路の特定	貨物の通過地点の特定と車両位置の特定を組み合わせて，発地から着地の間で，貨物の通過施設や移動経路を時刻別に特定すること

13-3-2　車両位置の特定（⑤）

車両位置の特定（⑤）とは，輸送中の貨物自動車（車両）の位置を，GPS (Global Positioning System：全地球測位システム）などを用いて特定することである。

GPSで得た位置情報にもとづき貨物自動車の時刻別の位置を把握でき，運行管理者はこれらの情報をコンピュータの画面上で確認できる。加えて，車両の位置がわかることで，車両に積載されている貨物の位置も特定できる[1)]。

13-3-3　貨物の移動経路の特定（⑥）

貨物の移動経路の特定（⑥）とは，貨物の通過地点の特定（④）と車両位置の特定（⑤）を組み合わせて，発地から着地の間で，貨物の通過施設や移動経路を時刻別に特定することである。これにより，誤配送や納品遅れが発生した場合には，問題が発生した時刻や地点などを明らかにできる。

なお，発地から着地までの貨物の移動経路を特定する貨物追跡システムの例に，日本路線トラック連盟（2015年解散）が構築し，Fitシステム協議会が運営しているFitシステム（Freight Information TransferCenter System）がある。このFitシステムとは，特積み事業者間の貨物追跡情報を共有することで，貨物を他業者へ引き渡した後も貨物追跡を可能にするシステムである[2)]。

13-4　運行管理業務の作業内容

13-4-1　運行計画の業務（⑦使用車両の選定，⑧委託先の選定，⑨運転者の選定）

1）使用車両の選定（⑦）

運行計画の業務は，発注者からの受注内容にしたがい，適切に貨物を届けるためにおこなわれる。

使用車両の選定（⑦）とは，受発注システムから得られる輸送指示情報にもとづき，輸送に必要な車両台数を概算し，使用する貨物自動車を決めることである。このとき，輸送指示情報とは，商品や物資の数量，貨物特性（3T），輸送条件，出発地，到着地，指定到着時間などである（表13-4-1）。

使用車両の選定では，商品や物資の数量，貨物特性（3T），輸送条件などを考慮する。なお，貨物特性とは，貨物（商品や物資）の品質を維持するための，温度（Temperature），消費期限や賞味期限などの時間（Time），取り扱いに注意が必要な壊れ物やワレモノなどの耐性（Tolerance）である。また，輸送条件とは，出荷日時，輸送ロット（輸送しやすいように貨物をまとめた単位），輸送距離，納期，到着時間指定の有無，商品価値（運賃負担力）である。

使用する貨物自動車には，冷凍車，エアサスペンション車，タンク車，ミキサー車などがある。

2）委託先の選定（⑧）

委託先の選定（⑧）とは，自社の保有車両で輸送せずに，商品や物資の輸送を委託するとき，委託先の貨物自動車運送事業者を選ぶことである。

委託先を選定する場合には，委託先の保有車両の種類や運賃などを考慮する[3)]。

表13-４-１　運行管理業務における作業の定義

作　　業	定　　義
⑦使用車両の選定	受発注システムから得られる輸送指示情報にもとづき，輸送に必要な車両台数を概算し，使用する貨物自動車を決めること
⑧委託先の選定	自社の保有車両で輸送せずに，商品や物資の輸送を委託するとき，委託先の貨物自動車運送事業者を選ぶこと
⑨運転者の選定	使用する車両に応じて，輸送を担当する運転者を決めること
⑩車両点検	貨物自動車の出庫前に，安全な運行のために車両を点検すること
⑪出庫点呼	貨物自動車の出庫前に，運行管理者が，運転者が出勤しているかを確認した上で，運転者から車両点検や健康状態の報告を受け，必要な指示をおこなうこと
⑯帰庫点呼	貨物自動車の帰庫後に，運行管理者が，運転者から運行状況の報告を受けること
⑰運転日報の作成・点検	運転者が運転日報を作成・提出し，運行管理者が運転日報の内容を点検すること

３）　運転者の選定（⑨）

運転者の選定（⑨）とは，使用する車両に応じて，輸送を担当する運転者を決めることである。

担当する運転者の選定は，所有する運転免許の種類や勤務状況などを考慮する。運転免許の種類には，準中型免許，中型免許，大型免許，けん引免許などがある。勤務状況とは，運転時間や拘束時間などの実態であり，休息期間の確保や長時間労働の回避などにより改善基準告示（９-３-４参照）を遵守する必要がある。

13-４-２　輸送前の業務（⑩車両点検，⑪出庫点呼）

１）　車両点検（⑩）

輸送前の業務は，交通事故を防止し，労働災害をなくすためにおこなわれる。

車両点検（⑩）とは，貨物自動車の出庫前に，安全な運行のために車両を点検することである。車両点検では，運転者が，タイヤの空気圧や摩耗状況，ランプ類の点灯・点滅状態，ブレーキの効き具合，燃料の残量などを検査する[4)]。

2） 出庫点呼（⑪）

出庫点呼（⑪）とは，貨物自動車の出庫前に，運行管理者が，運転者が出勤しているかを確認した上で，運転者から車両点検や健康状態の報告を受け，必要な指示をおこなうことである。なお，健康状態の報告には，酒気帯びの有無も含んでいる。

運行管理者からの必要な指示には，運行日時，運行ルート，運行ルート上の注意事項，運転者交替や荷役作業の有無などがある[5)]。

なお，「出庫」には２つの意味がある。１つは商品や物資を倉庫などから出すことであり，もう１つは貨物自動車を車庫から出すことである。

13-４-３　輸送後の業務（⑯帰庫点呼，⑰運転日報の作成・点検）

1） 帰庫点呼（⑯）

輸送後の業務は，運行状況と勤務実態を確認するためにおこなわれる。

帰庫点呼（⑯）とは，貨物自動車の帰庫後に，運行管理者が，運転者から運行状況の報告を受けることである。このとき，運転者から受ける運行状況の報告とは，自動車の故障の有無，交通混雑の有無，交通事故の有無などである[5)]。

なお，「帰庫」とは，配送を終了して，貨物自動車が車庫に帰ってきたことである。

2） 運転日報の作成・点検（⑰）

運転日報の作成・点検（⑰）とは，運転者が運転日報を作成・提出し，運行管理者が運転日報の内容を点検することである。

運転日報の作成は，運転者の勤務状況を示すために，勤務日ごとに作成・提出するものである。そして，運転日報に記載する事項は，運転者の氏名，乗務した貨物自動車の自動車登録番号，乗務を開始および終了した日時や場所，走行距離などである。

運行管理者の点検事項は，運行計画と運行実績の差異（走行距離，走行時間，走行経路など），運行中の事故の有無，改善基準告示（9－3－4参照）の違反の有無（労働時間，休憩時間など）などである。もしも，運行計画と運行実績に差異がある場合，運行中に事故があった場合，改善基準告示に違反があった場合には，運行管理者は運転者への聞き取りやドライブレコーダーの映像などにより，原因を解明し，対処する。

なお，運転者が運転日報を作成する際に，デジタルタコグラフを用いて自動作成できる場合がある。デジタルタコグラフとは，貨物自動車の速度，走行時間，走行距離などを記録するデジタル式の運行記録計のことである。

13－5　配送管理業務の作業内容

13－5－1　配送計画の策定（⑫）

配送計画の策定（⑫）とは，輸送指示された配送方法で，配送順序を決定し，配送経路を決めることである（表13－5－1）。

配送方法には，ルート配送とピストン配送がある（4－1－2参照）。このとき，ルート配送は，配送先ごとの商品や物資の数量が少なく，かつ到着指定時刻までの余裕がある場合に用いられる。また，ピストン配送は，配送先ごとの商品や物資の数量が多い場合や，到着指定時刻までの余裕がない場合に用いられる。

ルート配送の場合は配送順序を決める。配送順序の決定では，配送先ごとの到着指定時刻に合わせる。配送経路の決定では，輸送距離や輸送時間が短くなるようにする。

13－5－2　積み込み（⑬）

積み込み（⑬）とは，貨物自動車へ商品や物資を積み込むことである。これは，作業管理システムにおける積み込み（⑪）に相当する（12－5－5参照）。このとき，配送伝票と照合しながら，積み残しがないことを確認する。

表13-5-1　配送管理業務における作業の定義

作　　業	定　　義
⑫配送計画の策定	輸送指示された配送方法で，配送順序を決定し，配送経路を決めること
⑬積み込み	貨物自動車へ商品や物資を積み込むこと
⑭輸送	貨物自動車を用いて，商品や物資を出発地（配送元）から到着地（配送先）まで運ぶこと
⑮荷おろし	貨物自動車から商品や物資をおろすこと

配送伝票とは，輸送指示情報にもとづき，商品や物資の数量，到着地，指定到着時間などを記載した伝票である。

貨物自動車へ積み込む商品や物資は，貨物自動車ごとに仕分けられている。このとき，運転者は担当する配送先への商品や物資を，配送順序や重量配分を考えながら，荷崩れをおこさないように，積み付ける。積み付けとは，貨物自動車の荷室などの限られた空間に，商品や物資を並べたり，積み重ねたりすることである。

13-5-3　輸送（⑭）

輸送（⑭）とは，貨物自動車を用いて，商品や物資を出発地（配送元）から到着地（配送先）まで運ぶことである。運転者は，配送計画の策定（⑫）で決められた配送経路にしたがって，輸送する。

なお，輸送中の交通事故に備えて，貨物自動車にドライブレコーダーを装着する場合がある。ドライブレコーダーとは，走行中の車の前方や後方などの映像を記録する装置のことである。ドライブレコーダーの映像は，歩行者の飛び出しや，前方の車両の急ブレーキなど，交通事故の原因究明などに用いられる。

13-5-4　荷おろし（⑮）

荷おろし（⑮）とは，貨物自動車から商品や物資をおろすことである。これは，作業管理システムにおける荷おろし（①）に相当する（12-2-1参照)。

このときの注意事項として，配送順序の早い商品や物資が扉の手前に積み付けられている場合，手前の商品や物資からおろす。その際，商品や物資を取り出すことによって，重量配分に偏りがないように，また荷崩れをおこさないように注意する必要がある。

荷おろしの終了後，運転者は受領書を受け取る。

第13章の参考文献

1） 苦瀬博仁編著：「サプライチェーン・マネジメント概論」，p.158，白桃書房，2017
2） 一般社団法人 Fit システム協議会 HP：http://www.fit-system.gr.jp/fit.html
3） 苦瀬博仁・梶田ひかる監修：「ロジスティクス管理２級［第３版］」，p.192，中央能力開発協会，2017
4） 公益社団法人全日本トラック協会：「事業用トラックの点検整備ハンドブック」，p.15, 2013
5） 公益社団法人全日本トラック協会：「トラックドライバーのための運行管理に関するポイント（乗務員編）」，p.21, 2006

第14章

ロジスティクスの情報システム

第14章のねらい

第14章の目的は，情報技術について理解するとともに，受発注，在庫管理と作業管理，貨物管理と輸送管理，請求・支払の情報システムを理解することである。

そこで本章では，はじめに，情報技術と情報システムの内容を説明する（14-1）。

次に，ロジスティクス・システムの業務の順序にしたがって，受発注情報システム（14-2），在庫管理情報システムと作業管理情報システム（14-3），貨物管理情報システムと輸送管理情報システム（14-4），請求・支払情報システム（14-5）について説明する。このとき，各情報システムについて，定義と特徴，代表的な情報システム，技術動向を取り上げる。

ロジスティクスの情報システム

- ロジスティクスにおける情報技術と情報システム　(14－1)
  (情報技術の内容, 情報システムの内容)
- 受発注情報システム（A）　(14－2)
  (受発注情報システムの定義と特徴, 代表的な情報システム, 技術動向)
- 在庫管理情報システム(B)と作業管理情報システム(C)　(14－3)
  (在庫管理・作業管理情報システムの定義と特徴, 代表的な情報システム, 技術動向)
- 貨物管理情報システム(D)と輸送管理情報システム(E)　(14－4)
  (貨物管理・輸送管理情報システムの定義と特徴, 代表的な情報システム, 技術動向)
- 請求・支払情報システム（F）　(14－5)
  (請求・支払情報システムの定義と特徴, 代表的な情報システム, 技術動向)

14-1　ロジスティクスにおける情報技術と情報システム

14-1-1　情報技術の内容

1）　情報の定義と内容

情報とは，音声や画像，文字などにより，発信者から受信者に伝えられる一定の意味のことである。たとえば，紙に記された文章や記録，人間の会話，機械により発信される信号などである。ロジスティクスの情報には，数量・品質・位置などの物流情報と，受発注や請求・支払などの商流情報がある（4-6-1参照）。

2）　情報技術の定義と構成

第9章で示したとおり，情報技術とは，情報通信技術と情報ネットワークで構成されている（9-2-4参照，表14-1-1）。

情報通信技術とは，「電話やパソコンなどの端末機器を使って情報を送受信するもの」である。そして，情報通信技術は，情報通信端末（各種センサー，ハンディターミナル，電話機，FAX，スマートフォン，タブレット，パソコンなど）と，これらを制御する情報システム（情報を取得・加工・解析・保存し，送受信するシステム）で構成される[1),2)]。情報通信技術は，主にデータの処理速度とデータ保存容量において進歩するとともに，近年の

表14-1-1　情報技術の内容

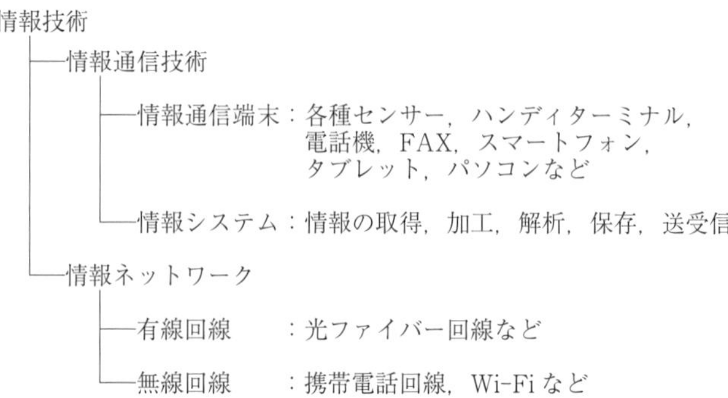

AI（Artificial Intelligence：人工知能）技術の発展により，情報システムを適用できる範囲が広がっている。

たとえば，ロジスティクスの情報システムでは，商品や物資の数量・品質・位置などのデータを読み取り（取得），数量・品質・位置などの情報を更新し（加工），予測や最適化の解析をおこない（解析），その結果を情報として保存（保存）する。そして，これらの情報を送受信する（送受信）。

情報ネットワークとは，「異業種の企業間などで情報交換を円滑におこなうための通信網」である。近年では，光ファイバー回線（デジタル回線）などの有線の回線と，携帯電話回線や Wi-Fi などの無線の回線が，より高速で大容量になっている。

14-1-2　情報システムの内容

1）　ロジスティクスの情報システムの構成

ロジスティクスでは，第11章〜第13章に示したロジスティクス・システムに対応して，情報システムがある。すなわち，ロジスティクス・システムの業務の順序からみると，最初に商流情報システムのうちの「受発注情報システム」がある（14-2）。次に，物流情報システム（施設内）には，「在庫管理情報システム」と「作業管理情報システム」がある（14-3）。そして，物流情報システム（施設間）には，「貨物管理情報システム」と「輸送管理情報システム」がある（14-4）。最後に，商流情報システムのうちの「請求・支払情報システム」がある（14-5）。

本章では，これらのロジスティクスの情報システムについて，その内容と代表的な情報システムを説明するとともに，情報システムに関する技術動向について紹介する（図14-1-1，表14-1-2）。

2）　情報システムの効果と留意点

情報システムには，以下の効果と留意点がある（表14-1-3）。

効果としては，第1に，手作業を軽減できるため，入力ミスなどを削減できることである。第2に，手作業を軽減できるため，作業人員を削減でき，作業時間を短縮できることである。第3に，作業データを情報システムに登

図14-1-1　ロジスティクスの情報システム（図11-1-2参照）

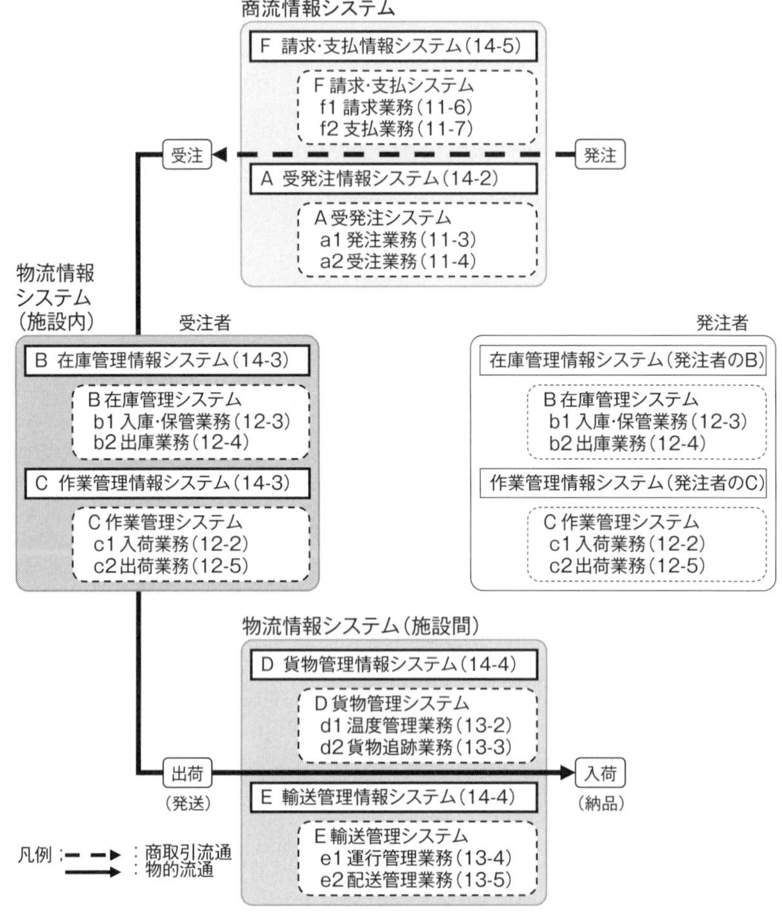

録することで，情報の保存と更新が容易になることである。第4に，複数の情報システムを接続することで，作業の連携が円滑になることである。

留意点としては，第1に，情報システムの導入に，初期費用と維持管理費用がかかることである。第2に，作業の標準化のために，作業や書式を見直す必要があることである。第3に，導入する情報システムの習熟までに，時間と費用がかかることである。

表14-1-2　ロジスティクスの代表的な情報システムの内容

商流情報システム（14-2）	
A 受発注情報システム	
EOS	：発注者が，商品や物資の発注内容を決定し，送付する情報システム
OMS	：受注者が，発注者からの発注内容を受け取り，管理する情報システム
EDI	：企業間や企業内において，統一（ないし標準化）した書式によりデータを電子的に交換すること
物流情報システム（施設内）（14-3）	
B 在庫管理情報システム	
IMS	：倉庫や流通センターにおいて，入庫から出庫に至る期間での，商品の数量・品質・位置を，管理する情報システム
DPS	：ピッキング指示情報が示す商品や物資の保管位置や数量を，デジタル表示する情報システム
C 作業管理情報システム	
DIS	：商品や物資の，数量や品質を確認する情報システム
DAS	：出庫した商品や物資について，出荷先ごとの数量を，デジタル表示する情報システム
物流情報システム（施設間）（14-4）	
D 貨物管理情報システム	
温度管理システム	：輸配送する商品や物資について，荷室や庫内の温度を記録し，品質の劣化の有無を点検する情報システム
貨物追跡システム	：貨物自動車の車載端末から，貨物の通過地点，車両の位置，貨物の移動経路などを把握する情報システム
E 輸送管理情報システム	
TMS	：運行管理システムと配送管理システムを統合したシステム
IT 点呼システム	：運行管理者が，IT 機器を使用して，運転者と画面越しに対面し，点呼をおこなう情報システム
求貨求車システム	：運ぶ貨物を探している貨物自動車の情報と，運んで欲しい貨物の情報をマッチングする情報システム
商流情報システム（14-5）	
F 請求・支払情報システム	
金融 EDI	：取引銀行を経由して，請求と支払のデータを電子的に交換する情報システム
電子決済システム	：情報ネットワークを利用して，現金を使わずに決済を処理する情報システム

表14-1-3　情報システムの効果と留意点

効　果：	①手作業を軽減できるため，入力ミスなどを削減できる ②手作業を軽減できるため，作業人員を削減でき，作業時間を短縮できる ③作業データを情報システムに登録することで，情報の保存と更新が容易になる ④複数の情報システムを接続することで，作業の円滑な連携が可能になる
留意点：	①情報システムの導入に，初期費用と維持管理費用がかかる ②作業の標準化のために，作業や書式を見直す必要がある ③導入する情報システムの習熟までに，時間と費用がかかる

14-2　受発注情報システム（A）

14-2-1　受発注情報システムの定義と特徴

1）　受発注情報システムの定義と内容

受発注情報システム（A）とは，「受発注システムにおける発注業務と受注業務で必要な情報（商品名，品目番号，数量，納期など）を，送受信する情報システム」である。この情報システムにより，発注業務と受注業務の作業を省力化し，高速化するとともに，正確性を高めることができる（8-2-1，第11章参照）。

2）　受発注情報システムの業務と作業

受発注情報システム（A）において，発注業務（a1）が対象とする作業は，販売予定情報・在庫情報の収集（①），発注内容の決定（②），発注情報の送付（③）である。また，受注業務（a2）が対象とする作業は，発注情報の受取（④），在庫の確認（⑤），受注内容の調整（⑥），受注内容の変更（⑦），受注確定・出荷指示（⑧）である（11-3, 11-4参照，図14-2-1）。

14-2-2　代表的な受発注情報システム

1）　EOS（Electric Ordering System：電子発注システム）（作業：②～③）

代表的な受発注情報システムとして，EOS，OMS，EDIがある。

EOSとは，「発注者が，商品や物資の発注内容（②：品目，数量，納期）を決定し，それを送付する（③）情報システム」である（図14-2-1）。

EOS は，メーカーや卸・小売業などの企業間で使用されているが，飲食店などで顧客が料理を注文するタブレットもある（8－2－1参照，写真14-2－1）。

なお，販売予定情報・在庫情報の収集（①）は，発注内容の決定の前に，あらかじめ収集しておくべき情報であり，POS（Point of Sales：販売時点管理）システムや CRM（Customer Relationship Management：顧客関係管理）システムで情報を収集している（11－3－1 参照）。

図14－2－1　代表的な受発注情報システム（図11－2－1参照）

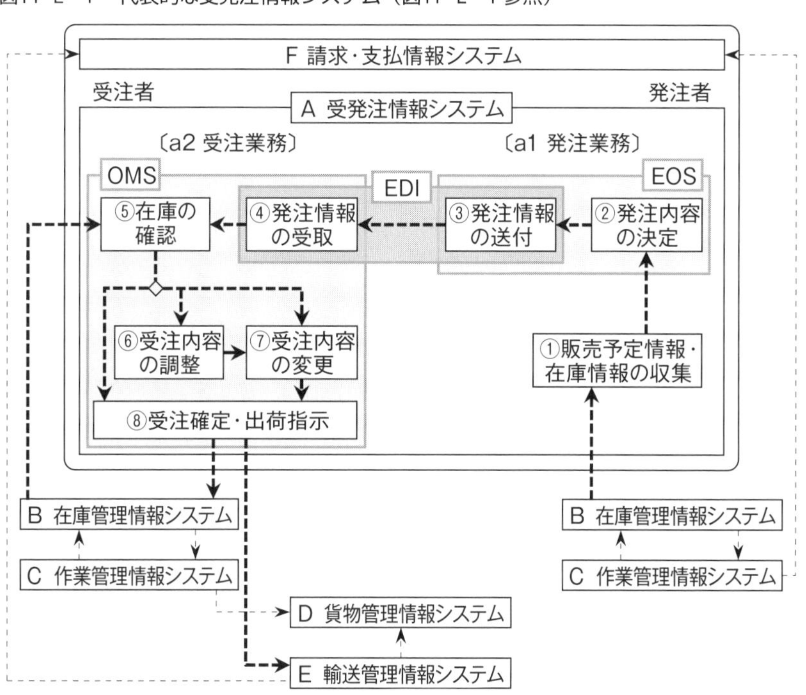

凡例；---→：受発注情報システムに関わる情報の流れ
- - -→：その他の情報の流れ

注：作業手順と内容については，図11-2-1参照。

写真14-2-1　EOS 端末（タブレット）の例[3)]

2）OMS（Order Management System：受注管理システム）（作業：④～⑧）

OMS とは,「受注者が, 発注者からの発注内容（品目, 数量, 納期）を受け取り, 管理する情報システム」である。OMS は, 発注情報の受取（④）から受注確定・出荷指示（⑧）までの作業に対応している。

3）EDI（Electronic Data Interchange：電子データ交換）（作業：③～④）

EDI とは,「企業間や企業内において, 統一（ないし標準化）した書式によりデータを電子的に交換すること」である。EDI は, 発注情報の送付（③）から発注情報の受取（④）までの作業に対応しているが, この情報は, 請求・支払情報システムの請求情報の送付（⑩）, 請求情報の受取（⑪）でも利用する（8-2-5 参照)。

このとき, EDI の書式とは,「受発注, 請求・支払, 入出荷などの情報を送受信するときの, 記載項目や記載方法」である。具体的な記載項目には, 商品名, 品目番号, 単価, 数量, 数量単位名, 発注者番号, 発注者名称, 受注者番号, 受注者名称, 要求納入日などがある。また, 記載方法とは, 記載項目の順序や, 記載項目ごとのコード番号の意味を取り決めることである。このように, 書式を統一しておけば, EDI を通じて容易にデータを送受信できる。

なお，商取引の EDI を複数の企業間で使えるように統一した書式を定めた例としては，日本チェーンストア協会（JCA：Japan Chain Stores Association）が1980年に取り決めた書式（JCA 手順）や，経済産業省の流通システム標準化事業により2007年 4 月に制定された流通 BMS（Business Message Standards：流通ビジネスメッセージ標準）などがある。

14-2-3　受発注情報システムに関する技術動向

1） AI（Artificial Intelligence：人工知能）を用いた自動発注による受発注情報システム

受発注情報システムに関する技術動向の例として，適正な在庫量を維持するために，AI を用いて自動発注をおこなうシステムと，中小企業共通 EDI がある。

AI を用いた自動発注による受発注情報システムは，すでに，一部の企業で導入されている。

このシステムにより期待される効果としては，次の 3 つがある。第 1 は，熟練した担当者がいなくても AI により様々な条件（気象条件，行事など）を加味した精度の高い発注情報を送信できることである。第 2 は，欠品や過剰在庫の発生を回避しつつ，適正な在庫量を維持できることである。第 3 は，自動発注により発注業務を省力化でき，作業人員を削減できることである。

一方で留意事項としては，AI に過去の発注実績等を学習させるために時間がかかることである。

2） 中小企業共通 EDI

中小企業共通 EDI とは，「2018年に中小企業庁と IT コーディネータ協会により策定された，書式を統一した EDI」である[4)]。中小企業共通 EDI 導入以前においては，電子データで管理していても，取引先ごとに書式が異なることが多いため，あらためて入力し直す必要があるなど，電子化の利点を活かせなかった。

中小企業共通 EDI に期待される効果としては，次の 2 つがある，第 1 は，流通BMSよりも幅広い業種で使用できることである。第2は，EDIの書式を統一（ないし標準化）することで，中小企業の受発注の業務の簡素化と迅速化が可能なことである[5)]。

一方で留意事項としては，2019年から統一した書式にもとづくソフトウェアなどが市販されているが，まだ普及途上にあり，使用している企業の数が限られていることである。

14-3　在庫管理情報システム(B)と作業管理情報システム(C)

14-3-1　在庫管理情報システムの定義と特徴

1）在庫管理情報システムの定義と内容

在庫管理情報システム（B）とは，「在庫管理システムにおける入庫・保管業務と出庫業務で必要な情報（商品や物資の商品名・品目番号などと，数量・品質・位置など）を，管理する情報システム」である。この情報システムにより，入庫・保管業務と出庫業務の作業を省力化し，高速化するとともに，正確性を高めることができる（8-2-2，第12章参照）。

2）在庫管理情報システムの業務と作業

在庫管理情報システム（B）において，入庫・保管業務（b1）が対象とする作業は，棚入れ（③），保管（④）である。また，出庫業務（b2）が対象とする作業は，ピッキング（⑤），検品（出庫時）（⑥）である（12-3，12-4参照，図14-3-1）。

14-3-2　代表的な在庫管理情報システム

1）IMS（Inventory Management System：在庫管理システム）（作業：③～⑥）

代表的な在庫管理システムとして，IMSとDPSがある。

IMSとは，「倉庫や流通センターにおいて，入庫から出庫に至る期間での，商品の数量・品質（消費期限・賞味期限，破損・汚損）・位置を管理する情報システム」である[6)]。IMSは，棚入れ（③）から検品（出庫時）（⑥）ま

図14-3-1　代表的な在庫管理情報システムと作業管理情報システム（図12-1-1参照）

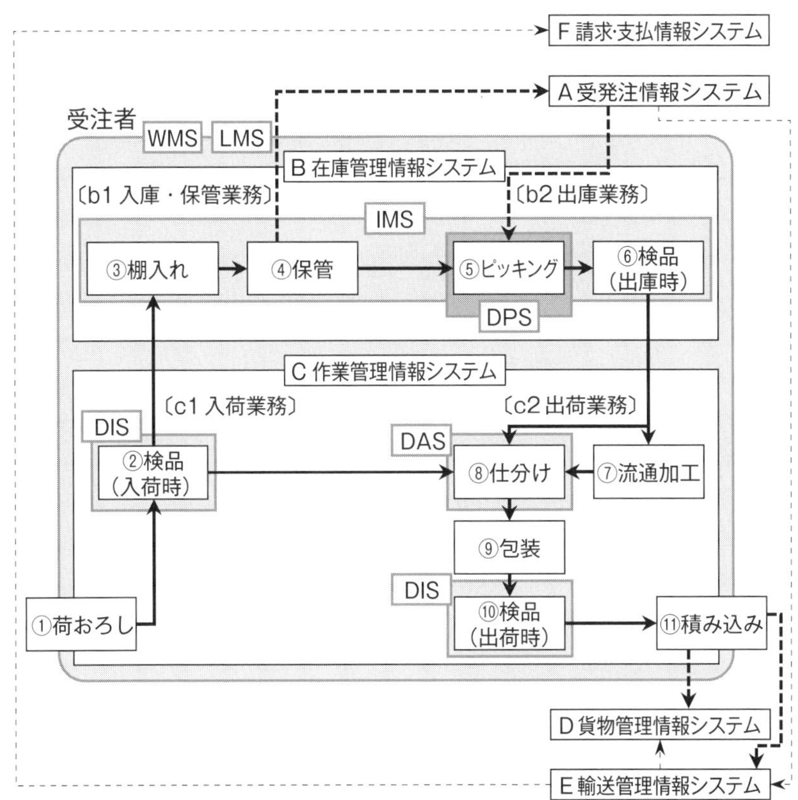

凡例；→：在庫管理情報システムと作業管理情報システムに関わる物の流れ
　　　⇢：在庫管理情報システムと作業管理情報システムに関わる情報の流れ
　　　⇢：その他の情報の流れ
注：作業手順と内容については、図12-1-1参照。

での作業に対応している。

2）DPS（Digital Picking System：デジタルピッキングシステム）（作業：⑤）

DPSとは，「ピッキング指示情報が示す商品や物資の保管位置や数量を，デジタル表示する情報システム」である[7]。DPSは，ピッキング（⑤）の作業に対応している。

たとえば，DPSを用いて作業者がタブレットなどにピッキング指示情報を送信したり，ピッキングした商品や物資に誤りがないかを確認する。なかには，作業者がスマートグラスと呼ばれるメガネ型の機器を装着し，メガネのレンズ越しにVR（Virtual Reality：仮想現実）技術を用いて表示される商品や物資の保管位置を把握するものもある（8－2－3参照）。

14－3－3　作業管理情報システムの定義と特徴

1）　作業管理情報システムの定義と内容

作業管理情報システム（C）とは，「作業管理システムにおける入荷・出荷業務（荷おろし・検品と，流通加工・包装・積み込みなど）で必要な情報（商品や物資の商品名・品目番号などと，数量・品質・位置など）を，管理する情報システム」である。流通センターや店舗内での作業（荷おろし，検品（入荷時），流通加工，仕分け，包装，検品（出荷時），積み込み）を，機械化・自動化する装置の操作にも使われる。この情報システムにより，入荷業務と出荷業務の作業を省力化し，高速化するとともに，正確性を高めることができる（8－2－3，第12章参照）。

2）　作業管理情報システムの業務と作業

作業管理情報システム（C）において，入荷業務（c１）が対象とする作業は，荷おろし（①），検品（入荷時）（②）である。また，出荷業務（c２）が対象とする作業は，流通加工（⑦），仕分け（⑧），包装（⑨），検品（出荷時）（⑩），積み込み（⑪）である（12-2, 12-５参照，図14-３-１）。

14－3－4　代表的な作業管理情報システム

1）　DIS（Digital Inspection System：デジタル検品システム）（作業：②⑩）

代表的な作業管理情報システムとして，DISとDASがある。

DISとは，「商品や物資の数量や品質を確認する情報システム」である。DISは，検品（入荷時②，出荷時⑩）の作業に対応している。このときに，商品や物資と，伝票や端末に示される情報を照合する。

たとえば，入荷時には納品書に記載されている情報（商品名，品目番号，数量など）と入荷した商品を照合する。納品書やピッキング指示情報の電子データがあれば，商品や物資に貼付されているバーコードをハンディターミナルで読み込むことで，自動的に検品できる。RFID（Radio Frequency Identification：電波による個別識別）を利用すれば，検品対象の商品や物資を読み取り装置にかざすだけで検品ができる（8－3－1参照）。

2） DAS（Digital Assort System：デジタル仕分けシステム）（作業：⑧）

DASとは，「出庫した商品や物資について，出荷先ごとの数量を，デジタル表示する情報システム」である。DASは，仕分け（⑧）の作業に対応しており，種まき方式によるピッキングの後に用いられる[8)]（12－4－1参照）。

たとえば，作業者が仕分け場に搬送された商品や物資に貼付されているバーコードをハンディターミナルで読み込み，出荷先ごとに設置されたデジタル表示器にしたがって，商品や物資を仕分ける。

14－3－5　倉庫管理システム（WMS）と労務管理システム（LMS）

1） 施設内（流通センターや店舗など）での情報システムの構成

施設内（流通センターや店舗など）での情報システムには，先述したように（14－3－1～14－3－4），施設内の在庫を対象とする在庫管理情報システムと，個々の作業を対象とする作業管理情報システムがある。

近年では，この2つのシステムを統合した倉庫管理システム（WMS：Warehouse Management System）が一般的に用いられるようになっている。

また，施設内で働く作業員については，その勤務状況や作業状況を管理対象とする労務管理システム（LMS：Labor Management System）がある。

2） WMS（Warehouse Management System：倉庫管理システム）（作業：①～⑪）

WMSとは，「『在庫管理システム（IMS）』と『作業管理システム』を，統合したシステム」である（8－2－4参照，図14－3－2）。

WMSでは，入荷から，入庫・保管・出庫を経て，出荷までの間の，すべての作業（①〜⑪）を通じて，商品や物資の数量・品質・位置とともに，作業内容を管理する。これにより，施設内での商品や物資の状況（その時点での商品の在庫状況や，作業の進捗状況など）を把握できる（8-2-4，図8-2-5，第12章参照）。

3） LMS（Labor Management System：労務管理システム）（作業：①〜⑪）

LMSとは，「倉庫や流通センターなどで，荷おろし，検品，ピッキング，流通加工，包装などの作業（①〜⑪）が，適切な作業時間と作業者数のもとでおこなわれるように，作業内容を計画・指示し，作業時間や作業者数を管理するシステム」である[9)]。

LMSにより，事前に作業計画を作成し，作業者の適正な配置が可能となる。そして，倉庫や流通センターでの作業者の人数や作業時間をもとに，作業効率を分析できる。そして，作業効率を評価する指標（処理した個数や作業ミスの発生件数）を設定することにより，改善目標を定めることができる。

図14-3-2　WMSが対象とする作業と管理項目[10)]

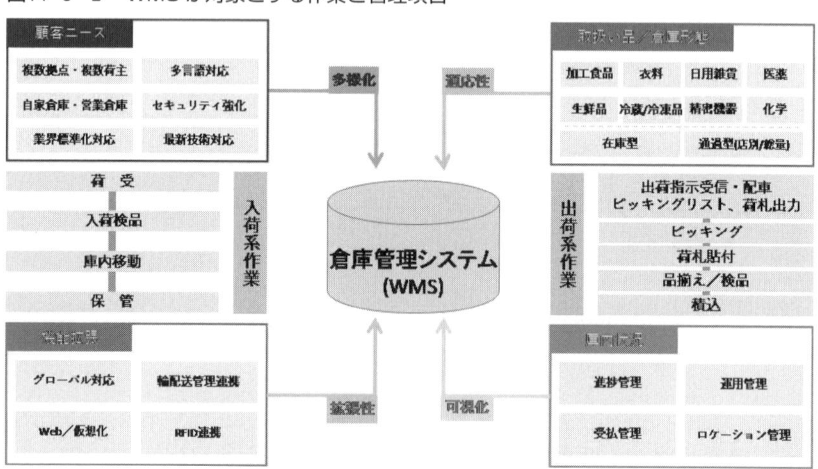

14-3-6　在庫管理情報システムと作業管理情報システムに関する技術動向

1）ロボット技術を活用した倉庫システム

在庫管理情報システムと作業管理情報システムに関する技術動向の例として，ロボット技術を活用した倉庫システムと自動搬送システムがある。

ロボット技術を活用した倉庫システムとは，「ロボットが倉庫内や保管棚の間を前後左右に動き回り，商品や物資の入ったケースやコンテナを作業者がいる場所まで運ぶシステム」である。

すでに実用化されている例として，オートストア社（ノルウェー）のオートストア（Auto Store）がある。オートストアは，大きさが規格化されたコンテナを立体的に隙間なく積み重ね，コンテナの間に組まれた支柱の上を複数台のロボットが走行し，取り出したい商品や物資が収納されたコンテナを引き上げてから移動させ，作業者のところまで運ぶものである[11]（写真14-3-1）。

ロボット技術を活用した倉庫システムにより期待される効果としては，次の2つがある。第1は，ピッキング作業者が移動しなくてすむことである。第2は，商品や物資を保管するケースやコンテナを隙間なく積み上げることができるため，同じ面積でも収納容積を増やせることである。

写真14-3-1　ロボット技術を活用した倉庫システムの例[11]

ロボットがコンテナを運んでいる（コンテナの大きさは，60×40×31cm）

作業者がコンテナから，商品を取り出している様子

写真14-3-2　ロボット技術を活用した自動搬送システムの例[12)]

収納棚を搬送するロボット（大きさ，97×67×38cm）

ロボットが，棚を下から支えて移動する様子

2）ロボット技術を活用した自動搬送システム

ロボット技術を活用した自動搬送システムとは，「AIを搭載し，障害物などを自動的に回避しながら，収納棚を搬送するロボットを駆動させるシステム」である。

すでに実用化されている例として，グレイオレンジ社のレンジャーGTP（Ranger GTP）（旧名バトラー，Butler），アマゾンロボティクス社のキヴァ（kiva）などがある。たとえば，レンジャーGTPは，ロボットが収納棚の下に入り，棚を押し上げて搬送する[12)]（写真14-3-2）。

ロボット技術を活用した自動搬送システムにより期待される効果としては，次の2つがある。第1は，ピッキング作業者が移動しなくてすむことである。第2は，人や障害物を自動的に回避して収納棚を搬送することにより，作業者との接触回避など倉庫内の安全性を向上できることである。

一方で留意事項としては，棚の重心が高くなり不安定になることを避けるために，収納する商品や物資の重さと棚の高さに制限がある。

14-4　貨物管理情報システム（D）と輸送管理情報システム（E）

14-4-1　貨物管理情報システムの定義と特徴

1）貨物管理情報システムの定義と内容

貨物管理情報システム（D）とは，「貨物管理システムにおける温度管理業務と貨物追跡業務で必要な情報（輸送中の貨物の，数量・品質・位置など）を，管理する情報システム」である。この情報システムにより，温度管理業務と貨物追跡業務の作業を省力化し，高速化するとともに，正確性を高めることができる（8－3－2，第13章参照）。

2） 貨物管理情報システムの業務と作業

貨物管理情報システム（D）において，温度管理業務（d1）が対象とする作業は，温度の計測（①），温度の調整（②），貨物の品質の点検（③）である。また，貨物追跡業務（d2）が対象とする作業は，貨物の通過地点の特定（④），車両位置の特定（⑤），貨物の移動経路の特定（⑥）である（13-2，13-3参照，図14-4-1）。

14-4-2 代表的な貨物管理情報システム

1） 温度管理システム（作業：①～③）

代表的な貨物管理情報システムとして，温度管理システムと貨物追跡システムがある。

温度管理システムとは，「常温以外の定められた温度で輸配送する商品や物資について，荷室や庫内の温度を記録するとともに，品質の劣化の有無を点検する情報システム」である[13)]。温度管理システムは，温度の計測（①），温度の調整（②），貨物の品質の点検（③）の作業に対応している。

2） 貨物追跡システム（作業：④～⑥）

貨物追跡システムとは，「貨物自動車の車載端末からデータ通信機能などを利用して，貨物の通過地点，車両の位置，貨物の移動経路などを把握する情報システム」である[14)]。貨物追跡システムは，貨物の通過地点の特定（④），車両位置の特定（⑤），貨物の移動経路の特定（⑥）の作業に対応している。

貨物追跡システムのソフトウェアは，数多く市販されており，管理できる作業は多岐にわたる。たとえば，GPSの位置情報と合わせてデータを送信すれば，車両の位置と同時に，その車両の温度情報を地図画面上にリアルタイム表示ができる。また，デジタルタコグラフやドライブレコーダーのデー

図14-4-1　代表的な貨物管理情報システムと輸送管理情報システム（図13-1-1参照）

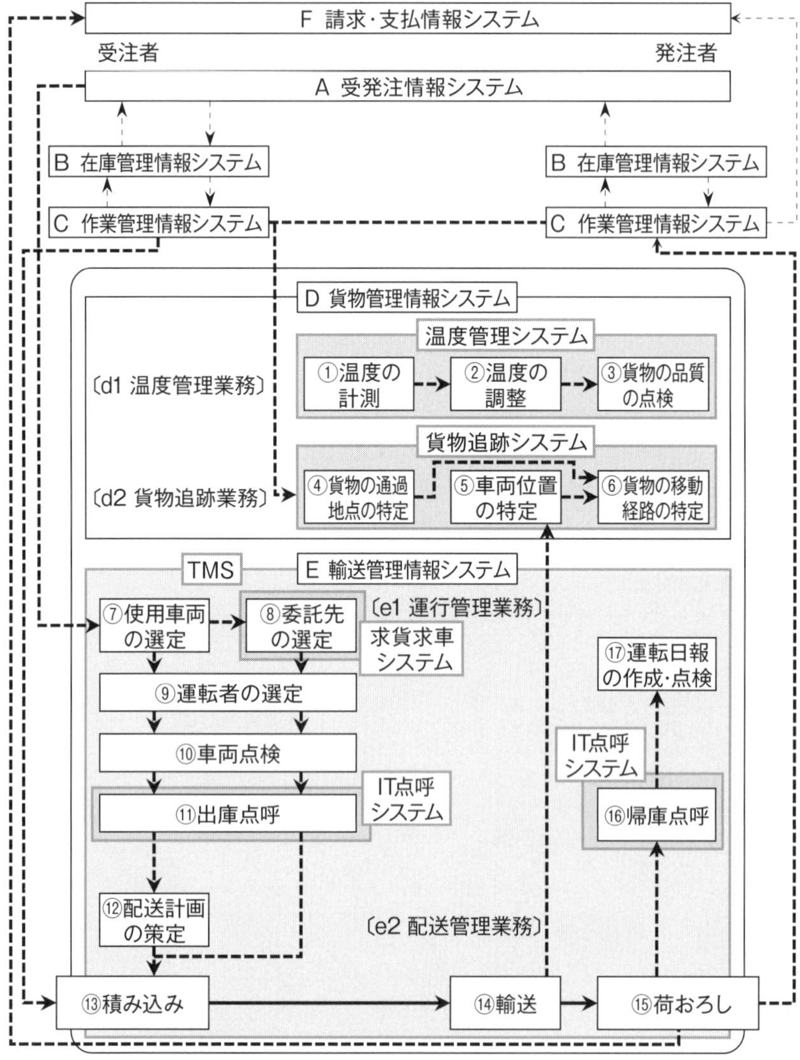

凡例：→：輸送管理情報システムに関わる物の流れ
- - →：貨物管理情報システムと輸送管理情報システムに関わる情報の流れ
- - →：その他の情報の流れ

注：作業手順と内容については、図13-1-1参照。

タを営業所に送信すれば，日報作成にも利用できる。

14-4-3　輸送管理情報システムの定義と特徴

1）　輸送管理情報システムの定義と内容

輸送管理情報システム（E）とは，「輸送管理システムにおける運行管理業務と配送管理業務で必要な情報（貨物自動車の運行状況・運転者の労務状況などと，貨物自動車の位置・配送経路・配送時刻など）を，管理する情報システム」である。この情報システムにより，運行管理業務と配送管理業務の作業を省力化し，高速化するとともに，正確性を高めることができる（8-3-3，図8-3-3，第13章参照）。

2）　輸送管理情報システムの業務と作業

輸送管理情報システム（E）において，運行管理業務（e1）が対象とする作業は，使用車両の選定（⑦），委託先の選定（⑧），運転者の選定（⑨），車両点検（⑩），出庫点呼（⑪），帰庫点呼（⑯），運転日報の作成・点検（⑰）である。また，配送管理業務（e2）が対象とする作業は，配送計画の策定（⑫），積み込み（⑬），輸送（⑭），荷おろし（⑮）である（13-4，13-5参照，図14-4-1）。

14-4-4　代表的な輸送管理情報システム

1）　TMS（Transportation Management System：輸送管理情報システム）（作業：⑦～⑰）

代表的な輸送管理情報システムとして，TMS，IT点呼システム，求貨求車システムがある。

TMSとは，「『運行管理システム』と『配送管理システム』を統合したシステム」である（8-3-3参照，図14-4-2）。TMSは，出荷依頼にもとづく使用車両の選定（⑦）から，配送計画の策定（⑫）や輸送（⑭）などを経て，運転日報の作成・点検（⑰）までの作業に対応している。

TMSにより，車両の走行状況や運転手の労務状況，および配送ルートや配送時刻を把握することができる。

2） IT 点呼システム（作業：⑪⑯）

IT 点呼システムとは，「遠隔地にいる運行管理者が，IT 機器（TV 電話やパソコンカメラ，アルコール検知器など）を使って，運転者と画面越しに対面して点呼（出庫時⑪，帰庫時⑯）をおこなう情報システム」である[15]。

IT 点呼システムでは，運行管理者が営業所にいる必要がなく，運行管理者の移動時間を省いたり，早朝や深夜の勤務にも柔軟に対応できる。

3） 求貨求車システム（作業：⑧）

求貨求車システムとは，「運ぶ貨物を探している貨物自動車の情報と，運んで欲しい貨物の情報をマッチングすることで，効率的に委託先を選定（⑧）する情報システム」である。

求貨求車システムは，登録制や会員制により，情報を共有する例が多い。たとえば，日本貨物運送協同組合連合会のシステム（WebKIT 2）では，地図上で車両位置や貨物の積みおろし地点が確認できようになっている[17]。

図14-4-2　輸送管理情報システム（TMS）のパソコンでの表示例[16]

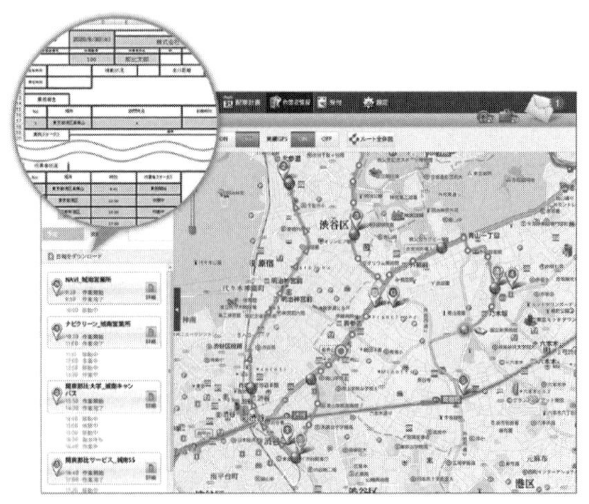

14-4-5　貨物管理情報システムと輸送管理情報システムに関する技術動向

1）大型貨物自動車の隊列走行

貨物管理情報システムと輸送管理情報システムに関する技術動向の例として，大型貨物自動車の隊列走行，貨客混載輸送，配送用のロボットとドローンがある。

大型貨物自動車の隊列走行とは，「大型貨物自動車の車間距離を，通信やセンサーによって一定に保ちながら，複数の大型貨物自動車が連なって走行するもの」である。現在，高速道路などで実験中である。まずは運転者が先頭車両の運転席にいるだけで，後続車両には運転者がいない隊列走行を経て，将来は完全な無人自動運転による隊列走行が目標とされている[18)]（写真14-4-1）。

大型貨物自動車の隊列走行により期待される効果としては，次の２つがある。第１は，大型貨物自動車運転者の運転時の負荷を軽減できることである。第２は，事故の回避など安全性を向上できることである。

一方で留意事項としては，次の３つがある。第１に，大型貨物自動車隊列の車間に他の車両が入ってきた場合，隊列走行が乱されることである。第２に，大型貨物自動車が隊列を組むスペースが限られることである。第３に，我が国では貨物の積みおろし（荷役）を運転者がおこなうことが多いため，無人自動運転が実現した場合は，積みおろし作業体制が課題である。

写真14-4-1　大型貨物自動車の隊列走行の実験[19)]

2） 貨客混載輸送

貨客混載輸送とは，「旅客自動車運送事業と貨物自動車運送事業の許可を受けた事業者が，同一の車両・運転者・運行管理者等で人と物の輸送をおこなうこと」である。

貨客混載輸送の目的は，人口減少にともなう輸送需要の減少が深刻な課題となっている過疎地域等において，人流・物流サービスの持続可能性を確保することである。

たとえば，中山間地域における路線バスでは，座席の一部に貨物を積載していることが多い。また，長距離の高速バスの一部では，座席下にある貨物スペースを利用して貨物を輸送している。この貨客混載輸送は，2017年から一部地域で始まった。

貨客混載輸送により期待される効果としては，次の３つがある。第１は，貨物量が少なく商品や物資の輸送が事業採算的に困難な地域に対しても，輸送を維持できることである。第２は，長距離の幹線輸送を貨客混載できれば，長距離の輸送を減らすことができるため，運転者の労働時間の短縮と良好な労働環境の維持が可能になることである。第３は，貨物と旅客を同じ車両で輸送することで，事業者の収益向上を期待できることである。

3） 配送用ロボットとドローン

配送における新しい技術には，配送用ロボットやドローンがある（写真14-４-２）。

配送用ロボットとは，「最終届け先への配送（ラストマイル）において，貨物を配送するロボット」である。配送の人手不足解消のために，中山間地域での配送や都心のビル内配送などの利用が考えられている。

ドローンとは，無人航空機の総称であるが，通常は「遠隔操作ないし自動操縦によって飛行する小型航空機」を指すことが多い。特に，軽量の貨物を緊急輸送する場合に適しており，離島への緊急輸送などの実験がおこなわれている。

配送用ロボットもドローンも，地域や地形によっては実際の利用に供されることが期待されている。この一方で，配送に不可欠な積み込み，荷おろし

写真14-4-2　配送用ロボットとドローンの例[20),21)]

配送用ロボット

ドローン

や，届け先での受取の確認方法など，解決すべき課題もある。

14-5　請求・支払情報システム（F）

14-5-1　請求・支払情報システムの定義と特徴

1）請求・支払情報システムの定義と内容

請求・支払情報システム（F）とは，「請求・支払システムにおける請求業務と支払業務で必要な情報（商品名，請求番号，金額，請求日，支払期限など）を，管理する情報システム」である。この情報システムにより，請求業務と支払業務の作業を省力化し，高速化するとともに，正確性を高めることができる（第11章参照）。

2）請求・支払情報システムの業務と作業

請求・支払情報システム（F）において，請求業務（f1）が対象とする作業は，請求内容の決定（⑨），請求情報の送付（⑩），入金確認・支払情報の受取（⑭）である。また，支払業務（f2）が対象とする作業は，請求情報の受取（⑪），支払内容の確認（⑫），出金処理・支払情報の送付（⑬）である（11-6, 11-7参照，図14-5-1）。

図14-5-1　代表的な請求・支払情報システム（図11-5-1参照）

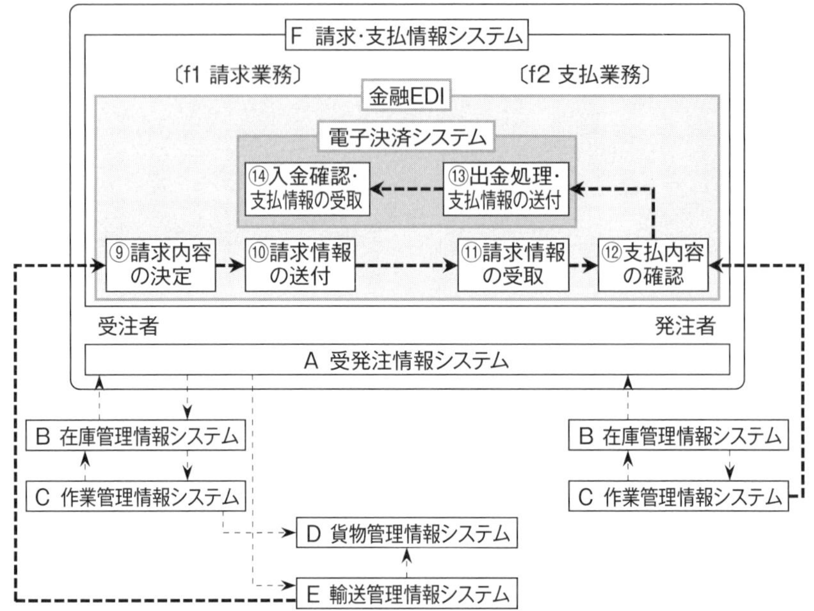

凡例：:請求･支払情報システムに関わる情報の流れ
:その他の情報の流れ

注：作業手順と内容については，図11-5-1参照。

14-5-2　代表的な請求・支払情報システム

1）　金融 EDI（作業：⑨〜⑫，⑬〜⑭）

代表的な請求・支払情報システムとして，金融 EDI と電子決済システムがある。

金融 EDI とは，「取引銀行を経由して，請求と支払のデータを電子的に交換する情報システム」である。金融 EDI は，請求内容の決定（⑨）から支払内容の確認（⑫）までと，出金処理・支払情報の送付（⑬）から入金確認・支払情報の受取（⑭）までの作業に対応している。

金融 EDI を利用する効果は2つある。第1に，振込内容（入金者，金額，日付など）と受発注内容の照合が自動的におこなえることにより，人手による作業ミスを回避できることである。第２に，受発注内容の照合の自動化により，作業が簡素化・省力化し，高速化できることである。

２） 電子決済システム（作業：⑬〜⑭）

電子決済システムとは，「情報ネットワークを利用して，現金を使わずに決済を処理する情報システム」である。電子決済システムは，出金処理・支払情報の送付（⑬）から入金確認・支払情報の受取（⑭）までの作業に対応している。

企業間の請求・支払では，銀行のインターネットバンキングやファームバンキングが主流である。また，クレジットカードやデビットカードによる支払，電子マネー（電子通貨）による支払などもある。

このうち，インターネットバンキングは，インターネットを使って，取引のある銀行のサーバーに接続することによって利用できる。複数の振込先があるときであっても，振込先１件ごとに，振込操作を繰り返す必要がある。さらに，金融機関によって一日に操作できる金額に制限がある。

また，ファームバンキングは，専用のソフトウェアを使って，利用者（企業）のコンピュータ等を取引のある銀行のサーバーに接続することによって利用できる。複数の振込先を登録しておけば，宛先や金額が異なっていても，一回の操作で振り込むことができる。たとえば，企業の給与振込など，大量の出金を一括しておこなうことができる。

14-５-３　請求・支払情報システムに関する技術動向

１） 全銀 EDI システム（ZEDI）

請求・支払情報システムに関する技術動向の例として，全銀 EDI システム（ZEDI）がある。

全銀 EDI システム（ZEDI）とは，「口座振込に合わせて，支払情報を文字数の制限なく送受信できる情報システム」である。全銀ネット（全国銀行資金決済ネットワーク）の頭文字 Z を用いて ZEDI と呼ばれている。ZEDI は2018年から稼働し，これまでの金融 EDI から徐々に移行されている[22)]（図14-５-２）。

図14-5-2　全銀EDIシステムにおける情報設定の自由度の向上[23)]

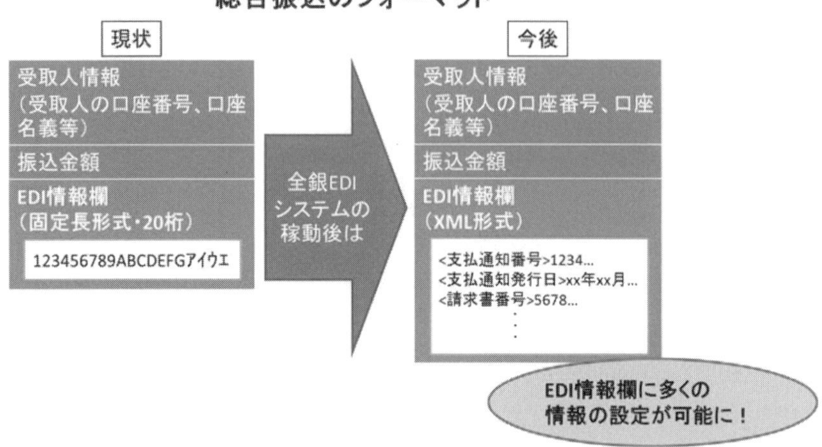

※総合振込とは取引先等への振込をひと月分など一括して振り込む方式

従来，口座振込の際に送付できる情報には文字数の制限があった。しかし，ZEDIでは，発注者は，支払情報（発注番号，発注日，発注者名称，発注内容など）の文字数を自由に設定することができる。このため，支払情報をより正確に伝えることができる。このZEDIは，インターネットバンキングとファームバンキングで利用できるが，ZEDIに対応した会計のソフトウェアが必要になる。

なお，中小企業庁では，中小企業の受発注業務と請求・支払業務の効率化を目的として，中小企業共通EDIとZEDIの連携の実証実験をおこなっている（14-2-3参照）。

第14章の参考文献

1） 伊藤潔，廣田豊彦，岡部眞幸，川端亮：「情報システムの基礎」，p.1，共立出版，2003

2） 細野公男，中嶋聞多，浦昭二：「情報社会を理解するためのキーワード：2」，pp.85-95，培風館，2003

3）　国分グローサーズチェーン株式会社 提供

4）　特定非営利活動法人 IT コーディネータ協会：「平成28年度　経営力向上・IT 基盤整備支援事業（次世代企業間データ連携調査事業）」報告書，pp. 1 - 2 , 2018

5）　次世代企業間データ連携調査事業事務局：「中小企業共通 EDI 標準 概要説明資料」，pp. 3 -10, 2018

6）　苦瀬博仁編著：「サプライチェーン・マネジメント概論」，p.163, 白桃書房，2017

7）　公益社団法人日本ロジスティクスシステム協会（監修）：「ロジスティクス用語辞典〔第 3 版〕」，p.124, 白桃書房，2009

8）　株式会社ダイフク HP：https://www.daifuku-logistics solutions.com/jp/

9）　前掲出 6 ），p.164

10）　株式会社日立製作所 HP：https://www.hitachi.co.jp/

11）　株式会社オカムラ 提供

12）　グレイオレンジ社製，ロボットスタート株式会社 提供

13）　ソレキア株式会社 HP：「冷凍トラック監視システム適用事例」，https://service.solekia.com/

14）　公益社団法人全日本トラック協会：「IT 機器・システム導入ガイド」中小トラック運送事業者のための IT 機器・システム導入ガイド「動態管理システム」，2015

15）　公益社団法人全日本トラック協会：「IT 機器・システム導入ガイド」中小トラック運送事業者のための IT 機器・システム導入ガイド「IT 点呼」，2015

16）　株式会社パスコ HP：https://www.pasco.co.jp/

17）　日本貨物運送協同組合連合会：「求荷求車情報ネットワーク WebKIT2」パンフレット，2020

18）　一般社団法人日本自動車工業会 HP：http://www.jama.or.jp/

19）　国土交通省：報道発表資料「高速道路におけるトラック隊列走行の公道実証を実施します」，2020

20）　ロボットスタート株式会社 提供

21）　日本郵便株式会社 提供

22）　一般社団法人全国銀行資金決済ネットワーク HP：「全銀 EDI システムの紹介」，https://www.zengin-net.jp/

23）　一般社団法人全国銀行協会 HP：https://www.zenginkyo.or.jp/

索　引

和　文

【あ行】

【か行】

【さ行】

【な行】

【は行】

【ま行】

【や行】

【ら行】

【わ行】

欧　文

執筆者紹介

＜編著者＞

苦瀬博仁（くせ・ひろひと）

：東京海洋大学名誉教授，元流通経済大学教授

早稲田大学理工学部土木工学科卒業。同大学大学院修士課程修了。同大学大学院博士課程修了，工学博士取得。1981年，日本国土開発㈱に入社。1986年東京商船大学助教授，1994年より同大学教授。1994年８月より1995年８月まで，フィリピン大学工学部客員教授。2003年大学統合により東京海洋大学教授。2004年６月より2009年５月まで，東京大学大学院医学系研究科客員教授を併任。2009年４月より2012年３月まで，東京海洋大学理事・副学長（教育学生支援担当）。2012年４月より2014年３月まで，東京海洋大学大学院教授。2014年４月より2021年３月まで，流通経済大学流通情報学部教授。2014年４月より東京海洋大学名誉教授。

専門分野：ロジスティクス，都市物流システム，流通システム，都市計画など。

主要著書：「ソーシャル・ロジスティクス」（単著，白桃書房，2022）
「新・ロジスティクスの歴史物語」（単著，白桃書房，2022）
「物流と都市地域計画」（編著，大成出版社，2020）
「サプライチェーン・マネジメント概論」（編著，白桃書房，2017）
「ロジスティクスの歴史物語」（単著，白桃書房，2016）
「ロジスティクス・BASIC 級（ビジネスキャリア検定試験標準テキスト）」（監修，社会保険研究所，2015）
「みんなの知らないロジスティクスの仕組み」（共著，白桃書房，2015）
「物流からみた道路交通計画」（編著，大成出版社，2014）
「病院のロジスティクス」（編著，白桃書房，2009）
「ビジネスキャリア検定試験標準テキスト」（監修，社会保険研究所，2007）
（ロジスティクス管理／ロジスティクス・オペレーション，２級／３級）
「都市の物流マネジメント」（編著，勁草書房，2006）
「付加価値創造のロジスティクス」（税務経理協会，1999）など

< 執筆者 >

岩尾詠一郎（いわお・えいいちろう）

：専修大学商学部教授

東京商船大学商船学部流通情報工学課程卒業。同大学大学院博士前期課程修了。同大学大学院博士後期課程修了，博士（工学）取得。2002年㈱日通総合研究所に入社。2006年より専修大学商学部講師。2009年より同大学准教授。2015年より現職。

専門分野：ロジスティクス・流通システムなど。

主要著書：「サプライチェーン・マネジメント概論」（共著，白桃書房，2017）
「都市の物流マネジメント」（共著，勁草書房，2006）

味水佑毅（みすい・ゆうき）

：流通経済大学流通情報学部教授

一橋大学商学部卒業。同大学大学院商学研究科修士課程修了。同大学大学院商学研究科博士課程修了，博士（商学）取得。2005年より一橋大学大学院商学研究科講師（ジュニアフェロー）。2006年より高崎経済大学地域政策学部専任講師。2009年同大学准教授。2016年より味水税理士事務所。2019年より流通経済大学流通情報学部准教授。2021年より現職。

専門分野：ロジスティクス，交通経済学，観光政策論など。

主要著書：「サプライチェーン・マネジメント概論」（共著，白桃書房，2017）
「現代交通問題 考」（共著，成山堂書店，2015）
「交通インフラ・ファイナンス」（共著，成山堂書店，2014）
「交通市場と社会資本の経済学」（共著，有斐閣，2010）
「対距離課金による道路整備」（編著，勁草書房，2008）

飴野仁子（あめの・ひろこ）

：関西大学商学部教授

名城大学商学部卒業。同大学院商学研究科博士前期課程修了。同大学院商学研究科博士後期課程修了，博士（商学）取得。2003年大阪市立大学大学院経営学研究科研究生修了。同年より東海大学海洋学部専任講師。2004年より西南学院大学商学部専任講師。2005年より同大学助教授。2007年より関西大学商学部准教授。2012年より現職。

専門分野：ロジスティクス，国際物流システムなど。

主要著書：「サプライチェーン・マネジメント概論」（共著，白桃書房，2017）
「アジアの航空貨物輸送と空港」アジア研選書 No.45（共著，独立行政法人日本貿易振興機構アジア経済研究所，2017）
「グローバル金融危機と経済統合－欧州での教訓－」（共著，関西大学出版部，2012）
「交通論を学ぶ」（共著，法律文化社，2006）

李　志明（い・じみょん）

：流通科学大学商学部准教授

仁荷大学貿易学科卒業（韓国）。東京商船大学（現・東京海洋大学）大学院博士前期課程修了。同大学大学院博士後期課程修了，博士（工学）取得。2008年㈶日本海事センターに入社。2011年より流通科学大学商学部講師。2014年より現職。

専門分野：ロジスティクス，海運など。

主要著書：「サプライチェーン・マネジメント概論」（共著，白桃書房，2017）
　　　　　「内航海運」（共著，晃洋書房，2014）

石川友保（いしかわ・ともやす）

：福島大学共生システム理工学類准教授

東京商船大学商船学部流通情報工学課程卒業。同大学大学院博士前期課程修了。2009年博士（工学）取得（東京海洋大学）。1999年より㈶計量計画研究所研究員。2005年より東京大学大学院医学系研究科佐川急便「ホスピタル・ロジスティクス」講座特任助教。2009年より㈶計量計画研究所研究員。2010年より福島大学大学院共生システム理工学研究科特任助教。2012年より日立建機㈱技師。2014年より現職。

専門分野：ロジスティクス，オペレーションズ・リサーチなど。

主要著書：「サプライチェーン・マネジメント概論」（共著，白桃書房，2017）
　　　　　「病院のロジスティクス」（共著，白桃書房，2009）
　　　　　「明日の都市交通政策」（共著，成文堂，2003）

長田哲平（おさだ・てっぺい）

：宇都宮大学地域デザイン科学部准教授

宇都宮大学工学部建設学科卒業。同大学大学院博士前期課程修了。同大学大学院博士後期課程修了，博士（工学）取得。2005年より宇都宮市総合政策部政策審議室市政研究センター専門研究嘱託員。2006年より東京大学大学院医学系研究科佐川急便「ホスピタル・ロジスティクス」講座特任助教，2009年国際航業㈱に入社，2010年より日本大学理工学部社会交通工学科助教。2013年より宇都宮大学助教。2020年より現職。

専門分野：都市計画，交通計画，ロジスティクスなど。

主要著書：「図説わかる交通計画」（共著，学芸出版，2020）
　　　　　「サプライチェーン・マネジメント概論」（共著，白桃書房，2017）
　　　　　「病院のロジスティクス」（共著，白桃書房，2009）

渡部　幹（わたなべ・みき）

：株式会社建設技術研究所顧問・特任技師長

早稲田大学理工学部土木工学科卒業。同大学大学院修士課程修了。1980年日本国土開発㈱に入社，㈱トデック出向。1986年出向解除，技術研究所，エンジニアリング本部。2000年㈱日通総合研究所に入社。2003年より同社経済研究部長。2008年より同社取締役経済研究部長。2010年より同社取締役。2012年より東京海洋大学特任教授，兼㈱建設技術研究所顧問・特任技師長。2016年より現職。

専門分野：都市計画，物流計画など。

主要著書：「物流と都市地域計画」（共著，大成出版社，2020）
「サプライチェーン・マネジメント概論」（共著，白桃書房，2017）
「物流からみた道路交通計画」（共著，大成出版社，2014）
「ロジスティクス用語辞典」（共著，日通総合研究所編，日経文庫，2007）

清水真人（しみず・まさと）

：大東文化大学経営学部講師

東京商船大学商船学部流通情報工学課程卒業。同大大学院修士課程修了。2009年博士（工学）取得（東京海洋大学）。1996年より㈱日本能率協会総合研究所交通研究部研究員。2000年より同研究所地域政策部主任研究員。2007年より㈶駐車場整備推進機構出向。2009年出向解除，交通研究部主任研究員。2014年より㈱日通総合研究所シニア・コンサルタント。2018年より現職。

専門分野：ロジスティクス，物流計画，交通計画など。

主要著書：「都市の物流マネジメント」（共著，勁草書房，2006）

ロジスティクス概論（がいろん）【増補改訂版】
── 基礎から学ぶシステムと経営 ──

発行日 ── 2014年 3 月 1 日　初版発行　〈検印省略〉
2021年 4 月 6 日　増補改訂版発行
2023年 6 月26日　増補改訂版 3 刷発行

編著者 ── 苦瀬（くせ）　博仁（ひろひと）

発行者 ── 大矢栄一郎

発行所 ── 株式会社　白桃書房（はくとうしょぼう）
〒101-0021　東京都千代田区外神田5-1-15
☎03-3836-4781　Ⓕ03-3836-9370　振替00100-4-20192
https://hakutou.co.jp/

印刷・製本 ── 藤原印刷

　ISBN 978-4-561-75225-7　C3063